解讀美中台未來7種情境

何瑞恩
Ryan Hass
葛來儀
Bonnie Glaser
卜睿哲
Richard Bush
著

步步為營

U.S.—TAIWAN RELATIONS

WILL CHINA'S CHALLENGE LEAD TO A CRISIS?

陳佳瑜、
謝樹寬／譯

推薦序　撥開雲霧見天日

文／陳澍

中美關係近年來可謂變化莫測，忽冷忽熱，而中美關係之所以如此撲朔迷離，重中之重的因素其實還是台灣。北京有北京的「一中原則」（One China Principle），華府有華府的「一中政策」（One China Policy），即便中美台各方呼籲要「維持現狀」（status quo），只怕大家對所謂「現狀」的理解又是大相逕庭。

在北京和華府，有很多「中國學者」、「中國通」，但事實上，專注於研究台灣——尤其是美台關係——的學者並不多。我一直以為，研究中國和研究台灣不完全一樣，從蔣介石遷台到蔣經國解禁，再到後來的民進黨執政，過去幾十年光陰，其中在台灣發生的大大小小事情和北京方面有一定關聯，但也越來越受台灣本身政治因素以及台灣與美國關係的影響。在這個領域，有三個學者是當之無愧的「台灣通」，他們是卜睿哲（Richard Bush）、葛來儀（Bonnie Glaser）以及何瑞恩（Ryan Hass）。

當這三位學者決定一起出一本關於台灣的書，怎麼可以不引起我們的重視？

這本由三位「台灣通」合力出版的新書就是《步步為營：解讀美中台未來7種情境》，而出版這本書的大背景恰恰是人們對台海局勢越來越擔心，甚至連許多國際主流媒體都幾乎每天以「台海何時開戰」為題大肆報導。正所謂內行看門道，要真的理解並對台海局勢作出精準判斷，絕不是每天看報紙標題就可以的。卜睿哲、葛來儀以及何瑞恩三人不僅通過最近以及正在發生的趨勢來解析台海局勢，他們也站在歷史高度，尋根求源，用歷史事實來說明並預測未來台海局勢之走向。

我最喜歡本書的一個獨特點在於書的附錄還收集了諸多重要歷史文件，包括《上海公報》原文等，這些對研究中美台歷史和關係的學生和學者來說，真是一大福音，一本書就可以收納那麼多重要文件，一定要放在書架前排，信手拈來，隨時都可以引述並確認許多重要的歷史事實。

在這三位作者中，我和卜睿哲可謂最有緣分。十多年前，卜睿哲在香港大學政治與公共行政學系擔任訪問教授，我又恰好當時在港大念國際關係碩士，就這樣有緣可以師從卜睿哲，也因此特別關注台灣的研究。其實早在我讀書的時候，卜睿哲已經完成三本關於台灣的著作，把中美台關係的過去、將來和未來非常完整地闡述了一遍，功底之深，學界罕見。卜老不僅教書，也育人，無論你問他什麼問題，哪怕他不同意你的觀點，他也會認真聽完對方的闡述，然後非常溫文爾雅地作出自己的解釋。我還記得他在教大家研讀《上海公報》原文時提到當年中美之間在台灣問題上是所謂「agree to disagree」（意即相互尊重，但又彼此不同意對方立場），這也是外交之魅力所在，只可惜如今很多議題都是硬碰硬，結果往往兩敗俱傷，甚至三敗四敗。

我非常榮幸推薦此書，希望讀者看完和我一樣，對中美台三角關係的過去、現在和將來有種「撥開雲霧見天日，守得雲開見月明」的感受，在如今錯綜複雜的地緣政治環境下，讀完此書有如此感受，已實在是難得。

＊陳澍（George Chen），美商亞洲集團（The Asia Group）台灣及香港董事總經理，耶魯大學世界學者、國立政治大學訪問學者。

推薦序　世界矚目的美中台關係

文／余文琦

二〇二四年一月的台灣總統大選可能是有史以來最受世界矚目的，因為，誰將領導台灣的未來，以及台灣將如何處理與中國和美國的關係，都將對世界有重大的影響。

近年來中美關係的劇變，在世界各個角落都感受得到。首當其衝的台灣，向來是中美關係裡最有爭議性的。華府普遍感受到北京經濟強權在世界政治的影響，加上對習近平政權的不信任以及人民解放軍的快速擴張，使得如何確保台灣安全成為華府目前最受矚目的議題之一。

長久以來，華府一般對台灣甚有好感。即使在中美關係最好的時候，對台灣的民主安全承諾始終不變。在北京威脅論高張之下，加強台灣軍事防備更成了當務之急。另外，因為在COVID-19疫情中領悟到半導體晶片在全球產業鏈的重要性，使得占有全球晶片龍頭地位的台灣，成為中美科技競爭的前哨。

這種種原因令華府開始反省一貫的對台政策。在遵守《台灣關係法》，不改變一中政策、三個公報，以及六項承諾的框架下，還有什麼方法可以讓台灣在政治、經濟、軍事和國際社會上有更多的空間？保守的鷹派人士主張給台灣大量的軍售，並要求台灣增加國防預算、延長兵役，分散台灣半導體過度集中風險。其他人則擔心過度強調軍事防衛台灣，忽略了台灣的其他重要性，更可能被視為是美國對北京的挑釁。

本書三位作者是當今華府在對台關係首屈一指的專家，他們出書緣由華府軍方公開二〇二七年中國可能侵台的情報。他們擔心過度誇張中國軍事侵台的可能性，會造成反應過度甚至讓北京威脅感加深。尤其在中美信任度低落之時，更需要降低擦槍走火的可能性。

觀察華府對台政策多年，眾多人士對台灣長久以來的友誼和護衛令人動容。正因為台灣的重要性，如何幫助台灣防止中國軍事侵略也成了一大爭議。希望本書三位作者長久的政府和政策經歷，能給讀者帶來更具歷史性和權威性的觀點。最重要的是，了解美國大部分人還是真心希望維護台灣民主、自由、繁榮。

＊余文琦，美國哈佛大學甘迺迪學院訪問學者、TVBS國際新聞評論員。

台灣版序

美國太平洋司令部司令戴維森（Phil Davidson）上將在二〇二一年三月九日的參議院軍事委員會聽證中警告，中國可能在二〇二七年之前入侵台灣。他的警告內容明確而具體，在華府引發了警訊，西方媒體湧現社論和專欄文章，對台海安全威脅進行推估。大部分評論著眼於中國軍事實力的擴展。這些假設往往隱含了一個預設前提：實力等同於意圖。因此，它的假設是，中國一旦提升了軍事實力，必然代表了它準備以武力奪取台灣。

這類的警訊甚囂塵上，讓我們三人走到了一起。我們對於人們展現的焦慮感到困擾，並擔心這只會為中國做嫁衣裳。雖然我們對衝突的風險不敢過於樂觀，但我們也不認為渲染威脅的嚴重性符合美國或台灣的利益。

北京當局對於削弱台灣人民維護其民主生活方式的心理意志這項工作，始終不遺餘力。美國軍方的官員和主要評論家對台灣被中國併吞的時間所剩無幾警告得愈多，對中國意圖的幫助愈大，將使得台灣人民作出抵抗終歸徒勞的結論。

我們在二〇二一年春天撰寫了一篇專欄評論，試圖反擊戴維森上將證詞所掀起的恐慌。在屢次遭《紐約時報》（*New York Times*）、《華爾街日報》（*Wall Street Journal*）、《華盛頓郵報》（*Washington Post*）及其他媒體拒絕刊登後，最終是國家公共廣播電台（National Public Radio）在它們的網站上刊登了我們的文章。美國主要新聞媒體傳遞給我們的訊息很清楚：「戰爭迫在眉睫」這種引發恐懼、吸引眼球的頭條新聞才有賣相，至於對台灣面臨挑戰的根本原因進行全面性理解、呼籲審慎評估事件的新聞則乏人問津。

本書是那次經驗之後的衍生產物。我們頑固地拒絕退讓，不願把台灣和美台關係的話語權交給那些僅僅把台灣視為安全挑戰的人。我們認為安全議題是決定台灣未來的重要元素，但絕非唯一。相反地，我們想寫一本簡單易懂的書，全面審視台灣和美台關係的過去、現在，以及未來的可能性。

本書試圖直接、坦率地探討台灣人民因為中國持續施壓而面臨的挑戰和風險，同時也希望找出美國和台灣可以採行的實際、具體步驟，從而令台灣在國際舞台上更加安全、繁榮，並受到尊重。

我們並非將台灣視為美國和中國彼此爭奪的對象。在我們眼中，台灣是一個擁有兩千三百萬人民的社會，他們有權決定自己的未來。為了保護台灣人民的權利，美國的行事目的應力求清晰，戰略執行則務必精準。

我們熱切期望台海能夠維持和平穩定，直到台北和北京睿智的領導者可以找到和平解決歧見的方法，並得到台灣人民的同意——「得到人民同意」是在台灣民主體制中必要的認可。這些努力可能需要幾年、幾十年、甚至更久。在找出解決方案之前，美國的角色是以維持和平及穩定的方式來行事，並持續為最終和平解決兩岸分歧開闢道路。本書旨在為這類的努力提供協助。

何瑞恩、葛來儀、卜睿哲

二〇二三年九月一日於美國華盛頓

目次

引言

美國和台灣的關係與世上任何一段國際關係都不同。美國和台灣政府的官員一直保持聯繫，並且針對無數議題進行溝通協調。美國也一直密切關注台灣所遭受的安全威脅，一方面是因為美國決意保護台灣人民免遭武力統一，另一方面美國也想向世界展現自己一言九鼎的大國氣魄——一旦承諾守護某個地區的安全，就會說到做到。此外，美國與台灣的年度貿易額甚至超過其與法國或印度的貿易額。美國政府也肯定台灣在全球供應鏈中的角色至關重要。舉例來說，當美國的汽車製造商在尋找某些重要零件時碰到困難，白宮的高級官員便會致電台灣的朋友，請他們幫忙增產。由此不難看出美台關係相當深厚緊密，而且這段關係對於美台雙方乃至於全世界都具有重大影響。

然而，這段關係卻不是正式的外交關係。

美台雙方都沒有在對方的領土上設置大使館，當然也就沒有互派駐館大使；台灣雖然還是在美國領土設置外交機構，但卻不能懸掛中華民國國旗；美國的政策也禁止台灣的最高民選官員[1]訪問華盛頓特區，而美國到台灣訪問的官員也有層級上的限制；美台雙方並未建立正式盟友關係或是制定任何共同防禦條約；而且，只要美國官員發言時不小心稱台灣為「國家」，就會在亞洲引發一波外交震盪。

過去四十年來，美國與中華人民共和國（以下簡稱中國）維持著正式的外交關係，同時與台灣維持著非正式的外交關係。這使得美國在處理與中國和台灣相關的議題時必須保持高度謹慎，如此才能維護兩岸的和平穩定、與台灣政府繼續維持互惠互利的非正式關係，同時又能和中國政府保持正常交流。

中國自一九四九年建國以來，一直聲稱台灣是中國領土的一部分，並且將台灣和大陸持續分裂的現象，歸咎於中華人民共和國剛建立時力量太弱。然而隨著中國在世界舞台上實力日增，許多中共高層人士都認為兩岸必須往統一的目標邁進。中國國家主席習近平稱統一台灣為一項歷史使命，而中國也正在大力發展軍事力量以及其他各方面的能力，來支持習主席的願景。

多年來，有一小群美國官員和外部專家[2]負責確保美國對台灣的態度和政策能為美國帶來利益。然而隨著美台關係日漸緊密，有愈來愈多決策開始出自對美台關係缺乏專業素養的高官之手。當美國愈來愈關注對台政策，作出錯誤決策的機率反而愈來愈高，這是因為有很多插手決策的官員不像過去的那一小群專家一樣，充分掌握對台政策該有的微妙平衡，也比較不了解如果用與過去截然不同的態度和政策處理台灣問題，可能會引發意想不到的國際事件。

與此同時，隨著民主制度逐漸深植台灣，台灣也遭受到中國日益強硬的威脅。對台政策在美國國會和公眾之中愈來愈受到矚目，在美國政府之外也愈來愈多人開始討論台灣議題。如今，當公眾討論美國應該在世界上扮演什麼樣的角色時，往往會連帶討論到美國該如何支持台灣。

這本書旨在順應時事需求，幫助讀者了解美台關係的幾個基本問題，包括：

- 美國與台灣的關係是如何發展到目前的狀態的？
- 中國日益增長的國力和統一台灣的決心會如何影響美台關係？
- 美台關係是否已經成長到一定的階段，使美國無法再用過去處理非正式關係的作法處理台灣議題？
- 美國應該根據哪些利益決定對待台灣的方式？
- 美台關係會往什麼方向發展？
- 美中之間一定會因為台灣問題而爆發戰爭嗎？

評估挑戰

綜觀美台關係和美中台三方關係的歷史，可以看出一連串此消彼長的變化，而非平靜無波的穩定發展。美中台任何一方採取的行動，都會促使另外兩方調整其政策和作法。

近幾十年來出現了幾個主要趨勢：首先，無論兩岸之間的氛圍是合作友好還是劍拔弩張、無論美中之間的關係如何變動起伏，美台關係都不斷深化，而且合作交流的層面更加廣泛。此趨勢是由美國和台灣政府合力推動，因為雙方都認為更深厚、更廣泛、更緊密的關係才能為彼此謀取最佳利益。一直以來，美國政府中都有人主張台灣可以作為美國對抗中國的籌碼，例如，美國可以藉由強化與台灣的關係，讓中國為其不良行為（例如造成香港的政治動盪和南海的主權爭議）付出代價。然而，除了在二〇一七年到二〇二〇年，這個觀點其實不怎麼受到重視，並未成為主流的外交政策思維。雖然這種觀點偶爾會出現在無約束效力的國會立法草案中，但並未主導正式的決策。也就是說，美國之所以決意強化與台灣的關係，並非為了把台灣當成對付中國的棋子，主要還是因為相信這樣的關係才能符合美國價值，並為美國人民謀求利益。

再者，隨著中國國力大幅提升，中國政府不只能藉由強化軍備、提升軍力來威脅台灣，也有能力採用更多非軍事手段對台灣施壓。中國的崛起不僅帶動中國國內民族主義高漲，中國政府也更積極對外尋求更大的利益。然而，中國的改變並未刺激台灣政府做出相應的措施，台灣政府並未大幅提高國防開支，也沒有加緊完善保衛台灣的戰略計畫。

第三個趨勢是中國口口聲聲要統一的主張，愈來愈少台灣人民（Taiwan people）[3]認同。台灣在一九九〇年代早期已實現民主轉型，使台灣人民能夠對兩岸關係發表看法。二〇一九年中國政府粗暴地推翻了對香港的「一國兩制」，這讓台灣人民更難相信中國能用近似的模式妥善處理兩岸關係。

綜觀以上三大趨勢，美中台三方政府內有許多人都在分析，現階段兩岸是否能繼續維持這個沒有共識但也沒有嚴重衝突的現狀。如果無法維持下去，中國是否會用軍事力量打破僵局？很多專家和美國的高級軍官都認為，戰爭的號角已經吹得愈來愈響。這類人士認為戰爭難以避免，通常是基於以下幾個論點：中國領導人愈來愈有信心在兩岸衝突中取勝；中國領導人認為未來對中國有利的條件可能逐漸減少，因此應該趁目前情勢大好盡快併吞台灣；習近平的野心讓他無法耐心等待，他很有可能在卸任前為了統一台灣而發動戰爭；國家的實力和野心通常成正比，隨著中國軍事力量與日俱增，中國政府的胃口也就愈來愈大，中國政府若想發動軍事力量統一台灣，一點都不奇怪；還有一些非台灣專家主張，中國因為自身不易研發尖端晶片，所以可能為了控制台灣引領世界的半導體製造廠而併吞台灣。二〇二二年二月俄羅斯入侵烏克蘭以後，上述這些論點都更加受到關注。普丁（Vladimir Putin）發動的戰爭讓很多人都忍不住想問：今日的烏克蘭是否就是明日的台灣？

這份書稿[4]送印的時間為二〇二三年二月，此時烏克蘭戰爭的結果還不確定。不過俄羅斯軍隊似乎已經放棄最初以武力併吞烏克蘭的野心，只企圖占領烏克蘭東部領土，如今雙方軍隊仍在地面上進行一場場消耗戰。烏克蘭戰爭突顯了軍事衝突難以預測的特性，誰勝誰負並非單純由參戰各方的軍力決定。要說台灣能從俄烏戰爭中學到哪些教訓，現在恐怕還言之過早。

然而，如今可以確定的是：烏克蘭戰爭提醒我們在二十一世紀仍有可能爆發戰爭，二〇二二年八月美國時任眾議院議長裴洛西（Nancy Pelosi）訪台，中國採取的軍事行動正好支持了這一論點。當決定開戰的權力落入幾乎不受監督制衡的專制領導人手裡，爆發武裝衝突的風險就更進一步提高。烏克蘭戰爭至少提醒眾人，台灣海峽的確有可能爆發戰爭，也提醒了美國、台灣和其他盟友，必須盡快設法加強對應中國的威懾。

烏克蘭戰爭也讓眾人重新關注核武的影響力。美國不願意直接參與烏克蘭戰爭的其中一個原因，就是俄國擁有核武，美國擔心如果直接參戰，會讓普丁有很好的藉口發動核武戰爭。而如今正在快速發展核武的中國，無疑也注意到了，普丁因為擁有核武，才讓其他國家不敢輕舉妄動。

俄烏戰爭提醒台灣必須加緊儲備燃料、食物、彈藥等重要物資，以備不時之需。此外，烏克蘭經驗也提醒台灣領導人，應該建立強大後備部隊和地方防衛部隊，以於戰時保護特定地區。

不過，台灣也不該「過度借鑑」烏克蘭經驗。雖然台灣和烏克蘭旁邊都剛好有個虎視眈眈、企圖併吞他們的專制大國，但除了這點，兩國的情況還是有很多差異，不能直接拿來類比。烏克蘭在地理位置上緊鄰俄國，而台灣和中國大陸之間卻隔著一百英里寬的台灣海峽。別小看這一百英里寬的海峽，要知道，台灣海峽的寬度大約是英吉利海峽的三倍，而二戰期間同盟國的部隊要向歐陸發起進攻時，光是要越過英吉利海峽，就讓他們頭痛不已。此外，台灣已經擁有成熟的民主體制，雖然處於地緣政治複雜動盪的區域，卻充分彰顯了自由的價值觀，而烏克蘭尚未完全民主化，且仍需克服普遍存在的政治貪腐問題。再者，台灣位於全球價值鏈中的核心位置，對全球經濟是否能順利運作具有重大影響力，這點也和烏克蘭不同。美國還通過《台灣關係法》（Taiwan Relations Act）確立了一項政策：美國政府將堅決「抵抗任何訴諸武力、或使用其他方式高壓手段，而危及台灣人民安全及社會經濟制度的行動」，然而美國對烏克蘭卻沒有類似的法律或政策，來指引美國在烏克蘭遭受威脅時該如何應對。

換句話說，雖然俄羅斯入侵烏克蘭是一場悲劇，也該受到強烈譴責，但我們還是必須根據這場衝突本身的特點來進行評估，而不是直接預測烏克蘭如今的命運就是台灣未來的下場。台灣和烏克蘭存在諸多顯著的差異，目前實在很難斷定台灣是否會成為下一個烏克蘭。

從我們的觀點來看，很多主張「海峽兩岸必將一戰」的論點，忽視了中國試圖以武力統一台灣必然會遭遇的風險。例如，如果到時真的打起來了，中國解放軍卻無法順利控制台灣，中國人民可能因此質疑中國共產黨的領導能力和判斷力，對中共政權產生不信任，進而危及其統治的合法性。此外，中國如果對台動武，有可能會逼得亞洲其他國家共組「反中聯盟」，以避免中國食髓知味繼續用武力達成其他目標。還有，中國如果開戰，勢必遭到世界許多國家的切割和經濟制裁，一旦中國與全球經濟的聯繫被削弱，他們的經濟成長也會受到長期的影響。

「兩岸終將一戰」的主張，也沒有考慮到中國對台灣的整體政策和目標並未改變。雖然近年來中國處理台灣議題的策略和方法有所調整，但就長遠的整體計畫和目標來看，並沒有多少變動。除此之外，認為兩岸一定會打起來的人，也沒有考慮到中國可以用其他非軍事手段來達到目的。還有一個現象也是主張兩岸必戰的人常忽略的：中國政府其實自信滿滿，他們認為跟台灣相比起來，中國在各方面的實力和影響力只會持續增強，相較之下，台灣只會更顯弱小，國際地位也會一日不如一日。既然時間是站在自己這一邊的，又何必急著開戰？

然而，這本書並不是要否認兩岸開戰的風險，而是要以各種合理的情境來適切評估兩岸發生衝突的風險。二〇二二年四月，美國情報總監艾薇兒・海恩斯（Avril Haines）向國會報告時表示：中國其實更傾向在無須動用軍事力量的情況下統一台灣，但與此同時，中國也致力於發展軍力，如果到時評估真的無法透過其他方法實現統一，他們也有信心能以軍事手段達成目標。[5]也就是說，兩岸的確有開戰的風險，但並非一定會開戰。

台灣的安全對於美國來說十分重要，美國對台灣的支持也廣獲美國民眾認同。這樣的支持體現於兩個部分：第一，支持台灣是美國國會中兩大政黨的共識；第二，根據民意調查，多數美國人民也力挺台灣，美國獨立智庫芝加哥全球事務委員會（Chicago Council）在二〇二一年做了一份調查顯示，超過半數美國民眾贊同，若台灣遭受中國攻擊，美國應該出兵保衛台灣。[6]很多美國人認為，因為美台雙方面對中國的專制政權威脅時仍努力捍衛民主自由的價值，所以美國對台灣的支持，正好展現美國在世界舞台上致力於捍衛正義、守護民主和個人自由。

在美國戰略界，幾乎每個人都認同台灣的安全對於印太地區的和平穩定至關重要，台灣是能導致中美兩大強國爆發衝突的極少數因素之一。面對中國的威脅，美國對台灣的堅定支持，能增進全球其他安全合作夥伴對美國的信心，證明美國會堅定不移地支持國際盟友和夥伴。

台灣的安全也深刻影響著美國的經濟競爭力，這是因為台灣擁有先進的資訊通訊科技，在全球價值鏈中占據核心地位，許多美國大企業都仰賴台灣製造的產品，來維持自身在創新產品領域中的優勢。

台灣的安全對美國來說是一種戰略考量[7]，雖然必須考慮其中的軍事因素，但這絕非唯一的考量點。中國雖然正在為兩岸有可能發生的衝突提升軍事實力，但他們同時也採用許多非暴力脅迫（coercion without violence）手段試圖削弱台灣人民的意志。如果說中國對台灣發起戰爭只是未來有可能發生的情況，那麼中國使用非軍事手段對台施壓就是現在進行式——是每天都在發生的事實。中國在外交、軍事、經濟方面持續對台施壓，透過網路發布不實資訊並進行認知作戰，不僅干涉台灣政治，也採用統戰策略來逐漸削弱台灣人民對未來的信心。從很多方面來看，台灣人民有無足夠的意志抵抗中國的施壓，會深刻影響他們未來是否能繼續保留民主自治的體制。

然而，美國如今的政策並未跟上現況，美國政府最關注的仍是中國帶來的武力威脅。民間也出現大量專欄文章、報告和書籍討論台灣受到的軍事威脅日益加劇，許多論點都傾向認為台海未來一定會開戰。最近有些討論台灣議題的著作，主張美國的戰略目標應該是確保台灣穩穩地待在美國陣營裡，不讓中國有機會把台灣拉過去，並強調若台灣被中國統一——無論是和平統一或武力併吞——必將重創美國在全球的戰略地位；有些人則主張美國必須改變策略，明確表示未來台海地區只要發生衝突，美國必將出兵干預，其中之一的目的是為了趁美國軍事實力仍略勝中國一籌的時候，趕緊加強展現美國守護台海和平的決心；也有人呼籲美國大幅增加對台灣的軍事援助；還有些美國政壇的老前輩以及思想較為激進的青壯派，則主張美國應該視台灣為獨立國家，並與台灣建立正常、平等的關係；此外，美國應該用「拒絕性威懾」（deterrence by denial）還是「懲罰性威懾」（deterrence by punishment）才能更有效預防中國強制統一台灣，這類辯論也一直都存在。[8]

近來有大量論述都認為台灣是一個需要軍事手段解決的軍事問題，但本書抱持不同的觀點，本書主張：美國的決策高層以及他們所代表的美國民眾，必須更深入了解台灣將會遭受到的嚴峻挑戰，然後再思考怎麼做才能最有效地克服這些挑戰。對美國來說，繼續用軍事力量威懾中國，只是一種基本手段，絕非成功嚇阻中國的關鍵。中國已經展開多方面的非軍事行動，試圖在不使用武力的情況下統一台灣，與此同時，中國政府也持續整軍經武，如果真的無法用其他手段統一台灣，他們才會選擇「武統」這個選項。如果我們只聚焦於未來可能發生的軍事衝突，而忽略中國正在對台灣進行的各種非軍事統戰行動，這會嚴重損害美國在亞洲能獲得的利益。

美國戰略近期的目標不是否認台灣屬於中國，也不是把台灣當成戰略上的棋子，以對中國施加壓力。這些作法不僅罔顧台灣人民的自主權，還會使美中兩國加速邁向一場激烈的衝突，這只會對美國利益和台灣人民生活造成難以估量的傷害。美國如今的戰略目標應該是努力緩解兩岸之間愈來愈緊張的局勢，並將戰略和政策聚焦於維護台海的和平穩定，這麼做才能長久維護美國自身的利益。為此，我們必須正確評估台灣面臨的威脅，以及美國、台灣和其他國家有哪些軍事和非軍事手段來抵抗這些威脅。此外，美國政府也必須制定目標明確的策略，且持續穩定、嚴謹地遵照這些策略行動。

對未來的建議

自二戰以來，維護台灣海峽的和平穩定並預防衝突，一直是美國政策的基本目標，此一目標也應該在未來繼續引領美國的政策。美國制定的戰略是要保護台灣的政治自主、文化、經濟活力，並維護台灣在世界舞台上的尊嚴，同時也要避免引發衝突。

美國的政策不是要替兩岸解決分歧，美國制定政策的目的也不該是為了替兩岸解決分歧，兩岸的分歧應該交由台北和北京來解決，不該由華府插手。但美國必須替台灣人民爭取時間和空間，讓能夠通過民主程序表達意見的台灣人民，有機會和平地與中國解決兩岸問題。

為了爭取時間和空間，美國和台灣需要共同研判中國的戰略並協調對策。為了統一台灣，北京政府正在雙管齊下：一是透過軍事，二是透過政治。然而，這兩者的目的都是一樣的——為了迫使台灣領導人和台灣人民相信：與北京政府對抗是沒有用的，他們只能接受中國的條件以避免慘痛的後果。

美國和台灣的領導人不能只聚焦於其中一個威脅而忽視另一個。雖然目前無法預知中國未來是否會武力侵台，但中國現在已經開始利用他們的政治勢力，發動一連串的非武力行動向台灣施壓，逼著台灣人民相信自己別無選擇、只能屈服於中國的脅迫。中國領導人知道，採用這種戰略必須花費更多時間才能達到統一的目標，但這樣的戰略卻有幾個明顯的優點：第一，非武力統戰行動的成本和風險較低；第二，非武力統戰行動反映了中國政府認為兩岸人民是同胞、有共同的文化血脈，不到逼不得已絕不動武傷和氣；第三，非武力行動也符合中國聲稱的「和平統一」目標。

既然中國採取兩手策略，那麼美國和台灣政府也應該立刻針對這兩種方式採取應對措施。雖然整軍經武以加強對抗中國的威懾力是必要的，但只有這樣尚不足以應付當前的挑戰。現階段，台灣人民有多少意志力來守護他們的民主自治，才是決定台海兩岸未來的關鍵。

面對中國持續對台灣人民施壓，如何制定有效對策，是美國必須承擔的挑戰。當美國的海外夥伴遭遇各種非軍事手段的威脅，美國政府內部並沒有哪一個機構或組織專門負責協助反制，目前，檯面上也沒有一套正式的政策指引美國政府，如何支援台灣抵抗來自中國的壓力。因此，美國應該要制定明確的政策方針，而且各政府機構之間應該努力協調、根據同一原則執行政策。如果我們能協助台灣人民增強對未來的信心，台灣就越不容易屈服於中國的脅迫。

美國必須以堅定、自信、穩健的態度，執行目標明確的對台政策，處理台灣相關事務時不能反覆無常、輕易改變立場，如此才能讓別人相信，美國政府是根據明確的理論依據採取行動，且了解這些行動能如何協助達成涉及層面更廣泛的戰略目標。若要展現這樣的態度，美國領導人必須展現自己有能力掌握和執行對台的長期政策與戰略。然而就這種能力來說，川普（Donald Trump）和拜登（Joe Biden）政府各有各的不足，對於涉及戰爭與和平的重大議題，這兩屆政府的公開表述都讓人覺得不清不楚、立場搖擺。例如：美國是否有哪個條約承諾必須捍衛台灣？美國是否會將台灣視為獨立國家？美國是否能接受中國和台灣政府和平解決兩岸分歧？諸如此類的問題，兩屆政府皆未給出非常明確的回應。這麼說，不是要把川普和拜登的對台政策劃上等號，事實上，川普處理兩岸關係的態度和方法還特別不同於以往，引發了許多不穩定因素。不過，我們觀察到兩屆政府有個共通點——在闡述美國對台政策的目的時，兩屆政府的立場和論述都不夠明確堅定。

為了在守護和平穩定的同時，緩解愈來愈緊繃的局勢，美國對台灣人民的支持必須保持在「一中政策」的範疇內，該政策的基本原則是：美國不會重新與台灣建交或建立正式的防衛條約。只要不違背一中政策的基本原則，美國就有機會維護台灣兩千三百五十萬人民的重大福祉，包括幫助台灣在世界舞台上維持尊嚴並受他國尊重、維護台灣在創新領域的領先地位、維持台灣的經濟競爭力、阻止戰爭發生、並保護台灣人民的健康。

美國政府有能力，也必須優先在這些層面協助台灣，而且提供的支持要讓台灣人民「有感」，這樣才能減輕中國政府對台灣人民造成的心理壓力，證明台灣沒有被世界孤立、不會任人宰割，只要台灣不採取可能激化衝突的行動（例如追求正式獨立），台灣還是可以蓬勃發展並與美國和全球其他先進大國建立更緊密的關係。

在提供台灣的各項支持當中，最急需改善的應該是台美經貿關係。當前美國對台政策有個十分明顯的缺陷，那就是美國的經濟政策並未與美國對台灣的整體支援戰略進行整合。雖然雙方貿易額十分龐大，而且台灣在經貿上的成功，也能增加美國的戰略優勢，但美國貿易代表署（the U.S. Trade Representative Office，簡稱USTR）卻一直公開反對透過協商開放更大的市場給台灣。雖然拜登政府有可能透過美台二十一世紀貿易倡議（U.S.-Taiwan Initiative on 21st Century Trade）加強雙方的經貿關係，但美國貿易代表署的立場還是很重要。有鑑於法律給予他們的權限，如果要讓美國貿易代表署更積極增進美台貿易關係，唯一的解決辦法可能是由美國總統和國會對其施壓。

二〇二二年五月二十三日，拜登總統訪問東京時公開承諾：如果台灣遭到攻擊，美國將提供軍事援助保護台灣，然而就在同一天，拜登總統宣布啟動印太經濟架構（Indo-Pacific Economic Framework），但卻未邀請台灣加入這個經濟組織。這個現象正好突顯美國的對台政策，仍聚焦於軍事戰略，卻忽略了經濟層面。改善此局面的關鍵便是改變美國貿易代表署的對台經濟政策，而能夠促使他們加強對台貿易關係的唯一方法，大概只有透過總統和國會。

對台灣來說，強盛的經濟是其國家安全的基礎，也是對抗中國威脅的本錢。然而，除非美國帶頭放寬與台灣的貿易和投資，否則其他的國家很難主動這麼做。一般情況下，其他國家會先參考美國如何與台灣加強經濟和其他方面的關係，然後再跟進，而不是冒著得罪中國的風險，率先為台灣創設國際先例。過去十年來，與台灣正式建立貿易協議的，只有新加坡和紐西蘭，這兩國是與中國政府談妥貿易協議後，又在中國政府的同意之下與台灣達成貿易協議，但這兩國的例子屬於極少數例外。近年來，透過地區貿易協定「例如《區域全面經濟夥伴協定》（Regional Comprehensive Economic Partnership，簡稱RCEP）、《跨太平洋夥伴全面進步協定》（Comprehensive and Progressive Trans-Pacific Partnership，簡稱CPTPP）」以及印太經濟架構這類倡議，亞洲經濟整合進一步深化，但台灣卻被排除在這些區域協定和倡議之外，更突顯台灣必須加把勁加強與合作夥伴的貿易關係。

從軍事角度來看，美國需要調整其在西太平洋上的戰略部署，來應對中國的軍事發展。重要的軍艦和戰機將繼續在西太平洋上扮演關鍵角色，展現美國遏止台海衝突的決心。不過，以目前的情況來看，如果台海真的爆發衝突，由於中國擁有極強的導彈武力，美軍恐怕無法如最近在伊拉克、阿富汗和其他地方的戰爭般，取得制空權或地域優勢。因此，美國的軍事策畫者必須構思如何用創新的方式，在這個高度競爭的地區有效制敵。例如，美國可能要在這個地區，分散部署大量自動化的感測器和武器系統，如此，中國軍隊進行追蹤或反制的難度和成本就會大幅提高。

同時，我們也需要協助台灣發展更完善的國防理念和能力，使台灣能充分利用本身的地理優勢。台灣的國家安全相關機構對於國防政策和計畫尚未形成共識，這不僅突顯台灣自己內部的分歧，也導致政府難以選擇發展哪些軍事能力、軍事資源的分配可能出現混亂或不一致的情況。這種缺乏共識的現象，無疑讓台灣的國防能力更顯脆弱。此外，台灣的武器採購雜亂無章，把極有限的預算拿去買一堆非常昂貴，但真的跟中國開戰時又派不上用場的軍備。其實，台灣最需要的應該是相對小型、便宜且機動性高的武器，台灣需要購買大量這樣的武器，才有機會在沿海地區牽制中國軍隊，甚至讓敵軍處於劣勢。

中國政府一直相信，他們在兩岸衝突中能輕易迅速取勝，但我們應該要打破中國的自信。要做到這點，台灣政府必須有能力部署分散且靈活的軍力，與入侵敵軍長期抗戰。而台灣要培養出這樣的能力，有部分要仰賴美國更加謹慎周詳地向台灣提供軍事援助和軍事技術，另一部分則要請台灣的政黨不要再把彼此視為台灣未來的威脅，應該要共同關注西邊一百英里外那個真正的敵人。美國政府也需要明確展現自己正在把軍事、外交和經濟重心轉向亞洲，並且願意共同面對任何由中國直接或間接造成的威脅，堅決捍衛其盟友和台灣的安全。

同時，如果有必要的話，美國和世界各地的合作夥伴也應該研究出一套政治經濟行動計畫，來應對中國的侵略。雖然有幾個美國盟友有意願也有能力以軍事手段介入兩岸衝突，但大多數夥伴和盟友其實不想蹚戰爭這趟渾水，寧可用經濟手段增加中國開戰的風險和成本。制定這樣的計畫主要目的是要提醒中國政府：一旦兩岸發生衝突，中國內部也可能發生社會動盪，也可能在某些方面損失慘重，希望中國領導人能意識到，兩岸衝突一樣會為中國帶來巨大風險。一旦武力侵台，中國極有可能遭到國際制裁，這麼一來，中國有可能被踢出全球金融體系、無法進入全球互聯網、無法參與全球能源貿易、無法自由進口食物、也無法引進與戰爭相關的關鍵物資和技術。中國最初可能以為，中國比俄羅斯擁有更強大的實力和影響力，來抵抗外部經濟制裁，畢竟俄羅斯的經濟規模只跟一個廣東省差不多而已，但在親眼目睹俄羅斯近期遭受的嚴厲制裁後，中國很可能會加速減少對外界的經濟依賴，以確保國內的經濟運作和人民福祉不受外部制裁影響。然而，我們必須讓中國領導人知道，儘管中國整體經濟規模十分龐大、儘管他們努力減少對外依賴，但只要他們試圖以武力侵略台灣，他們仍舊會遭遇實質的風險，而美台在世界各地的夥伴和盟友則會想盡辦法利用這些風險，讓他們付出代價。

如果美國想要有效遏制中國對台灣的威脅或侵略，那麼美國必須同時表明自己樂於接受任何和平解決兩岸關係的方案——只要這個方案能獲得台灣人民的支持，美國就會接受。如果美國不展現這樣的態度，讓中國以為美國無論如何就是要阻撓中國，就算兩岸達成任何和平協議也不接受，反而可能導致中國尋求更強硬的手段統一台灣（例如可能會透過軍事手段），並積極反制美國為了把台灣留在己方陣營所作的努力。換句話說，如果美國過度強硬介入兩岸關係發展，中國領導人勢必會強硬回擊，因為如果不這樣做的話，這些中共高層可能會遭遇來自內部的挑戰，他們有可能被黨內同志質疑，無法承擔統一中國的大業。

如果美國能反對侵略，同時對於和平解決兩岸分歧的方案展現樂見其成的態度，就等於在鼓勵中國承擔起「和解」的責任。若中國領導人真的致力和平解決兩岸分歧，那他們就必須研擬能獲得台灣民眾廣泛支持的提案。

只有當美國把主動權握在手裡，而不是一味悲觀地認為兩岸注定開戰，美國才能對兩岸事務發揮最大的影響力。台海兩岸會走向什麼樣的未來，目前尚未可知，故意忽視近期歷史的人，才會直接斷言現在的趨勢肯定會帶著兩岸走向戰爭。事實上，隨著局勢不斷變動，美台關係也持續變動，就如同兩岸關係也不斷變化一樣。

美國政府認定中國對台灣的脅迫，即使目前還不到武裝衝突的地步，也仍是一種威脅。因為中國的非暴力脅迫行動旨在打擊台灣人民的信心，所以美國也已經採取對策來加強台灣民眾的自信，讓他們有信心能繼續保有政治自治並預防戰爭發生。中國政府目前採取的策略，促使美國不得不更明確展現對台灣的支持，不過同樣的策略中國政府還會採用多久，目前無法確定。

比起過去幾段兩岸關係緊張的時期（例如一九九五年到一九九六年），中國現在已經更為強大，也更有能力採取軍事行動，但在某些重大層面，仍容易受外界牽制或影響，例如他們還是需要從國外取得能源、技術、食物，對全球金融市場也有一定程度的依賴。因此，仍舊有一些誘因促使中國政府盡可能避免開戰。

美國、台灣和許多其他國家都需要一起更加努力打消中國武統台灣的野心，但同時也要關注更廣泛的戰略環境和整體局勢。戰爭並非台灣面臨的唯一威脅，台灣人民還持續不斷遭受中國的各種非暴力脅迫。美國的政策和戰略不能只聚焦於中國對台灣的軍事威脅，也要能應對中國為了統一台灣而使出的各種非暴力脅迫手段，如此，才能真的協助維持台海穩定、防止戰爭發生。

第一章　衝突背後的歷史緣起

一九四〇年代初，不管是美國，還是由中國國民黨（以下簡稱國民黨）領導的中華民國政府，或是在一九四九年由中國共產黨建立的中華人民共和國，三者在制定任何政策時都沒有把台灣這個島嶼及島上居民列為優先考量的因素。從一八九五年起，台灣一直是日本帝國的一個殖民地，到了一九三〇年代末期，國民黨總裁蔣介石和中國共產黨主席毛澤東都只是把台灣視為一個需要從日本殖民統治中解放出來的領土，除此以外別無他想，而此時，美國和台灣這個島嶼也幾乎沒有什麼交流。然而，這個情況很快就發生變化，台灣很快會成為美國、中華人民共和國、中華民國三方爭論的焦點。與此同時，台灣人民逐漸擁有自己的政治意識，並發展出影響政治和社會事務的能力。後來的台灣問題甚至成為高度敏感議題，在二〇二一年，國際媒體評論的一個主要焦點就是中華人民共和國是否會為了台灣發動戰爭，以及會在何時發動戰爭。

從十七世紀到一八九四年

台灣是一座島嶼，位於中國大陸東南海岸約一百英里處。就地質來說，台灣是亞太地區「第一島鏈」的一部分，該島鏈北起於日本，往南經過台灣、菲律賓，最後延伸至澳洲，因此，有些觀察家認為以戰略來說，台灣是一塊很重要的領地。[1]

數千年來，台灣島上住的絕大多是原住民，從事原始的狩獵、採集以及部分農耕。自十六世紀起，中國大陸福建和廣東省的漢人開始和台灣的住民進行貿易；到了十七世紀，已有中國大陸的人民跨海來到台灣這個島上定居，從事農業和貿易。當時，荷蘭人和西班牙人在台灣設有據點，有一個來自中國的反抗組織也在那兒進行最後的抵抗，反對新的清王朝，[2]不過清朝最終還是消滅了這股反抗勢力，並掌控了台灣西部，後來還設立了台灣府，隸屬於福建省。

後來，愈來愈多漢人遷徙台灣，漸漸地，漢人成為台灣人口的絕大多數，並且同化了不少原住民族。不過，此時的台灣仍然處於開拓階段，還未發展成為高度統一和結構穩定的社會，不同的漢人族群時常內鬥，漢人也常和原住民發生衝突。到了十九世紀，台灣看起來愈來愈像中國大陸的社會：公共秩序逐漸建立起來，有錢的地主成為地方望族，擁有巨大影響力，然後再培養家中比較會讀書的子侄去參加科舉考試，以期為家族贏得更高的政經地位；台北、鹿港和台南等城鎮的商人已經會把農產品銷售出口；全台各地陸續建立起許多寺廟，供奉著漢人移民來台之前在中國內地所信奉的佛教、道教和其他民間神祇；在十九世紀末，清朝官員還在台灣進行試驗性的現代化改革。

台灣日治時期以及中國內戰：一八九五至一九四一

然而，這一切在一八九五年發生了翻天覆地的變化。日本和清政府因為朝鮮問題爆發甲午戰爭，清政府戰敗，於是在一八九五年的《馬關條約》中，日本明治政府要求中國將台灣和鄰近的澎湖群島永久割讓給日本。日本索要台灣和澎湖的其中一個原因，是他們也想和西方列強一樣擁有自己的殖民地，而台灣也因此成為日本第一個殖民地。當時隨同李鴻章前往日本簽訂《馬關條約》的官員中，有一位名叫約翰・沃森・福斯特（John Watson Foster）的美國顧問，這位顧問是艾森豪總統（Dwight Eisenhower）執政期間美國國務卿約翰・福斯特・杜勒斯（John Foster Dulles）的祖父。

雖然有一些民兵組織起身反抗日本的軍事接管，甚至有一個團體還宣稱台灣應該成為獨立國家，[3]但日本軍方很快就消滅了這些反對的聲音。日軍嚴密控制台灣，後來還對台灣中部山區的原住民進行了殘酷的鎮壓。

然而不久後，日本政府也制定很多政策，來促進台灣的社會和經濟發展。殖民地官員除了維持公共秩序外，還推行科學耕作、改善公共衛生、扶植農產品加工業。在一九二〇和一九三〇年代，台灣的菁英分子曾試著爭取日本國會中的代表權，以及更多台灣人民自治的權利，可惜並未如願。雖然日本的殖民統治在台灣留下了許多傷痕，但也確實大幅提升了台灣的社會經濟發展，因此，後來有些台灣人還會懷念日本的統治。

此一期間的中國大陸也發生了翻天覆地的變化：一九一一年辛亥革命後清政府被推翻，一九一二年起由中華民國政府取代。然而，這個脆弱的新政府建立之初，卻被一個個軍閥輪流把持，直到一九二八年才由國民黨接管，在國民政府軍事委員長蔣介石的領導之下，新政權開始著手強化政治機構，意圖統一全中國。統一中國的大業太過繁重，百廢待興，所以此時蔣介石根本無暇顧及台灣，只能繼續承認日本擁有台灣的主權。不過，台灣海峽之間的貿易再度興起，中華民國政府也在台灣設立了領事館。另一方面，在第二次世界大戰爆發前，美國在台灣島上的存在感很低，僅有少數美國商人來台購買茶葉和樟腦，或是一些傳教士來台努力改變島上居民的信仰。雖然美國國務院於一九一四年在台北和淡水設立領事館，但整體來說，這個時期的台灣對於中華民國、美國和中國共產黨（成立於一九二一年）而言，都只是個無關痛癢的邊陲地區。

不過，值得注意的是，其實中國和日本有某些決策高層，從很早就認定台灣這個島嶼具有戰略和經濟價值。一六八〇年代來台消滅反清勢力的清朝將軍施琅，上疏籲請清廷將台灣納入統治，以免其他國家利用台灣作為威脅中國的基地。而日本後來之所以和清廷索要台灣，除了想要像西方列強擁有自己的殖民地外，也希望台灣能為日本南方提供防禦屏障，同時也可以成為日本向外擴張的據點。[4] 一九四一年十二月八日日本從台灣的空軍和海軍基地對美國殖民地菲律賓發動攻擊，正好證明日本的確有意把台灣當作向外擴張的據點。

一九三七年，日本和中華民國政府在中國大陸爆發了全面戰爭，這場戰爭迫使日本改變對台灣的統治方向。首先，日本在台灣實行「皇民化運動」，目的是要讓台灣人更加認同自己的日本身分。台灣人被要求改用日本姓名；信奉中國民間宗教的寺廟被關閉，由日本神社取而代之；台灣男子被徵召進入日本帝國的軍隊，擔任士兵或工人，其中有很多人後來騎著自行車穿越馬來半島，成為一九四二年二月日本占領新加坡的主力之一；年輕的台灣女性則被徵召前往東亞各地，被迫成為日軍的「慰安婦」。

從珍珠港事件到韓戰爆發

珍珠港事件後美國正式參戰，成為中華民國對抗日本的盟友。美國政府為了讓中國能繼續參戰，因此利用有限的資源盡量支持蔣介石的政權。然而，對於該用什麼軍事策略、各種物資補給該怎麼提供和分配，當時的羅斯福（Franklin Roosevelt）政府內部以及美國和中華民國之間也的確存在意見分歧。

美國參戰的目的雖然是為了擊潰日本，但身為日本殖民地的台灣並未成為美國的主要攻擊目標。雖然有些美國官員曾建議占領台灣，作為對日本進行空襲的基地，但羅斯福總統最終同意道格拉斯・麥克阿瑟（Douglas MacArthur）的意見，決定占領菲律賓。不過，在一九四三年底到戰爭結束前，美國陸軍航空部隊還是曾對在台灣的重要軍事目標進行轟炸。

戰爭結束後，美國總統羅斯福在研擬保護國際和平與安全的國家政策時，也把台灣納入考量。到了一九四二年底，他在他的遠大計畫中為台灣找到了一個位置：他打算讓美國、英國、蘇聯和中國這四個國家——被稱作「四警察」（the "Four Policemen"）——共同努力保護國際和平，如果有哪個不安分的國家試圖購買武器向外侵略，四警察就會威脅對其進行海上封鎖或強力空襲。羅斯福知道台灣有良好的港口和機場，而且台灣和當時還在中國大陸上的中華民國僅一海之隔，中華民國正好可以利用台灣的優勢來扮演好維持和平的角色，所以自然認為應該把台灣歸還給中國，而不是讓台灣成為聯合國託管領土。（但很顯然，羅斯福太高估中華民國的能力，誤以為經歷多年苦戰已經疲弱不堪的中華民國，還能夠在國際發揮重要功能。）

一九四三年二月，羅斯福將「把台灣歸還給中國」的決定傳達給他的高級官員，而他的想法與蔣介石不謀而合。在一九四二年年底，蔣介石出版了《中國之命運》一書，其中便主張台灣可以成為中國大陸的「外部堡壘」，因此，戰後台灣應該歸還給中國。[5]羅斯福的決定和蔣介石的主張，都在一九四三年年底於開羅和德黑蘭的盟國領袖會議，獲得他國領導人的認可。

隨著二戰結束，蔣介石領導的國民黨政府和毛澤東的共產黨開始為了爭奪中國的統治權鬥個你死我活，一場內戰似乎一觸即發。杜魯門（Harry S. Truman）總統還派喬治・馬歇爾（George Marshall）將軍來中國調停國共兩黨的鬥爭，雖然馬歇爾作了很多努力，但他很快就發現國共之間分歧太大，根本無法和解。於是，當杜魯門在一九四七年初把馬歇爾召回美國後，國共內戰也正式拉開序幕。當時，美國仍向中華民國政府提供經濟和軍事援助。

與此同時，因為美國政府認為戰後的和平條約會將台灣的主權從日本手中歸還給中國，所以很自然地就由中華民國派軍隊在台灣接受日軍投降。然而，前來接收和治理台灣的國民黨官員貪汙腐敗，趁機大量搜刮財物、欺凌百姓。於是很快地，台灣當地民眾（早期中國移民的後裔）對國民黨新統治者的態度就從最初的歡迎轉變成憎惡。一九四七年二月底，台灣全島各地爆發激烈的官民衝突，但起身反抗的人民卻遭到殘酷鎮壓。此時，美國已經私下提醒過蔣介石，必須著手改善國民黨對台灣的治理。

到了一九四九下半年，共產黨在國共內戰中擊敗國民黨，中國大陸就此落入共產黨之手，毛澤東於十月一日宣布建立中華人民共和國，而蔣介石只能帶著他的政府和軍隊退守台灣，這使得台灣的人口增加至大約八百萬，其中百分之八十五是本土台灣人，百分之十五是所謂的外省人。中華民國政府遷台後，蔣介石便宣布台灣進入戒嚴時期，暫時中止中華民國憲法中的民主條款，於是台灣人民在接下來的四十年都活在威權體制之下。蔣介石領導的威權政府不僅剝奪了台灣人民的公民權和參政權，還試圖將中國舊時的保守觀念灌輸給台灣人，以取代日本統治半世紀帶來的影響。

從韓戰到中美建交

一九五〇年初，是否要防衛台灣免受中華人民共和國的攻擊，是個讓杜魯門政府頭痛的問題，而且，他們似乎必須盡快作決定。蔣介石在美國國會的支持者力勸杜魯門總統加強對台灣的防衛，而且，當時的政府也的確明白台灣對美國的戰略價值。然而，由於當時歐洲情勢緊張，美國政府實在分不出足夠的資源，來幫助在台灣的中華民國軍隊抵擋來自對岸的攻擊；此外，美國政府當時也認為，中華民國政府其實並不缺乏軍事資源，而是沒有足夠的能力和意志力運用既有的資源。

一九五〇年初，在經過對台政策的廣泛辯論後，杜魯門政府表示不會保衛台灣免受軍事攻擊，而且還表示台灣是中國的一部分，稱這是國際社會公認的事實。然而，當北韓於同年六月入侵南韓，美國政府又立刻改變了立場，迅速採取行動阻止中國共產黨侵略台灣，甚至正式宣布：「關於福爾摩沙（也就是台灣）未來的地位，必須等太平洋地區恢復安全、與日本達成和平協議、以及聯合國考慮過後再作決定。」[6]就法律層面來說，此時美國政府已不把台灣視為中國的一部分，而且實際上美國政府也開始恢復並增加對中華民國政府的軍援。

此時蔣介石的國民黨和毛澤東的中國共產黨之間鬥爭仍舊持續，不過性質發生了變化。一九四九年之前，國共鬥爭主要是軍事衝突；在毛澤東勝利掌控中國之後，雙方的鬥爭變成一部分軍事、一部分政治。在軍事方面，台灣受益於美國為了阻止共產主義在亞洲擴散而採取的圍堵政策。美國政府的作法是與第一島鏈上的國家（包括台灣）結盟，並且說服新盟友，同意美國派兵前往該國駐軍，交換條件就是如果該國遭受攻擊，美國會出兵協防。一九五四年底，就在中華人民共和國炮轟福建省沿海的金門馬祖（這兩個島嶼都屬於中華民國）不久後，美台談定了共同防禦條約，該條約在一九五五年初便獲得美國參議院的批准。

然而，美國和中華民國的結盟並非完全沒有問題。蔣介石當時宣稱要「反攻大陸」，但艾森豪政府卻認為，這是個魯莽且不可能實現的目標，所以美國政府是等中華民國政府答應，在對大陸進行任何重大軍事行動前，必須先跟美國商量的條件後，才同意和中華民國簽訂共同防禦條約。一九五八年八月，中共再次考驗美國保衛台灣的決心，對金門進行大規模轟炸，但美國海軍協助台灣船隻替金門提供補給，這場危機也很快過去。但就跟一九五四年一樣，艾森豪政府還是很擔心，為了守護幾座屬於中華民國的離岸小島，最終會讓台海危機升級成核武戰爭，這麼一來，也可能刺激蘇聯帶著核武來幫忙中華人民共和國這個共產主義盟友。就為了幾座僅有微小戰略價值的離島，冒著如此巨大的風險，似乎不符合比例原則。接著在一九六二年，甘迺迪（John F. Kennedy）政府不得不出手約束蔣介石，因為當時毛澤東的大躍進運動，讓中國的政治和經濟陷入一片混亂，而蔣介石似乎打算調動軍隊，趁機反攻大陸。

與此同時，在美國政府的鼓勵之下，台灣領導人開始改變經濟策略。在一九六〇年以前，進口替代一直是台灣政府的主要經濟政策，但進口替代只能讓台灣經濟緩慢成長。後來，經濟技術專家官員主張，出口導向的經濟政策更適合台灣擁有的條件，而這樣的主張也獲得政府的認同。隨著「光復大陸」的夢想變得愈來愈遙不可及，台灣還不如好好增強自身實力，尤其是經濟實力，而且美國和日本也樂於支持台灣進行這樣的轉變。因此，台灣政府改變了對外貿易政策，並建立起支持新政策的制度和基礎設施（例如制定良好的教育制度、建立出口加工區，以及像工業技術研究院和科學園區這類促進創新發展的機構）。具有創業精神的台灣人和外省人創立了無數中小企業，利用產品的市場差異來開拓其他國家的市場，並持續根據自身的相對優勢和市場需求發展更新、更高科技的產品。改變後的經濟策略成果斐然：台灣的經濟一片繁榮，社會也更加穩定。在政治方面，國民黨從一九六九年起開始進行小幅度的政治改革，包括吸納忠於國民黨政權的台灣人，進入由外省人主導的政治體系、因應人口成長增加從台灣選出的立法委員人數，並將地方選舉作為衡量選民對地方官員施政表現的標準。[7]

這一時期，中華民國和中華人民共和國在政治上的鬥爭，主要是在爭論哪一方能在國際體系中代表中國，並且能與第三方建立正式的外交關係，而這場鬥爭的戰場主要是聯合國。歷屆美國政府都很努力阻止中華人民共和國取得代表中國的權力，美國通常會利用程序上的細節或遊說其他會員國，一起防堵中華人民共和國取代中華民國。然而，隨著之前的歐洲殖民地陸續宣布獨立，而且大多較支持中華人民共和國的立場，美國的阻撓就變得愈來愈困難。雖然中華民國和中華人民共和國對於中國代表權的競爭，在毛澤東實行文化大革命造成中國大混亂的那幾年曾暫時中斷，但很快地，中共又繼續全力爭取，而且離勝利愈來愈近。於是，美國趕緊提出一項替代方案——讓中華人民共和國和中華民國一起在聯合國代表中國，然而這個提議還是來得太遲了。一九七一年十月，中華人民共和國成為聯合國中，唯一代表中國的國家；與此同時，愈來愈多國家與中華人民共和國正式建交。

在與中華人民共和國的政治鬥爭中，對台灣來說最沉重的打擊，莫過於尼克森（Richard Nixon）總統在一九七〇年代初期決定「打中國牌」（play the China card），並開始與中國政府親近。美國這麼做的其中一個原因，是為了對抗蘇聯，但面對美國這樣的操作，台灣自然擔心，美國會為了和中華民國的宿敵建立新關係，而犧牲台灣的利益。而且台灣也的確有充分的理由擔心，因為一九七二年二月尼克森到北京進行具有重大歷史意義的訪問時，他告訴中國的領導人，他有意在第二任期與中華人民共和國建立「正常」的關係，把美國對中國的認可和外交關係，從台北轉移到北京。

但後來尼克森因為水門案醜聞纏身，急需爭取國會中那些最支持台灣的議員的支持，迫使他推遲原本的計畫。不過，一九七七年上台的卡特（Jimmy Carter）政府完成了尼克森開啟的任務——與中國建交。這個重大舉措背後的原因，除了仍是為了對抗蘇聯以外，另一個主因是鄧小平正在中國實行經濟改革，並採行對全球經濟開放的政策（其實鄧小平採用的正是讓台灣經濟起飛的祕訣），而美國商界非常渴望能從中國的新經濟政策中獲益。於是卡特接受了鄧小平提出的中美建交三條件：第一，終止與中華民國的外交關係；第二，終止台美共同防禦條約；第三，撤回駐台的美國軍事設施和人員。

在一九七八年十二月十五日／十六日的建交公報上，美國承認中華人民共和國政府是中國唯一合法政府，並同意於一九七九年一月一日與中國建交，於同年三月一日互駐大使。[8]公報裡宣布美國和台灣的關係將成為非正式的外交關係，而關於台灣的法律地位問題，英文版本聲明「尊重（acknowledged）中方……視台灣為中國的一部分的立場」，也就是說，美國知道中方的立場，但並沒有採納中方的立場作為自己的立場。不過，中文版本卻把英文聲明中的「acknowledge」譯為「承認」，但卡特政府堅持應該以英文版聲明的文意為主。[9]

卡特政府希望在建交公報中聲明，兩岸分歧應透過和平方式解決，但中國拒絕了這個要求。因此，兩岸議題應該和平解決的這個大原則只出現在美國單方面的官方聲明裡（該聲明與中美建交公報同時發布），而中國政府所發布的聲明，則重申台灣問題是國家內部事務（也就是說台灣問題怎麼解決，無須外人插手）。

同時，卡特政府也堅持美國將繼續對台灣進行軍售，以嚇阻中國的軍事攻擊，而中華人民共和國則表示，強烈反對這樣的政策，他們決定保留未來再重新審視此議題的權利。

隨著中美建交，以及中美建交前兩個月，中國才和日本簽訂和平條約，台灣在與中國的國際地位爭霸戰中已經完全敗下陣來。如果看起來連美國都放棄了台灣，那台灣還有什麼希望呢？可以想見，對未來的不安和焦慮在整個島上蔓延開來，許多勇於反對國民黨政權的黨外人士開始組織動員，批評國民黨政府在外交上的失敗。隨著參與的人數愈來愈多，一九七九年十二月，黨外人士在港都高雄舉行了一場大型集會，但當時有幾位似乎來自執法機構的不明人士故意搗亂挑釁，造成這場抗議活動變成暴動，進而給予執法單位很好的藉口，逮捕黨外人士的領袖。

中華人民共和國在取得外交上的巨大勝利後，他們的領導人希望趁台灣的國際地位被大幅削弱的時機，趕快消滅中華民國、實現統一，所以他們對台灣伸出了某種橄欖枝。一九七九年一月一日，中華人民共和國的全國人民代表大會常務委員會（簡稱全國人大常委會，為中華人民共和國立法機構）發表《告台灣同胞書》，聲明中強調海峽兩岸的許多共同之處，呼籲兩岸應盡快邁向統一，還承諾會「充分考慮（台灣）目前的狀況」，會「尊重現狀」、「尊重各行各業的聲音」，還強調無論是中華人民共和國還是國民黨政府，都反對台灣獨立。但聲明中最重要的主張是：時間是站在中華人民共和國這一邊的（也就是拖愈久反而對中華人民共和國越有利），台灣領導人應該認清未來的趨勢。

根據中國政府的邏輯，他們此時希望盡快統一台灣並非沒有道理。首先，台灣此時的領導人是外省人，他們雖然身在台灣，但仍視自己為中國的愛國人士，而且國民黨政府宣揚的目標也是追求統一。第二，此時台灣正處於一黨獨大的專制威權統治之下，無論政府和中華人民共和國談定什麼協議，台灣人民都只能乖乖接受。第三，蔣經國（蔣介石之子，自一九七八年接任中華民國總統）的健康狀況正在惡化，因此中國政府認為，蔣經國有可能願意為了中華民族作出最後的貢獻。第四，鄧小平的經濟改革政策能為台灣企業帶來無數商機，但前提是中華民國政府願意取消與大陸貿易的限制。根據中共的「統戰」策略，來中國大陸做生意賺大錢的台商，有機會成為台灣政治體系中一股親中的力量。中國長期以來，一向都喜歡藉由削弱對手的內部或外部聯盟來壓制對手。

然而，中國領導人原本以為自己擁有的優勢卻逐漸被削弱。在他們志得意滿地以為兩岸即將統一的時候，第一個反轉迅速到來。當時卡特政府要求國會通過立法程序創建一個機構，以便在美國與台灣沒有正式外交關係的情況下，未來還能進行實質交流。在《台灣關係法》中，國會確實批准美國在台協會（American Institute in Taiwan，簡稱ＡＩＴ）成立，該機構的台北辦事處，本質上就是美國駐台大使館。此外，美國國會也特別修訂了卡特政府的草案，把有關台灣安全的議題列入草案之中。

《台灣關係法》中宣布了許多美國對台政策，其中一項便是「任何企圖以非和平方式來決定台灣的前途之舉──包括使用經濟抵制及禁運手段在內，將被視為對西太平洋地區和平及安定的威脅，而為美國所嚴重關切」，此外還聲明國防部應該「維持美國的能力，以抵抗任何訴諸武力、或使用其他方式高壓手段，而危及台灣人民安全及社會經濟制度的行動。」[10]

更重要的是，《台灣關係法》授權美國政府繼續提供台灣「防衛物資及技術服務」，以確保台灣擁有「足夠的自衛能力」。該法案也規定，總統必須向國會報告任何危及台灣安全的威脅，並規定行政和立法機關應「根據憲法程序」決定如何妥善應對這類威脅。

卡特總統在一九七九年四月中簽署的《台灣關係法》，無疑讓台灣領導人、台灣民眾、以及美國的親台人士又燃起了一線希望，而中華人民共和國則十分不滿，他們表示，美國無權透過國會立法來干涉「中國的內部事務」。然而，無論是台灣人民和親台人士心中燃起的希望，還是中國的憤憤不平，都有些沒道理。畢竟在《台灣關係法》中，涉及台灣安全的大多文字並未牴觸美國總統既有的權限。即使涉及軍售以及美國可以如何應對中國侵台的條款，似乎賦予美國國會一些特殊的權力，但條款中仍適時提及總統特有的權力，巧妙地制衡了國會。舉例來說，表面上美國國會可以主張他們有權參與並共同決定提供哪些軍備給台灣軍隊，但因為相關條款結尾寫著「按照法律訂定的程序」，所以政府的律師們就可以將這條款解釋為：和過去沒有什麼不同，美國國會只有在決策過程後期才能發揮影響力，並沒有過分特殊的權力。《台灣關係法》之所以重要，是因為它代表了美國國會在政治上對台灣的堅定支持，也就是反映了美國人民對台灣的支持。未來的問題是：接下來的美國總統，要如何在這樣的支持下行使總統的權力，應對兩岸議題。

要統一還是要獨立？

既然中國政府已經切斷了台灣和美國的正式關係，中台之間的競爭性質又再度改變。雖然中華人民共和國已經成功打敗中華民國，獲得代表中國參與國際社會的權力，但雙方的鬥爭還在持續，不過，此時鬥爭的重點是，中國政府如何設法說服台灣的國民黨領導人結束兩岸分裂並終止中華民國。然而，中國想達成此目標卻面臨著三個阻礙，而時至今日，這三個阻礙依舊存在。

第一個阻礙是美國對台灣的支持。即使台美沒有正式的外交關係和共同防禦條約，美國依舊持續支持台灣。卡特本人明確表示，即使中華人民共和國反對，美國的對台軍售仍會繼續進行。此外，中國領導人也有充分理由擔心，新任美國總統可能會違背當初建交時談妥的協議，這是因為在一九八〇年的美國總統競選中，隆納・雷根（Ronald Reagan）是最支持台灣的共和黨候選人，他對台灣的支持源自於他長期以來對台灣（或至少對國民黨政府）都抱持著深深的同情，而且他也明確表示他很不滿卡特拋棄台灣的做法。這場總統大選的結果讓中國感到很失望，因為雷根輕鬆擊敗卡特當選了美國總統，共和黨也取得參議院的控制權。雷根政府很低調地努力增強台灣的安全感，而後來的美國總統其實也都是這麼做的，只是每屆政府都有自己的方式。

雖然雷根政府力挺台灣，但關於美台雙方政府實際上該如何交流，雷根政府卻沒怎麼更動卡特政府嚴格制定的「交流指引」。例如，台灣政府設置了一個機構和美國政府交流，該機構的名稱卻是「北美事務協調委員會」（Coordination Council for North American Affairs，簡稱CCNAA），名稱中完全沒有提及台灣；派駐北美事務協調委員會的台灣外交官只能在餐廳或飯店會議室裡和美國外交官會面，不能在美國政府大樓內。美國國務院則是負責確保雙方都確實依照這些規則進行交流，雷根上任後的十八個月內由亞歷山大・海格（Alexander Haig）掌管國務院，這位國務卿過去曾協助亨利・季辛吉（Henry Kissinger）實現尼克森總統對中華人民共和國的開放政策，而且在雷根總統上任後，他仍相信與中國交好有助於增強美國對抗蘇聯的力量。在這種情況下，台灣政府別無選擇，即使他們覺得遭受了許多堪稱為屈辱的待遇也只能忍耐，因為美國是其對抗北京統一運動的唯一壁壘。台灣只能繼續把希望寄託在美國國會裡的朋友身上，這些人不僅僅是像貝利・高華德（Barry Goldwater）這樣的堅定反共派，也包括兩大政黨內的溫和派。

第二個阻礙是中國的領導人鄧小平和台灣領導人蔣經國及其部屬，找不到雙方都可以接受的統一模式。台灣領導人當然不願意只是讓台灣成為中華人民共和國的其中一個普通省份，在美國的親台人士同樣不樂見這種情況發生。然而，中華人民共和國當然也不希望給予台灣太多特殊待遇，以免這些待遇成為台灣推動獨立運動的助力，或是成了美國用來乘隙干涉台灣事務的機制，又或是兩者皆是。事實上，當時英國政府正在對中華人民共和國施壓。因為英國即將要把香港的主權歸還給中國，但有很多人都是因為受不了毛澤東的苛政才出逃香港，所以英國要求中國必須想辦法，讓英國能把香港歸還給中國，但又不會造成香港人心惶惶。當然，英國有可能只是為了自身利益才對中華人民共和國施壓，也就是說，英國這麼做，可能只是想改善英國企業在開放的中國市場中的競爭地位，並非純粹為了香港人民著想。但無論如何，面臨來自英國的壓力，中國政府也不得不設法回應，這也促使他們更積極地思考有關台灣的問題。

中華人民共和國想於近期內實現統一所面臨的第三個阻礙，就是台灣政治體制的大轉變。基本上，國民黨政府抱持著強烈的反共主義，而且這個政權仍然主要由外省人主導，而這些大權在握的外省人絕對不會想承認，自己又要再次輸給在國共內戰中大敗自己的敵方。不過對中國政府來說，相較於其他阻礙，這種意識形態上的反抗後來很快變成不算太嚴重的問題。

設定統一條件

一九八一年九月至十月，鄧小平發起了一個三管齊下的行動，目的就是要消除這三個障礙，以加速邁向中華人民共和國的統一目標。首先，他試著提出更完善的兩岸統一方案，以增加成功協商的機率；第二，對美國施加壓力，要求美國終止對台軍售；第三，在台灣政治體系內拉攏或建立盟友（這也是一種統戰行動）。前兩項行動可說是密切相關，因為鄧小平相信，只要美國繼續提供台灣軍事支援，蔣經國就不會願意和中國談統一，但美國在尚未確認台灣未來不會遭到中國的軍事侵略之前，又不會停止或減少對台灣的軍售。鄧小平的第三項行動則有助於促成第一項行動。

第一個行動是由全國人大主席葉劍英向台灣提出，中國政府為了「實現和平統一」所研擬的方案：[11]

- 中國共產黨和中國國民黨的代表應在地位對等的基礎上進行會面、討論兩岸統一事務（請注意，會面的是兩個政黨，而不是兩個政府）。
- 應採取措施以「促進郵件、貿易、航空和貨運服務的往來，鼓勵人民往返探親和旅遊，並促進學術文化和體育交流，並達成相關協議」。
- 兩岸統一後，台灣「可以被指定為享有高度自治特別行政區，而且可以保留自己的軍隊。北京的『中央政府』不會干預台灣的地方事務」。

- 台灣現有的社會經濟體制，包括其生活方式以及與其他國家的經濟和文化關係都不會改變。人民的財產權、繼承權以及對住房、土地、企業和外國投資的所有權都不會受到侵害。
- 台灣的「掌權人士和重要人物」可以在「國家的政治機構」中擔任領導職務。
- 中央政府將在台灣遇到財政困難時提供協助。
- 會為想要移居大陸的台灣居民作適當安排，並確保前往大陸居住的台灣人們不受歧視。
- 台灣的實業家和商人都可以自由在大陸投資和從事經濟活動，其法律權利、利益和利潤都會得到保障。
- 台灣各界的居民在統一後可以對國家事務提出想法和建議。[12]

以上這些就是後來被稱作「一國兩制」統一方案的基本要素，不過台灣毫不猶豫地拒絕接受這個方案，他們希望以國民黨創辦人孫中山的「三民主義」為基礎進行國家統一（三民主義的主旨為民族、民權和民生）。在某種程度上，鄧小平也將「一國兩制」應用於香港，而且把幾個基本大原則都轉化成具體且詳細的政策和制度，預備在一九九七年接受香港回歸。對台灣而言，中台雙方連統一的大原則都談不攏了，因此從未取得多大進展。不過，香港統治模式的細節以及在二〇一四年到二〇二〇年間香港的治理如何惡化，確實為台灣提供了很有用且具有警示性的參考。

重新審視對台軍售

鄧小平的第二項行動是重新審視美國對台軍售的問題，這個問題在中美建交時尚未解決。於是在一九八一年十月，就在葉劍英於全國人大發表與台灣和平統一的方案不久後，鄧小平決定要求美國終止對台軍售。鄧小平的想法是，既然中國政府打算和統而非武統，台灣當然不再需要美國的軍備。因此，時任國務院總理的趙紫陽在墨西哥坎昆與雷根總統會晤時，便要求美國設定終止對台軍售的日期，並在這個日期之前，軍售數量不得超過卡特時期的水平，且要逐年下降直至歸零。美國拒絕設定一個具體的日期，但提議以談判方式討論美國對台軍售的相關問題。事實上，在談判開始之前，海格甚至已經同意為對台售出的軍備價值和品質設定上限。

隨之而來的是長達十個月的談判。在此期間，由喬治・舒茲（George Shultz）代替海格擔任談判代表，而舒茲認為美國對亞洲的政策，應該更著重於與美簽訂條約的盟友，而不是把焦點放在中國，所以美國政府不需要在軍售的議題上這麼配合中國的要求。最後，美國的談判代表仍舊拒絕設定終止軍售的具體日期，但卻同意設定對台軍售武器的數量和等級上限，而且同意遵守「逐步減少」的原則。接著在一九八二年八月，兩國都發布了談判結果的公報。

這項協議在台灣引起了全島震動，因為台灣當時收到的風聲，一直讓政府和人民相信雷根不會接受這樣的協議。這份協議預示著台灣阻擋解放軍（中國的軍事主力）的力量將會逐漸減弱，也讓台灣人開始質疑美國支持台灣的承諾到底有多少可信度。雷根政府強調，雖然美國同意逐步削減對台軍售，但這是有條件的——條件就是中國政府必須採行和平統一的政策；雷根還私下指示國務卿舒茲和國防部長卡斯珀・溫伯格（Casper Weinberger）務必重視此一前提。[13]然而，美國官員也明白，台灣的領導人沒有理由相信中國的承諾，美國有必要緩解台灣政府的擔憂。因此，在公報發布之前，美國就對台灣提出「六項保證」（Six Assurances），聲明美國在公報中未同意的事項，其中包括：美國未同意設定終止對台軍售的日期、未同意在對台軍售議題上向中華人民共和國徵詢意見、未同意修訂《台灣關係法》，未改變對於台灣主權的立場，此外，也保證不會在中國與台灣政府之間擔任斡旋角色，亦不會對台施壓、要求台灣與中華人民共和國進行談判。[14]（關於台灣主權問題，雷根政府後來陳述了美國政府在法律上的立場——美國並未選邊站，這符合中美建交公報裡相關條款的要求，台灣主權問題應由「台海兩岸的中國人民」來決定。）

美國政府的確努力履行減少對台軍售的協議。美國官員們用「桶子」（the bucket）的概念象徵每年可以售出的軍備數量（就像一個桶裡可以裝下的東西有限一樣，每年可以售出的軍備數量也是有限的），而這個桶子裡裝的量會逐年減少。然而，在解釋和執行協議內容時，還是有一定的彈性。

兩岸經濟關係

雖然中國政府拿不出能讓台灣接受的統一方案，但在吸引台灣企業來中國大陸貿易和投資這方面卻做得很不錯，同時也對某些形式的兩岸人員往來抱持開放的態度。台灣政府同意加強與中國進行更緊密的經濟合作，雖然批准相關行動的速度比台灣企業和北京政府所預期的還要緩慢，但最終還是批准了。當時的台灣企業的確有充分的理由想讓自家產品前進大陸市場，而且更重要的是把生產製造和銷售等業務活動一起轉移到大陸去。這是因為當時台灣的勞工薪資和土地價格都逐漸提升，在台灣做生意的成本因此提高；此外，雖然台灣的產品也可以賣到美國，但當時在美國的施壓之下，台灣政府不得不調高被低估的台幣兌美元匯率，結果造成出口到美國的商品售價都變得更高，影響產品在當地的競爭力。相較之下，中國大陸有便宜的土地和勞工，匯率也不是問題，中國又正好需要資金、技術和管理人才來促進他們的出口導向經濟成長，而他們所需要的，恰好都是台灣企業可以提供的。為了讓兩岸經濟合作更具吸引力，中國政府特別允許台灣企業可以在大陸設立獨資子公司，不需要找中國大陸的企業合資或共同持股，這樣一來，台灣企業不只能在大陸設立子公司展開業務，台灣的母公司對子公司的經營也能保有更大的控制權和更高的自主性。然而，正當台灣企業如過江之鯽紛紛前往中國大陸開公司或設廠，有一個最顯著的例外就是半導體產業。由於半導體產業涉及高度敏感的科技和知識產權，所以該產業一直都非常謹慎，把大部分工廠都留在台灣，尤其是製造最先進晶片的廠房。

台灣在中國設立的工廠不僅為大陸市場生產，也為台灣長期以來的海外客戶生產，這些客戶包括西方的大型零售商，他們很欣賞台灣企業能按照精確的規格要求製造產品，並且能夠迅速應對國外需求的變化。台灣企業到中國做生意，對中國地方政府也是好處多多，不只提供了許多就業機會，他們帶來的強勁經濟成長也提高了地方官員晉升的機會。促進台灣企業大舉前往中國發展的原因是台灣產業並非緊密整合的大企業，也就是說，不是完全依賴單一或少數幾家大型企業，而是由幾家大企業與無數中小型企業互相合作與協作，形成一個產業網絡。大企業會從許多中小型企業選購零組件，而每家中小型企業都會提供高品質的產品。因此，當一間大企業遷到中國發展，與其共生的產業網絡也會一起遷過去。

中國市場的開放對台灣來說也是一場及時雨。一九八〇年代末到一九九〇年初，由於生產成本不斷增加，經濟發展程度較低的國家也開始與台灣競爭，台灣人民面臨收入和生活水平停滯不前的困境（也就是掉入所謂的「中等收入陷阱」）。此時把公司業務遷往中國，讓台灣企業得以繼續成長，尤其是資訊科技領域的企業受惠最多。到了二十一世紀，中國大陸在台灣的總貿易量中占了百分之四十的比重，而且其中有很大一部分是台灣不同企業之間的貿易。這些企業在中國的成功發展，代表很多台灣家庭都變得更為富裕，如果中國市場沒有向台灣開放，很可能不會有這麼好的結果。如果用購買力平價為衡量標準，從一九八五年到二〇一八年，台灣的人均國內生產總值（GDP）增長了將近十倍（從五千八百三十四美元增長到五萬零二十三美元）。[15]

同時，在一九八七年，台灣政府不再禁止一九四九年來台的人返回大陸探訪自己的故鄉和年邁的親戚。不過，開放探親也產生了一些政治影響，因為很多回大陸探親的台灣人，都發現台灣的社會狀況比文化大革命後的中國更好。

早在一九八七年三月，美國就注意到兩岸關係出現了新的趨勢，而且美國也很快地確認自己要扮演的角色。當時的國務卿舒茲在上海表示：「我們樂見各種正向的發展，包括間接貿易和促進兩岸人民交流，這樣的發展有助於緩解台海兩岸的緊張局勢」。在堅持一中政策以及和平解決台灣問題的原則下，美國會努力「營造一個可以讓這些正向發展持續出現的環境」。[16]

久而久之，大家逐漸意識到一件事情：雖然很多台灣企業靠著進入中國市場來賺大錢，但這些企業的員工不一定會因此成為親中分子，不一定會在台灣的政治活動（例如選舉）中支持中國政府的作法。雖然國民黨接下來會成為一個親商（pro-business）的政黨並支持擴大與中國的經濟合作，而且企業更喜歡由國民黨而不是民主進步黨（以下簡稱民進黨）掌權，但只有在二〇一二年台灣總統選舉中，幾位知名商界領袖才很難得地公開呼籲選民支持國民黨候選人。一定有很多台灣大企業提供國民黨競選經費，但其中很多企業可能為了分散風險，也捐款給民進黨（由於競選捐款缺乏公開透明的制度，因此無法作出準確的判斷）。

難以預測的因素：台灣的民主化

正如前文所述，台灣從一九四〇年代末到一九八〇年代都處於一黨獨大的專制統治之下，但在一九八〇年代初期，蔣經國總統計劃實施政治改革，讓更多來自不同領域和背景的人有機會參與政治，而此舉對海峽兩岸的關係以及台美關係都留下深遠的影響。

蔣經國之所以考慮實施政治改革，主要有以下幾個原因：

- 中國國民黨創黨人孫中山在一九二〇年代就提出了政治發展的軍政、訓政及憲政三階段過程，而真正的民主會出現在最終階段。
- 國民黨內思想較為進步的年輕成員（例如馬英九）開始主張，政治轉型的時機已經到來。
- 反對國民黨統治的黨外人士，不斷爭取參與台灣政治的權利。
- 美國國會中有一小群思路清晰又能言善道的人，開始時常批評國民黨的威權統治，這與美國國會傳統上支持國民黨政權形成明顯對比。這些批評者中最著名的是民主黨參議員泰德・甘迺迪（Teddy Kennedy）和克萊伯恩・佩爾（Claiborne Pell），以及民主黨眾議員史蒂芬・索拉茲（Stephen Solarz）和共和黨眾議員吉姆・里奇（Jim Leach），他們在台灣被稱為「四人幫」。在四人之中，索拉茲最有能力積極推動政治改革，因為他是美國眾議院亞太事務小組委員會主席，因此可以召開聽證會讓更多人知道台灣的狀況，並在該小組委員會的權限範圍內推動或阻止立法。

● 最後一個原因是，在一九八〇年代初期，全球民主化的新浪潮已經開始。

一九八一年年底，蔣經國悄悄向美國官員透露自己在去世前想實現四個目標：讓更多台灣人（而非外省人）進入政府高層、實現政治體制的民主化、維持台灣的繁榮、對中國進行開放——至少在經濟方面採取開放的政策。當年的中國正在追求類似台灣的經濟發展，政策方向也與台灣類似，所以蔣經國希望台灣能藉由民主化來超越中國。[17]

然而，蔣經國在推動台灣政治民主化的路上遇到了一些阻礙，第一個遭遇到的是制度層面的阻礙。中華民國於一九四六年制定了一部新的民主自由憲法，然而由於國共內戰爆發，蔣經國的父親蔣介石在一九四八年暫停了憲法中賦予人民的各種自由權利，其中也包括了讓人民有權定期舉辦選舉的條款。一九四九年國民政府遷台後，也一起把威權專制帶到台灣。其實，一九四六年的中華民國憲法中設立了兩個民意代表機構：立法院和國民大會（負責選出總統以及複決憲法修正案）。由於中華民國政府撤退到台灣後，仍聲稱自已是整個中國的政府，所以認為只有在完成「光復大陸」的目標並恢復對大陸選區的控制後，才能在全國範圍內進行立法委員（以下簡稱立委）和國民大會代表（以下簡稱國大代表）的選舉。因此，在一九四九年政府遷台前選出的立委和國大代表（這些人基本上都是國民黨自己人）在遷台後仍長時間保留他們的席位。[18]唯一的例外是代表台灣地區的民代席次隨著台灣人口成長逐漸增加，而且雖然沒有定期的全國性選舉，但地方選舉還是持續進行。黨外人士非常積極地爭取民代席次，而他們也逐漸成為真實民意的代言人。

第二個阻礙是蔣經國自己的健康狀況。一九八一年，蔣經國的健康急速惡化，人們都很擔心，會由一個負責制定大陸政策的臨時機構祕密籌謀接班人，而不是透過選舉產生新的領導人，蔣經國是否能夠在離世前實現台灣民主化，被打了一個大問號。但後來，蔣經國迅速康復、重新掌權，並在一九八四年春季的國民大會總統選舉中，提名台灣人李登輝作為副總統候選人，作為台灣政治邁向多元包容的第一步。其實，李登輝並非第一位擔任副總統的台灣人，但當時以蔣經國的年齡（一九八四年蔣經國七十四歲）和他的健康狀況來說，幾乎可以肯定他無法活到新的六年任期結束。一旦他無法行使總統職權，李登輝就會代行其職，而台灣將首次出現身分為台灣人的總統。事實上，蔣經國於一九八八年一月去世，李登輝順利成為總統，而中共高層開始擔心台灣的政權會逐漸由台灣人掌握。

第三的阻礙是國民黨內部的派系問題。在一九七八年年底中華民國與美國斷交，以及一九七九年年底高雄美麗島事件之後，負責國內安全防衛的保守派系比改革派更占上風。

儘管蔣經國在一九八一年已經向美國官員釋出他要進行政治改革的訊息，也陸續釋放了一些政治犯，但礙於黨內保守派的勢力，想更有系統地推進民主化似乎不太可能。美國眾議員史蒂芬・索拉茲於一九八三年八月，在台北向黨外人士發表了一場演講，演講中他針對台灣民主化遲滯的現象提出他的看法。他認為，台灣應該努力創造可以匹配台灣經濟奇蹟的「政治奇蹟」，現在時機正好；他還暗示民主的台灣會比專制的台灣更有資格獲得美國的支持。[19]

不過在一九八五年初，黨內的勢力平衡發生了變化。前一年秋天，被國防部情報局吸收的台灣黑道，居然到加州戴利城槍殺批評國民黨的美籍華裔作家劉宜良（Liu Yiliang），地點就在劉宜良的住家外。[20]刺殺原因很顯然是劉宜良寫過幾本書討論台灣政治史上的幾名大人物，在書中對蔣經國亦有不少批評。美國政府很快就查到幕後黑手，對於國民黨政府敢在美國國土上進行暗殺感到大為光火，國民黨這麼做不僅傷害了雙邊關係，也可能影響美國的對台軍售。史蒂夫・索拉茲火速召開有關此次暗殺的聽證會，並在眾議院通過了譴責該罪行的決議。

這起事件正好給蔣經國充分的理由，打破國民黨政府內因為派系牽制造成的民主化僵局，並開始推動政治轉型。一九八六年九月，黨外人士領袖創立了民進黨，即使這在當年仍是違法的，但政府並沒有採取任何行動。不久後，蔣經國告訴時任《華盛頓郵報》發行人凱瑟琳・葛蘭姆（Katharine Graham），他即將解除戒嚴；於是在一九八七年七月，台灣解嚴。從此以後，政治抗議行動不再被視為犯罪；大眾媒體對政治議題也能更開放地討論；選舉也變得更加自由，參與者可以更自由地表達意見。後來，蔣經國於一九八八年去世，他起用的台灣人副總統李登輝順利繼任。一九九〇年，當國民大會又即將舉辦定期的總統選舉，黨內的保守派原本想用一名外省人來取代李登輝，但這場地位危機最終被李登輝巧妙地化解了。當李登輝勝選，確定接下來六年由他擔任總統，他便要求國民大會恢復中華民國憲法在一九四〇年末被終止的自由權利條款。他積極推動修憲，希望讓立委和國大代表都由台灣選民直接選出；在他的努力爭取之下，還有另一項憲法修正案也成功通過——那就是把選舉總統的權力從國民大會轉移到全體選民手中，並且將總統任期改為四年，最多可連任兩屆。接著在一九九六年，李登輝便成為台灣第一位由全民直選的總統。

有幾個因素讓台灣的民主化顯得相當了不起。首先，台灣的政治轉型基本上是和平的；第二，台灣的民主化並非一步到位，而是逐步完成；第三，在李登輝的領導下，執政黨（國民黨）和主要反對黨（民進黨）的溫和派組成了一個臨時聯盟，負責協商政治改革的範圍和速度；最後一個因素則是以上全都發生在一個華人社會，當時許多觀察家都斷言，長期活在專制體制之下的華人沒有能力實行民主自治，但台灣成功的政治轉型推翻了這樣的論點，台灣也因此成為「第三波民主化」的典範。而且就在台灣的政治逐漸邁向民主開放的同時，在中國上演的卻是慘烈的天安門事件，以及後續一連串嚴酷的鎮壓行動。

民主化為台灣帶來一些重大影響：新政黨陸續形成，人民能更開放更自由地討論政策議題，而且人民的政治認同也出現轉變。在所有的新政黨裡，民進黨因為成立較早，所以明顯更有優勢，且有黨外時期所建立的勢力網絡可以倚仗。關於台灣的未來，民進黨選擇走激進路線，他們在一九九一年制定台獨黨綱，呼籲成立「台灣共和國」。不過很快地，他們就迎來首次國大代表的普選，而民進黨的候選人遭遇慘敗。這次經驗迫使民進黨日後想盡辦法構思出一方面符合黨的價值觀，另一方面又不會嚇跑選民的立場。

政治控制的解除，深刻影響了台灣人民對自己的身分認同。想當初，國民黨的威權統治，還努力對台灣百分之八十五的人口灌輸他們是中國人的觀念，而這百分之八十五的人口，從一八九五到一九四五年間曾是日本天皇的臣民。我們不確定國民黨當年的努力有多少成果，但在一九九二年，也就是立法委員首次普選的那一年，國立政治大學選舉研究中心開始調查台灣民眾認為自己是中國人、台灣人、抑或是兩者皆是。在第一次的調查中，最令人驚訝的是，只有百分之二十六的民眾說自己是中國人，國民黨政府可是執政了四十年，並在此期間不斷灌輸台灣人民他們是中國人的觀念，而且這百分之二十六之中有很多人可能原本就出生於大陸、後來才隨著國民黨政權一起遷到台灣。然而，說自己是台灣人的比例也不高，也許是出於對威權的恐懼，調查結果只有百分之十八的民眾說自己是台灣人，而有百分之四十七說自己兩者皆是（不過當年調查人員並未明確定義這些選項）。但隨著人民愈來愈不擔心被政府清算，願意表示自己是台灣人的比例也跟著增加。到了一九九〇年代末，說自己是台灣人或兩者皆是的比例已經幾乎打平，大約各占百分之四十。邁入二十一世紀後，認為自己是台灣人的比例已經變成最高，到二〇二一年已達到百分之六十三，此時還稱自己是中國人的比例已經下降至不到百分之五。[21]

民主化也深刻影響了兩岸關係的新準則。在完成政治轉型前，大家都有充分的理由相信，就算國民黨政權決定接受中共的統一（即使這不太可能），台灣人民也無法對政府的決策發表任何意見，只能默默接受結果。但台灣民主化代表台灣政府作任何有關兩岸關係的決定，都必須獲得人民的認可，也就是說民主化讓台灣人民在談判桌上獲得了一席之地。

美國十分樂見台灣逐步實現民主化，至少歷史學界方面非常歡迎。歷屆美國政府作了許多關於台灣的決策，但這些決策往往明顯忽視了台灣人民的利益。[22]現在，台灣人民可以直接表達他們的看法和意願了，而且台灣的民主化也符合雷根政府的政策。當時的雷根政府看到世界上還有很多國家都存在「非民主特質」，因此他們在對這些國家的政策中都特別強調民主化的價值，反而不再那麼著重已經受到國際社會關注和保護的人權。這種把關注焦點從「人權」轉移至「民主化」的改變延續至老布希（George H. W. Bush）政府，而台灣正好成為了受益者。至少對於一些美國人（包括許多國會議員）來說，由於國民黨改變了台灣的政治制度，所以他們對台灣的支持變得更加堅定，尤其當他們看到中共政權在一九八九年強力鎮壓抗議活動時，台灣的民主化便更顯得彌足珍貴，因此獲得美國人更強烈的支持。對這些親台的美國人來說，兩岸爭議已經變成了一場民主的大衛對抗共產的歌利亞之戰，而美國當然是想支持大衛。然而，在一九九〇年代初期，還沒有人預料到，台灣的民主化對美國的利益也有可能造成衝擊。

開始與中國政府進行政治交流

李登輝於於一九九〇年代初奠定台灣民主轉型基礎的同時，也致力於改善兩岸關係，這麼做有部分是為了實際需求。隨著台灣企業在中國大陸擴大發展，台灣愈來愈需要跟中國政府達成一些共識，來促進經濟往來。在一九九〇年五月的一場演講，李登輝強調，台灣和大陸都是中國的一部分，兩岸的最終目標應該是統一。他表示願意促進兩岸交流，但卻設定了過於嚴苛的條件。當時李登輝已經意識到，政府需要設立特殊機關，以便在合適的時機與中國進行對話，因此在一九九〇年底和一九九一年初，陸續成立了確立大方向的國家統一委員會（簡稱國統會）、制定具體可行政策的大陸委員會（簡稱陸委會），以及作為實際半官方對話機制的海峽交流基金會（簡稱海基會）。隨後，中國政府也設立自己的對應單位：台灣事務領導小組、中共中央台灣工作辦公室（簡稱國台辦）與海峽兩岸關係協會（簡稱海協會）。時任海基會董事長辜振甫和海協會會長汪道涵，都是受到政府高層領導信任的社會賢達。後來台灣政府透過對話機制，逐步詳細說明他們對於改善兩岸關係以及對兩岸統一的立場和觀點。一九九一年春天，就在台灣政府恢復憲法中自由權利條款的同時，李登輝也宣布台灣政府不再把中共政權視為叛亂政權——過去國民黨將中共政權視為叛亂團體，並因國共內戰狀態而中止憲法裡的自由條款；既然如今已恢復憲法賦予人民的自由權利，也就意味著不再認為中共是叛亂分子。一九九二年八月國統會宣布，中華民國政府只擁有台灣及其相關島嶼的管轄權，而中共政府則擁有大陸的管轄權，不再被視為「偽政權」。

中國和台灣政府過去一直在進行低層次溝通[23]，有時候甚至還由中台雙方領導人派代表進行祕密會談，但因為兩岸經濟交流愈來愈頻繁，所以雙方都很快意識到，有必要通過海基會和海協會的領導人會晤，就許多實際議題達成正式協議，比如文書驗證、打擊走私和海盜等。[24]然而，在進行這類會談時，中國政府堅持任何協議都要建立在「台灣政府承認『一中原則』的前提下」。（這是中國慣用的伎倆：先迫使對方接受中國政府訂定的原則，然後在隨後的談判利用對方接受的原則來牟取利益。）一九九二年秋天，雙方研擬了一套有部分相似之處但不完全相同的聲明，讓雙方未來有機會進行會談。雙方聲明的共通點是，中國和台灣都堅持一中原則並致力於統一（這在當時仍是台灣政府的官方立場）；而雙方的差異在於：中國主張雙方在磋商「常規」事務（routine matters）時不需要對「一個中國」的定義達成共識，而台灣則聲明，兩岸對於「一個中國」的意義有各自的解讀，也就是所謂的「一個中國，各自表述」。[25]這份談妥了一部分但尚未完全談妥的協議後來被稱作「九二共識」，並且在兩岸交流的過程中再度被重新定義。

再度對台軍售

隨著冷戰結束和蘇聯解體，先進武器的買方市場[26]應運而生，這是因為原本要用先進武器嚇阻的威脅已經不存在了。中國迅速抓住這個好機會，向俄羅斯購買比自家生產更為先進的戰鬥機、轟炸機、水面艦艇和其他武器系統，而台灣也趁機向法國和美國購買先進武器系統。中國解放軍的軍事能力日益增強，這使得老布希政府不得不重新評估過去美國和中國對於與台灣相關的協議，並重新考量中國如今的情勢可能對美國對台軍售政策造成的影響。此外，由於德州和其他F-16戰機生產州對美國總統大選的影響力，致使美國決定提供一百五十架F-16戰機給台灣。[27]

因此，一九八二年的中美聯合公報（即八一七公報）變成了一張廢紙，但這樣的結果也許是最好的。當初說好中共對台政策的基本準則是和平統一，這可不是件小事。然而，中共領導人卻認為中國的影響力與日俱增，足以說服或施壓台灣達成統一協議。值得注意的是，當美國和台灣要求中國承諾不會對台使用武力，中國拒絕了。中國給出的理由是：他們若承諾放棄使用武力，只會降低台灣政府談判的意願，甚至還可能變相推動台灣走向獨立。簡言之，中國既不願意限制自身軍武能力的提升（美國亦沒有嘗試說服中國），也不願意正式承諾放棄對台灣使用武力讓美台安心。一九八二年八月發布的中美聯合公報裡，美國政府同意限制對台軍事支援，以促使台灣願意「努力爭取和平統一」。不過，努力爭取和平並不等於保證一定會有個和平的好結果。此外，中國也有可能猝不及防地改變心意，不再按照和平統一的基本準則行事。如果美國等到中國突然武力侵台才開始準備大量軍備運送到台灣，將虛耗大量時間，遠水救不了近火，根本來不及協助台灣加強防禦能力。[28]

前進了幾步，又後退了幾步

截至一九九一年或一九九二年，整體情勢對台灣來說比過去某些時期要好。例如，美台關係在經歷了二十年的挫折和茫然之後正在改善，台灣和中國之間也持續開放貿易、探親和促進人員往來，而且辜振甫和汪道涵的會談看起來相當有可能成形。民主化也提高了台灣的國際聲譽，與此同時，中國政府基於上述某些原因對兩岸統一相當有信心。但就在前景看似大好之際，情勢急轉直下，其中一個原因是中台之間的政治分歧愈來愈大，另一個原因就是民主化改變了台灣的對外行為。

最早的跡象是台灣日益渴求國際社會的肯定。歷經中國在國際體系上的打壓和排擠，台灣的人民和領導人都愈發認為台灣應該要因為實現民主化而獲得國際認可。和中共政權對天安門事件的殘酷鎮壓相比，台灣邁向民主的成功更顯得難能可貴，且在道德層面上與中共政權之間高下立判。早在一九八〇年代末，李登輝就試圖透過到東南亞國家進行非正式訪問來提升台灣的國際地位。一九九〇年，民進黨高層注意到南北韓都即將成為聯合國的成員，於是向政府提議設法讓台灣重回聯合國。民眾普遍支持這個想法，李登輝政府也在一九九三年把重回聯合國列入自己的目標，不讓民進黨專美於前。

一九九三年，支持台灣的美國國會議員，重新檢視並修正了過去為了維持「美台之間非正式關係」的表象而訂定的諸多限制。一九九四年夏天，柯林頓（Bill Clinton）政府發布了《對台政策檢討》（Taiwan Policy Review）報告，其中的新政策大幅放寬原本的美台交流規範。例如，台灣經濟部高級官員——直至部長級高官——訪美，可以直接在美國的對應官員辦公室與其會面。

更重要的是，這些規範還闡述了台灣在政府間國際組織（international governmental organizations，簡稱ＩＧＯｓ）中可以扮演的新角色。一方面，美國仍與過去一樣，不支持台灣加入必須具備國家地位才能加入的政府間國際組織，因為美國並不承認台灣是一個國家；但另一方面，美國政府願意支持台灣加入**不需要**具備國家地位就能加入的政府間國際組織，例如世界貿易組織（World Trade Organization，簡稱ＷＴＯ）。新的規範同時也主張，即使台灣無法正式加入需要具備國家地位才能加入的政府間國際組織，這些組織仍應該傾聽台灣的聲音，而且就算表面上無法讓台灣成為正式成員，實際面上也該讓台灣參與這些組織的工作。

雖然新政策涉及的三方——台灣、中國和美國國會——都基於各自的理由對此份檢討報告不甚滿意，但新政策給予雙邊交流更大的彈性，未來不須再進行一次正式檢討就能實施更開放更自由的政策。然而，台灣還是很難真正參與許多政府間國際組織的工作（例如世界衛生組織（World Health Organization，簡稱WHO）），因為這類組織的決策和行動往往需要取得正式成員的共識，而只要中國是某個組織的正式成員，就會基於純粹的政治因素堅決反對讓台灣在該組織中貢獻專業。

一九九五年，李登輝透過訪問美國並回母校康乃爾大學演講的計畫，把台灣的國際地位提升到一個新的層次。李登輝之所以有此計畫，有部分是因為柯林頓政府在他一九九四年四月過境夏威夷時讓他相當難堪。一九九四年四月李登輝途經夏威夷時，原本預期入住一位知名台灣商人開的飯店並在那裡打高爾夫球。然而，當時柯林頓政府正與中國進行著困難重重的最惠國待遇協商談判，拒絕了李登輝的請求。李登輝感到顏面盡失，因此他決定要說服柯林頓政府同意他**訪美**，回到母校康乃爾大學演講（若成行，將十分有利於他一九九六年競選台灣總統）。[29]李登輝聘請了一間知名的遊說公司幫他遊說國會議員和媒體。這次行動相當成功，柯林頓最終同意李登輝的訪美行程，後來，李登輝於一九九五年六月前往美國康乃爾大學演講。然而，此舉卻讓中國政府認為美國違反了「與台灣之間只有非正式關係」的承諾，甚至認為美國正在鼓勵李登輝的台獨傾向。結果，中國政府召回了駐美大使並暫停兩岸對話。柯林頓政府也同樣對李登輝利用美國國會來達成自己的目的而感到不滿。

雖然李登輝後來順利訪美，但中國政府已經認定，李登輝努力提升台灣的國際形象和地位等同在推動台灣獨立，於是他們也祭出強硬的手段迫使李登輝節制，並威嚇其他國家不得讓李登輝和其他台灣的高級官員進行訪問。中國在一九九五年夏末秋初進行了一連串軍事演習，然後在一九九六年三月台灣總統大選前幾天進行恫嚇意味更濃厚的演習，包括在高雄和基隆兩個港口城市附近的海域發射攜帶模擬彈頭的彈道飛彈，在台灣引起了不小的恐慌。柯林頓政府決定展示美國的武力來反制中國的威嚇，派遣了兩大航空母艦戰鬥群到台海地區，一方面是為了阻止中國進一步行動，另一方面則是為了安撫美國境內批評政府太過軟弱的聲音。

一九九五至一九九六年的這場台海危機，實際上導向戰爭的風險並不高。美國和台灣政府都知道，中國解放軍的一連串軍演主要是為了展示武力，而不是使用武力，但這仍是自一九五八年以來美中兩國最接近戰爭的時刻，且解放軍和台灣空軍在過程中也很有可能會擦槍走火。中國霸道的強制外交也讓亞洲其他國家十分緊張，日本尤其憂心（當時有一枚彈道飛彈就從一座距離台灣不遠的日本島嶼附近飛過）。這次危機也讓美國和台灣發現，一九七九年美國設定限制美台軍事交流的那些規定太過嚴苛，導致雙方在面對這類危機時無法迅速有效地溝通。

在這場危機之後，美國修訂了有關維持台海和平與安全的政策。國務卿華倫・克里斯多福（Warren Christopher）在對外交關係協會和亞洲協會的一場演講中宣布了修訂後的政策：「我們已經向中台雙方強調，一定要避免挑釁行為或單方面採取行動改變現狀，以免導致尚未解決的議題最終難以和平解決。」[30]過去美國政府以為，只有中國的行動才可能導致戰爭，但現在美國表示，台灣採取的行動亦有可能引發衝突。換句話說，以前美國試圖約束的對象只有中國，如今兩邊都有必要關切。美國政府警告中國不可使用武力，同時也警告台灣政府不要採取可能會被中國視為挑釁的行動，免得讓中國覺得除了使用武力別無他法。台灣仍會因為實行民主制度受到讚揚，但美國將依據其維持台海和平穩定的利益如何受到影響，來評斷台灣民選領導人政策的優劣。

局勢暫時回穩

一九九五至一九九六年的緊張局勢趨緩。在這短暫的期間內，兩岸交流恢復了一定程度的穩定。儘管許多政策仍有爭議，但柯林頓政府還是能夠與中國恢復良好的互動。這段時期中美關係最重大的進展是中國國家主席江澤民於一九九七年十月訪美，以及柯林頓總統於一九九八年六月對中國的回訪。

不過，就某種程度上來說，美台關係的改善更值得稱道，雙方採取的步驟包括：

- 雙方對接人事異動，對雙邊關係必須依循穩定磋商、公開透明、「沒有意外」原則取得共識。

- 繼續舉辦定期但不公開的會議，雙邊各自派遣可以代表總統的官員參加。（第一場這樣的會議於一九九六年一月已經舉辦過。）
- 開始舉辦「蒙特瑞會談」（Monterey Talks），這是由雙方國防官員共同參與的常態性會議，討論雙邊安全關係，主題不只侷限於軍售。美台之間自一九七九年中美建交以來不曾有過此類對話，但在一九九五到一九九六年的台海危機中，雙方在溝通上碰到的困難突顯了對此類對話的需求。
- 柯林頓政府提議加速討論台灣加入ＷＴＯ的議題，部分動機是為了使中國政府認真對待其加入ＷＴＯ條件的談判。美國和台灣的貿易官員共同合作簽署雙邊協議，作為台灣加入ＷＴＯ的基礎。同時，美國和中國也重新開始了美中雙邊協議。一九九九年二月，柯林頓政府與「台灣、澎湖、金門及馬祖個別關稅領域」（Special Customs Territory of Taiwan, Penghu, Jinmen, and Matsu）[31]簽署了雙邊協議。（隨後台灣於二〇〇二年一月一日加入ＷＴＯ，比中國晚三週。）
- 一九九八年八月，時任ＡＩＴ主席卜睿哲獲得美國政府授意於一場公開演講中表示：兩岸分歧應該和平解決，而且應該要以台灣人民也能接受的方式解決——後面這句補充突顯了隨著台灣民主化，兩岸關係中相互影響的因素和趨勢也產生了變化。二〇〇〇年三月，柯林頓總統在一場關於美中經濟政策的演講重申了卜睿哲補充的重點，他說，美國應該要「非常明確地表示，中國和台灣的問題一定要找到和平解決的方式，而且要獲得台灣人民的認同。」32

柯林頓總統在一九九八年六月訪問中國期間發表的言論，曾在台灣引起軒然大波。當時他提到了「三不」：美國不支持「兩個中國」（或中國台灣一邊一國）、不支持台灣獨立、不支持台灣加入需具備國家條件才能加入的政府間國際組織。但實際上這「三不」長期以來都是美國對台政策的一部分，而美國政府也已經事先告知台灣，柯林頓將會重申這「三不」原則。

局勢再次緊繃

到了一九九九年夏天，愈來愈多人期望兩岸關係重回正軌。前一年的秋天，台灣海基會董事長辜振甫前往大陸與中國海協會會長汪道涵會面，雖然雙方並未宣稱，此次會面即代表兩岸恢復對話，但至少是往這個方向邁進。更重要的是，中國和台灣政府皆同意汪道涵於一九九九年秋天訪問台灣，也同意兩岸恢復對話。這會是中共高層人物首次公開訪問台灣，而且汪道涵還被視為中國國家主席江澤民在兩岸關係上的導師，這可能比他海協會會長的身分更為重要。在預定會面前夏季中旬，美國官員收到了台灣方對於這次訪問所作安排的簡報，內容對辜汪兩人的會面顯得相當樂觀。

然而，劇情再度急轉直下。一九九九年七月九日，李登輝在接受德國電視台德國之聲（Deutsche Welle）的訪問時，突然針對兩岸關係提出了一個新的表述，稱兩岸之間是「特殊的國與國關係」。[33]這番暗示台灣是獨立國家的言論剛好證明中國政府的觀點——中國認為李登輝一直在祕密推動台灣的**法理**獨立（*du jure* independence）。美國政府相當惱火，因為台灣領導人要作出如此重大的聲明卻沒有事先知會美方，同時美國也很擔心這番言論接下來會帶來的法律和政治影響。更嚴重的是，中國一怒之下派遣解放軍空軍戰機飛越台灣海峽並越過台海中線（這原本是一條雙方默認的非正式邊界）。美國決策高層很擔心，台灣戰機如果試圖從空中攔截中國戰機，有可能會發生意外撞擊而引爆更嚴重的衝突。

後來證明，李登輝作這樣的聲明是與即將到來汪道涵訪台有關。李登輝知道中台雙方對政治議題的探討將會比過去更深入，因此，他認為台灣需要率先將台灣的法律地位定義清楚，才能好好與中國討論。中國政府對於台灣的地位已經有很明確的看法：台灣是中國主權領土的一部分，是隸屬於中國的一個行政區，且採取一國兩制的模式治理。台灣當然無法接受這種觀點，所以也不願意再打模糊仗。事實上，李登輝過去就曾在某些公開場合中說過，台灣缺乏明確的國際地位，還因此組建了一個專家小組，研究相關的法律議題並提出建議，該小組的其中一名成員就是現任台灣總統蔡英文。該小組提供了一份方案，裡面包括一份聲明草案，上面列出了與汪道涵會面時應提出的政策原則以及後續的行動建議，包括修憲的提案。李登輝批准了這份方案，並交由高官複查。

但李登輝卻在德國之聲的訪談中提前公開「特殊的國與國關係」的聲明。這其中有兩個大重點：第一個重點是李登輝殫精竭慮地將中華民國政府對台灣的管轄權和中華人民共和國對中國大陸的管轄權區分開來，但這並非新的主張，他後來強調中華民國是主權獨立的國家，也同樣不是什麼新論點。[34]真正的新觀點是他把舉行選舉的地區定義為中華民國的領土（只有台灣和其相關島嶼），進而透過選舉強化了中華民國政府的合法性。正因如此，他認為台灣過去有關選舉的修憲，已經把兩岸關係變成特殊的國與國關係。

這種論述的邏輯是什麼呢？有個合理的解釋是李登輝參考了一九三三年的《蒙特維多國家權利義務公約》（Montevideo Convention），該公約列出了國家應具備的四大要素：第一，常駐人口；第二，明確界定的領土；第三，政府；第四，與其他國家建立關係的能力。[35]在這四大要素裡，台灣最不足的就是對中華民國領土範圍的界定。國民黨政權過去是把大陸和台灣都視為中華民國的主權領土，但自一九四九年以來，中華民國實際上只統治了台灣。李登輝特別強調，中華人民共和國和中華民國如今管轄的地區完全不同，並強調中華民國政府的合法性源自於在台灣這塊土地上舉行的選舉，提出這樣的主張其實是為了重新界定中華民國的領土。換句話說，如果政府的統治權來自於人民的選票，那人民投票的所在地應視為該國的領土。[36]

李登輝想要重新界定中華民國主權領土的意圖，在二〇〇〇年代初期變得愈來愈明顯，當時有人揭露李登輝組建的專家小組於一九九九年還提出了對中華民國名稱、法律和憲法的修改建議，以補充他的聲明中闡述的原則，其中包括：一、《國家統一綱領》（簡稱國統綱領，是一份採取「一個中國」立場的文件）的修訂以及最終的廢除；二、停止使用假設或暗示一個中國框架的各種表述（例如「一個中國，各自表述」和「一個中國即為中華民國」這類說法）。修改建議當中最重要的是，變更關於中華民國領土範圍的憲法第四條，該條文實際上並未明確界定國家領土的地理範疇，但修訂草案寫道「中華民國的領土由本憲法實際統治的地區組成」，也就是「台灣、澎湖、金門、馬祖」。[37]然而，以上兩項變更建議從未實施，其原因有二：首先，李登輝在德國之聲出人意料的聲明引起中國和美國的強烈反彈，導致台灣與兩國關係惡化；再者，在一九九九年七月之前，沒人說得準李登輝是否有足夠的時間和政治支持來實現這兩項變更。

李登輝對國家領土問題的關注還有一個後續事件。二〇〇〇年四月二十四日，國民大會通過了一項憲法修正案，該案詳述了變更國家領土的過程。一九四六年的憲法並未明確界定中華民國主權領土的地理範圍，只有說國土範圍的任何變更必須交由國民大會決議。二〇〇〇年的修正案則為國土範圍變更設定了兩個步驟：首先，任何領土變更案都必須獲得超過四分之三出席立委的贊成票，而且出席的立委人數至少要達到全體立委的四分之三；如果該案在立法院通過，那麼接下來必須在國民大會獲得超過在場四分之三國大代表的贊成票，而且出席的國大代表人數至少要達到全體國大代表的三分之二。然而就現實面來說，由於國民黨和民進黨在兩大代議機構中逐漸有分庭抗禮的趨勢，所以如果沒有兩大政黨同時支持，根本沒有國土變更案能夠通過。因此，這項修正案實際造成的結果是——想重新界定領土幾乎是難如登天。[38]

西元二〇〇〇年總統大選

台灣和美國同年舉行總統大選。直到二〇〇八年，台灣的選舉都是三月舉行，自二〇一二年起才改到一月、與立委選舉同日舉行。事實上，柯林頓政府在一九九九年就已經開始預測隔年台灣總統大選的結果；同年，共和黨的外交政策專家們也開始批評柯林頓政府的對台政策。

根據國民黨過去幾年的選舉成績，國民黨在二〇〇〇年的贏面其實很大。民進黨在全台範圍內能獲得的選票大約占百分之四十至百分之四十五，而且他們的台獨目標並沒有受到太多人歡迎。然而二〇〇〇年的選戰出現了重大變數：一方面，兩位國民黨的領袖人物——副總統連戰和重量級大佬宋楚瑜——都想要成為李登輝的接班人，後來在李登輝的支持之下，連戰獲得國民黨提名，而宋楚瑜則宣布獨立參選；另一方面，民進黨於一九九九年五月八日發表了《台灣前途決議文》，強調台灣已經是一個「主權獨立的國家」（因此毋須追求正式獨立），而這恰好就是國民黨的核心論調。[39]這種說法的轉變正是由陳水扁主導的，[40]他在一九九四年到一九九八年擔任台北市市長，一九九九年正式成為民進黨的總統候選人。

柯林頓政府早就預測到台灣總統大選可能會出現「三強鼎立」的局面，而且陳水扁有可能會勝出。在大選前，陳水扁曾在一九九八年春天和一九九九年春天兩次訪美，這兩趟美國之行讓他有機會和負責台灣政策的美國官員面對面交流，並讓這些官員有機會評估他的能力。與此同時，ＡＩＴ台北辦事處也加強了與民進黨的互動，特別是與陳水扁關係最親厚的圈子。

一九九九年十二月，也就是選舉前四個月，ＡＩＴ主席卜睿哲到訪台北，向每一位候選人（連戰、陳水扁和宋楚瑜）以及台灣民眾傳達美國對此次台灣總統大選的看法。無論對候選人還是對民眾，他都傳達了以下三項訊息：第一，三位候選人中，美國並沒有偏好哪一位，只有台灣選民才能決定誰當總統；第二，無論誰當選，美國都會與其合作；第三，對美國政府來說，誰當選都不重要，重要的是新總統的政策是否有助於美國維護台海的和平穩定、是否能增進美國利益。如果是的話，那麼美台就會擁有良好的雙邊關係；如果不是的話，那麼就會透過討論設法解決分歧。此外，卜睿哲還帶給三位候選人另一個美方的訊息——那就是美台雙邊必須保持良好和適時的溝通。很顯然，七月時李登輝無預警的「特殊的國與國關係」發言帶給美國不小的心理陰影。

事實上，陳水扁當時的選舉策略相當符合美國政策的指引原則，他很清楚民進黨的人民支持度比不上國民黨，所以他知道他必須設法吸引還沒有決定投誰的中間選民，如此才能獲得足夠贏得這場選戰的票數（這個思維很類似前英國首相布萊爾（Tony Blair）所採用的「第三條路」策略）。陳水扁在對中政策上採取的相對溫和立場，減少了民進黨因過去追求台獨的激進立場所造成的劣勢。

然而在這場選戰中，主要是因為連戰和宋楚瑜瓜分了國民黨的選票，才讓陳水扁以不到百分之四十的得票率勉強勝出。如果國民黨能團結一致、票投一方，民進黨在二〇〇〇年就不會上台。成為執政黨後不久民進黨便轉喜為憂，因為他們從未有過治理整個台灣的經驗。雖然柯林頓政府已經對陳水扁政府有所準備，但另一方面他的勝選卻讓中國政府感到猝不及防，而且很擔心他未來會挑戰中國反台獨的底線。

陳水扁一當選後便努力安撫台灣民眾、中國和美國。在他的就職演說中，他列出了所謂的「四不一沒有」——只要中共無意對台動武，他保證在任期之內，不會宣布獨立、不會更改國號、不會推動兩國論入憲、不會推動改變現狀的統獨議題公投，也沒有廢除國統綱領與國統會的問題。

陳水扁的勝選恰逢全球網路泡沫化，這場危機對台灣在資訊科技領域的企業帶來深遠的影響。很多知名大企業都決定將業務遷往中國，以保持國際競爭力；一旦大企業遷往中國，在大企業生產網絡裡的中小企業也會跟著遷移，兩岸的貿易投資以及居住在大陸的台灣人民都會因此增加。民進黨內有些人反對這種遷移，擔心中國政府對台灣的影響將更加劇烈。但無論扁政府如何想方設法限制企業在中國大陸的投資，台灣企業仍然可以藉由在第三市場設立空殼公司規避這些限制。

與此同時，美國的共和黨也正努力把中國變成二〇〇〇年美國總統大選的話題。有些人把中國視為美國的戰略競爭對手，這也是中國首次被如此定位。某些保守派人士認為，即便台灣的政策可能與美國利益相左，美國也應該準備好保衛民主的台灣。雖然柯林頓政府把一九九〇年代末的緊張局勢歸咎於李登輝突然語出驚人，但幾乎所有的保守派人士都認為根本原因在中國。因此，他們主張美國應協助加強台灣的防禦，並更明確表達保衛台灣的承諾。他們認為，如果美國的言詞和行動繼續模稜兩可（這是保守派對柯林頓政府的批評），可能導致中國誤判美國保衛台灣的決心，進而低估武力侵台的風險。[41]小布希（George W. Bush）成為總統後，在某次接受ABC新聞網的採訪中也發表過類似言論，他說美國有義務捍衛台灣，甚至當主持人問他「就算要出動美國全部軍力也在所不惜嗎？」他回答：「我們會不惜一切協助台灣保衛自己。」[42]

陳水扁與小布希政府漸行漸遠

陳水扁曾希望他能夠與國民黨合作，並在合作的過程中形成跨黨派的共識，針對兩岸政策想出一個可以讓台灣和中國和平共存的理論基礎，讓兩岸能夠聚焦於雙方的共同之處（最主要是經濟利益），政治爭端先擱一邊。如果成功的話，這個策略很有可能會擴大民進黨的選民基本盤，並且確保台灣的政策能繼續符合美國利益。

然而，這兩個目標都沒什麼進展。國民黨在立法院仍舊是多數或相對多數，所以不管陳水扁想立什麼法或修什麼法，國民黨都有能力擋下來；此外，民進黨並未妥善處理與國民黨的關係，這使得兩黨互不信任的情況日漸加劇，也愈來愈不可能在中國議題上取得共識。中國注意到陳水扁是一位「少數總統」（minority president）[43]，在立法院缺乏多數立委的支持，而且和民進黨內的深綠台獨派系關係不錯，因此中國政府表示，除非陳水扁接受「一中原則」，否則不會和他的政府合作，不過，他們大概同時也知道陳水扁會拒絕這個條件。[44]

因此，從二〇〇二年夏天開始，陳水扁調整了他的政策和選舉策略。他預測反對他的政治勢力會聯合起來，在二〇〇四年與他競逐總統大位，而他預料得沒錯，二〇〇四年連戰和宋楚瑜的確搭檔參選正副總統。因此，他必須想辦法獲得超過百分之五十的選票才能贏得大選，像二〇〇〇年那樣只拿將近百分之四十的選票是不夠的。此外，他的選舉策略從吸引中間選民轉變為擴大民進黨的死忠基本盤，並竭盡所能催促自己的支持者在選舉當天去投票。就陳水扁的情況來說，如果要動員民進黨的基本盤，就必須迎合黨內支持台獨的深綠基本教義派。

於是在接下來的一年裡，陳水扁作了一連串他知道能獲得基本教義派認同的呼籲和聲明：

- 他呼籲立法院通過公投法，因為公投是憲法所規定的權利。
- 在二〇〇二年八月，他宣稱台海兩岸一邊一國（即中國和台灣）。
- 在二〇〇三年五月，他呼籲就國內政策問題和台灣是否加入世界衛生組織進行公投，因為這些都涉及台灣主權的問題。
- 在二〇〇三年九月，他呼籲起草一部新憲法，將台灣變成一個「正常國家」，並藉由公投通過新憲法。
- 在二〇〇三年十月，他強調一個中國原則和台灣主權是相互矛盾的。

陳水扁知道這些聲明會惹惱中國，但他可能預期這些聲明能增加他的選舉優勢；他也知道美國會希望他在發表這些聲明之前先跟美國協商，而且美國可能會反對他的立場，所以他決定先斬後奏。他認為就算他的挑釁舉動一開始可能會引起美國的反對，但長遠來看，這些言論會讓他在台灣政界獲得更大的優勢，而且在二〇〇二到二〇〇三年間，小布希政府中還是有人願意包容他的激進言論。

然而，有些人並不樂意這樣慣著陳水扁，布希總統就是其中一位。九一一事件以後，小布希的焦點都集中在反恐行動和伊拉克戰爭上，他當時已不把中國當成美國的戰略競爭對手，而是將其視為反恐戰爭中的盟友。於是，中國看到了機會，試圖進一步分化美國和扁政府。中共主席江澤民在德州克勞佛（Crawford）農場和小布希會面時就趁機埋怨陳水扁的行為，並強烈建議小布希應該要把美國對台獨的立場從「不支持」升級為「反對」。小布希同意了。雖然美國公開的對台政策並沒有更改，但小布希本人在接下來的總統任期內，皆堅定反對陳水扁的立場。

到二〇〇三年九月以前，陳水扁都還只是言詞挑釁而已，但這之後他開始轉向實際行動：他提議立法允准公投與總統選舉日同天舉行，這樣一來既可以增加民進黨支持者的投票率，又可以巧妙地化解當時國民黨為多數的立法院對某些政治敏感提案的阻力。而國民黨為了不讓民進黨占盡上風，也對公投法付出了額外多的努力。後來通過的公投法，乍看之下不允許陳水扁針對主權問題舉辦公投，但公投法中卻有一個漏洞，即「防禦性公投」[45]，而陳水扁也的確據此發起了公投。但無論他發起的「強化國防」公投還是「對等談判」公投，都並未涉及真正有爭議的政策議題。[46]

這整個過程讓中國感到很焦慮，於是他們呼籲布希政府遏止陳水扁的行動。小布希在二〇〇三年十二月九日發表了一項公開聲明（當時中國國務院總理溫家寶就坐在小布希旁邊），他說：「我們反對中國或台灣任何一方單方面採取行動改變現狀。〔注意，小布希在此聲明中用了「反對」（oppose）一詞，而不僅是「不支持」。事實上，前美國國務卿華倫・克里斯多福在一九九六年五月便使用過「反對」這一詞來表達美國立場，而小布希此時的聲明等於再次強調了這樣的立場。〕而台灣領導人近期的言論和行動顯示他可能會單方面決定改變現狀，這點我們相當反對。」[47]

雖然二〇〇四年台灣還是舉辦了公投，但投票比例不到可以投票人數的百分之五十（因為國民黨鼓勵其支持者拒領公投票），因此未能通過。當年選情戰況膠著，選舉前一天陳水扁及其副總統參選人呂秀蓮還遭到槍擊。最終陳水扁還是勝選了。大選一個月後，也就是陳水扁正式就職的一個月前，美國東亞暨太平洋事務助卿柯立金（James A. Kelly）強硬地重申美國對兩岸的政策：

> 雖然我們強烈反對中國使用武力，但我們還是必須認清現實，中國領導人一而再再而三地展現中國的軍武能力並傳達他們的意圖。儘管我們一直明確表示中國應該放棄對台灣使用武力，但中國拒絕這麼做。中國領導人明確表示，中國將台灣的未來視為「重大國家利益」，如果台灣宣布獨立，中國將會採取軍事行動。雖然我們強烈反對中國的做法，認為軍事脅迫和中國希望的和平統一完全背道而馳，但如果我方和台灣領導人把中國的聲明視為空洞的威脅，那也是相當不負責任……。我們建議台灣人民也要正視中國的威脅。我們期待陳總統能夠是個負責任的總統，要守護民主但言行也要有所節制，以確保台灣未來的和平與繁榮。

柯立金嚴正表明，如果台灣的行動損害美國利益，美國「將會很不客氣」，同時他也特別針對台灣憲法的修訂內容和修訂過程表示關切，他表示美國對於台灣修憲並非無限度地支持。[48]

此外，中國政府也在二〇〇五年三月通過《反分裂國家法》，作為向扁政府發出的警告。該法案重申了中國對台政策的主要立場，包括中國過去宣稱的兩岸統一的好處，但它也提到在某些情況下中國有權「採取非和平方式及其他必要措施，捍衛國家主權和領土完整」，這些情況包括「『台獨』分裂勢力以任何名義、任何方式造成台灣從中國分裂出去的事實，或者發生將會導致台灣從中國分裂出去的重大事變，或者和平統一的可能性完全喪失」。[49]以上這些情況等於是中國對台灣政府畫下的「紅線」，且不出意料地，界定範圍顯得並不明確，這是因為如果中國把可能對台動武的前提條件說得很精確，反而可能變相鼓勵台灣領導人在紅線邊緣遊走試探。把紅線畫得模糊一點，中國領導人就可以根據自己的主觀認知（而非真實情況）來判斷台灣有沒有踩線。以「和平統一的可能性完全喪失」為例，也許此情況並非台灣造成，而是因為中國政府拒絕提供真正有機會被台灣民眾接受、被台灣民主政治制度認可的和平統一提案。

國民黨則是試圖從扁政府與中美惡化的關係中獲取政治紅利。二〇〇五年四月，連戰成為自一九四九年以來首位訪問中國的政黨主席。他與時任中共中央總書記的胡錦濤會面，兩人於四月二十九日發表了一份聯合聲明。雙方皆贊同維持九二共識、反對台灣獨立、追求台海的和平穩定，並促進兩岸關係發展。如果國民黨重新執政，雙方將以這份聲明內容為基礎，針對共同關切的議題恢復兩岸談判、努力終結敵對狀態、並締結和平協議。[50]此外，連胡兩人還同意促進兩岸經濟交流、建立經濟合作機制、討論台灣在國際社會中的角色，並建立未來兩黨相互聯繫的平台。

國民黨此舉，很可能會讓人認為國民黨不關心全體人民利益，並擔心國民黨執政後和中國共產黨合作，進而出賣台灣。然而，國民黨看準了台灣的企業和人民對於陳水扁的政治舉措所造成的緊張局勢已然疲乏，希望能與中國大陸建立更正常的關係，因此甘冒風險。

陳水扁在第二任期內更加堅持採用幫助自己在二〇〇四年勝選的政治策略。就算他的家人和政府官員一個個身陷貪汙醜聞，就算民眾對兩岸關係和台美關係皆日趨惡化感到不滿，他還是繼續採取一些能鞏固民進黨基本盤，但同時會讓美國和中國憂心的舉措。例如，儘管在二〇〇〇年就職演說中明確承諾過不會這麼做，陳水扁還是在二〇〇六年一月終止了國家統一委員會。陳水扁之所以採取這些行動，其中一個可能的原因是希望在立法院對他啟動彈劾程序時，仍舊可以獲得民進黨基本盤的支持。

從二〇〇四年起，小布希政府就大幅限縮了和扁政府的交流，也吝於給予台灣援助。二〇〇八年，馬英九成為國民黨的總統候選人。他在二〇〇六年三月訪美時就已經受到許多布希政府官員私下的友好歡迎，而且還獲得機會在布魯金斯研究院（Brookings Institution）和戰略與國際研究中心（Center for Strategic and International Studies）所舉辦的公開活動上充分說明他未來的政策。[51]面對台灣選民時，馬英九提出自己願意接受九二共識，他認為與陳水扁的挑釁策略相比，以九二共識為基礎與中國進行交流，才能真正守護台灣的自由、繁榮和尊嚴。

在二〇〇八年的台灣總統大選中，馬英九的民進黨對手是曾擔任行政院長和高雄市長等重要職務的謝長廷。然而，民進黨競選策略的主導者還是陳水扁，他推動了「入聯公投」——一項要求台灣**以「台灣」的名義**（而不是「中華民國」）加入聯合國的公投，該公投將在二〇〇八年三月與總統選舉同時舉行。他這麼做的原因可能還是為了吸引民進黨的基本盤，同時鼓勵民進黨的支持者出門投票。

小布希政府強烈反對陳水扁這一舉措，因為陳水扁這麼做，明顯將國內政治置於台美關係之上。入聯公投顯然沒有舉辦的必要，且除了加劇兩岸緊張情勢以外，也沒有實質性的作用，台灣不可能因此成功申請加入聯合國，因為中國一定會積極遊說其他成員國拒絕承認台灣是獨立國家。美國國務院亞太副助卿柯慶生（Thomas Christensen）對此即發表了美國有史以來對台灣採行的政策作過最嚴厲的回應：

> 這次公投中試圖更改名稱的舉措，在我們眼裡就是一個想要改變現狀的行動。有人主張這場公投就算通過，也不代表中華民國就必須更名為台灣，但這只是在玩法律上的文字遊戲。畢竟，如果特定的名稱不重要，那為什麼要出現在公投議題裡？從根本上來說，支持這種法律上的文字遊戲，只會顯得輕忽台灣對美國和對國際社會

> 的承諾、罔顧台灣最堅定的盟友的利益，**甚至為了獲得短期的政治利益，不惜把台灣人民的安全和利益置於風險之中**。此舉可能嚴重影響台灣和美國的利益。即便舉辦加入聯合國的公投，台灣的國際地位實際上也不會有任何提升，所以我們必須堅決反對入聯公投。[52]

柯慶生這段談話背後的含義是：美國擔心如果此項公投通過，中國可能會將其視為台灣宣布獨立的一步，進而決定使用武力，屆時美國將面臨一個困難的抉擇——若陳水扁的魯莽舉措引來中國的軍事攻擊，美國是否要出手介入、保護台灣？這並非只是一個假設的情境而已，這情況確實有可能發生。據報導，從二〇〇七年底到二〇〇八年，中國官員都比過往更擔心兩岸即將開戰。此時美中政府都需要思考的是，他們是否要直接合作約束陳水扁的行為？但更確切的描述或許是：兩方政府在平行的軌道上朝同一個目標各自努力——極力避免戰爭。

最後這場公投由於參與投票人數過少而失敗，而馬英九則輕鬆擊敗謝長廷，獲得百分之五十八點四的選票，這結果反映了選民對陳水扁對中政策的感受——很顯然地，台灣人民相當排斥陳水扁。在立法院裡，國民黨贏得八十一席，大敗民進黨的二十七席。

馬英九政府

二〇〇五年連胡會的圓滿成功加上二〇〇八年國民黨選舉大勝，讓從一九九五年來就緬緊神經「反對台獨」的中國政府終於可以鬆口氣，並將兩岸關係的焦點回到「促進統一」。馬英九在就職演說中重申支持九二共識，並預示兩岸關係將會走向光明的未來。他承諾在他的總統任內將實踐「三不政策」——不統、不獨、不武，而中國政府則採取一種更緩慢漸進的統一策略，允許兩岸從分裂到統一之間能有一段過渡期，胡錦濤稱其為「和平發展」時期。

二〇〇八年十二月三十一日，距一九七九年元旦全國人大常委會發布《告台灣同胞書》已屆三十週年，胡錦濤在當天的演說中發表了他對兩岸關係的看法，敦促台灣同胞邁向和平統一。和平統一仍是中國政府的核心政策，但胡錦濤也表示他了解和平統一會花上很長一段時間。

在他的演說中，胡錦濤以各種方式強調和平發展是一個漫長的過程，中國需要「從更高處看事情才能看得更長遠」。和平發展的要素包括和諧、互信、共榮、和整體中華民族的振興，要達成這些目標都需要循序漸進，急也急不來。因此，胡錦濤表示，「我們應該**長期**堅持並全面實施在過往經驗中已經證實是正確的大方向政策和指引方針」，兩岸應該

「**逐步**解決兩岸關係中的歷史遺留問題以及新出現的問題」。對於台灣民眾對中國的誤解或對中國政策的質疑，中國政府應該設法「化解這些質疑，並以**最大的寬容和耐心**勸告台灣人民」。[53]胡錦濤報告表達了他認為和平發展將逐步為兩岸統一奠定基礎。中國和台灣當時也有所共識，兩岸議題的處理應「先經後政、先易後難」。

在胡錦濤在二〇〇八年十二月的演講以及隨後的兩岸交流中，九二共識在中國長期戰略計畫中扮演的角色愈發清晰：「和平發展」與「和平統一」會是前後延續的兩個階段，兩岸的經濟和政治問題可以在和平發展時期設法解決，但九二「共識」僅限於經濟議題的協商，並不能作為政治談判的基礎。這是因為海基會和海協會協商出的九二共識對「一中原則」的內容實質上未能達成共識，而對中國而言，政治談判的目的就是要解決雙方對於「一中原則」的分歧。

兩岸對「一中」見解的分歧之大，可以從馬英九對九二共識的定義窺見。馬英九把九二共識定義為「一個中國，各自表述」，而他對「一中」的解讀就是中華民國。儘管大多數台灣人認同馬英九的解讀，但中國從未接受過這種表述，畢竟中國認為早在其一九四九年建國以後，中華民國便不復存在。中國領導人之所以容忍馬英九提出「一中各表」，大概是因為他們相信馬英九與他們有一致的終極目標。中國對「一中」也作出很清楚的表述，他們堅持將九二共識定義為「兩岸屬於一個中國，並將攜手追求國家統一」。

就具體政策而言，台灣和中國在馬英九的第一個任期內，一起處理了很多較為簡單的議題，而且大多是經濟議題，成果斐然。海基會和海協會代表各自政府達成二十幾項協議（請參閱表一），其中許多協議確立了兩岸交流的基本框架。開放中國遊客到台灣觀光的目的是要刺激台灣經濟，而協議簽訂不久後，成千上萬的陸客迅速湧入台灣的飯店、餐廳、精品店和旅遊景點。不過在所有協議中最重要的是《兩岸經濟合作架構協議》（Cross-Strait Economic Cooperation Framework Agreement，簡稱ＥＣＦＡ），該協議承諾雙方適時進行談判以實現貨物和服務的自由貿易，並建立投資保障機制。

美國相當樂見馬英九政府上台，部分是因為馬英九打算努力恢復兩岸對話，而這也是美國政府多年來一直給台灣的建議。馬英九就職時，小布希政府表示，馬英九當選總統讓「台灣和中國有機會展開交流，以和平的方式解決分歧」，並期待與新上任的馬政府合作。當時正在競選總統的參議員巴拉克・歐巴馬（Barack Obama）也發表了一封祝賀信，其中寫道，馬英九執政「讓兩岸關係有希望邁向更加和平穩定的未來」。[54]

在歐巴馬總統和馬英九總統的重疊任期內，美台關係整體來說相當良好，雙方溝通順暢，歐巴馬還批准了兩個總計超過一百二十億美元的大型軍售計畫。此外，還有一些具有象徵意義的舉措反映了雙方關係的進展。例如，直至二〇一一年前，駐美台北經濟文化代表處（Taipei Economic and Cultural Representative Office，簡稱ＴＥＣＲＯ）每年都會在華盛頓市中心的飯店舉辦國慶酒會，以紀念辛亥革命和中華民國的建立。但二〇一一年，台灣政府向美國提出在雙橡園舉辦國慶酒會的請求，而美國政府也應允了。要知道，雙橡園在一

表一　馬英九總統任內兩岸協議

海協會－海基會協議與其他行動	
二〇〇八年六月	海峽兩岸關於大陸居民赴台灣旅遊協議
	海峽兩岸包機會談紀要（商討週末定期包機）
二〇〇八年七月	放寬大陸團客來台觀光的限制
二〇〇八年十一月	海峽兩岸食品安全協議
	海峽兩岸空運協議
	海峽兩岸海運協議
	海峽兩岸郵政協議
	決定從二〇〇八年十二月起擴增平日包機
二〇〇九年四月	海峽兩岸共同打擊犯罪及司法互助協議
	海峽兩岸金融合作協議
	海峽兩岸空運補充協議（航空運輸正常化）
二〇〇九年十二月	海峽兩岸農產品檢疫檢驗合作協議
	海峽兩岸標準計量檢驗認證合作協議
	海峽兩岸漁船船員勞務合作協議
二〇一〇年六月	海峽兩岸經濟合作架構協議（ECFA），包括早期收穫計畫
	海峽兩岸智慧財產權保護合作協議
二〇一〇年十二月	海峽兩岸醫藥衛生合作協議
二〇一一年十月	海峽兩岸核電安全合作協議，包括預警機制
	推進兩岸投資保障協議談判的共識
	加強兩岸產業合作的共識
二〇一二年八月	海峽兩岸投資保障和促進協議
	海峽兩岸海關合作協議

海協會－海基會協議與其他行動	
二〇一二年八月	海基會與海協會有關「海峽兩岸投資保障和促進協議」人身自由與安全保障共識
二〇一三年三月	海峽兩岸服務貿易協議（未生效）
二〇一四年二月	海峽兩岸氣象合作協議
	海峽兩岸地震監測合作協議
二〇一五年八月	海峽兩岸避免雙重課稅及加強稅務合作協議（已簽署，但因立法院未批准而未實施）

資料來源：Yasuhiro Matsuda, “Cross-Strait Relations under the Ma Ying-jeou Administration: From Economic to Political Dependence?” *Journal of Contemporary East Asia Studies* 4, no. 2 (January 2015): 3-35.

九七九年之前一直是中華民國的駐美大使官邸，而雙方斷交後到二〇一一年以前，台北經濟文化代表處通常也只在此處舉辦一些非公開的活動。

不過，美台雙邊關係仍然不免有些摩擦，其中一項與貿易有關。台灣希望透過擴大與美國及其他貿易夥伴的經濟關係，來平衡對中國的經濟依存，但美國貿易代表署卻表示，在台灣政府解決過去一直未談妥的美牛和美豬進口問題之前，美國暫時不考慮與台灣擴大經貿關係。後來，馬總統雖然成功立法通過美牛進口，但卻沒有獲得太多回報。美國方面更關切的是，在中國大陸持續加強軍事建設的背景脈絡之下，台灣卻只編列了低度的國防預算。事實上，美國官員在扁政府時期就已經開始向台灣建議提升國防預算，後來隨著中國解放軍的軍事能力不斷提升，美國對馬政府施加的壓力也跟著增加。然而，在馬英九執政期間，台灣的國防預算一直在政府總預算的百分之十一上下（一個國家國防預算占總預算的比例，通常可以用來推斷該國對國防的重視程度）。美國國防部也擔心台灣目前的國防戰略，已經應付不了與日俱增的威脅。

然而，馬英九並未將國防視為維護台灣安全的策略核心，他的想法是盡量促進兩岸的正向交流，冀望中國政府會因為兩岸關係親厚帶來的巨大利益，而不再考慮發動戰爭。如此，台灣則沒有理由增加國防預算。

只不過，馬英九需要擔心的事情遠不止戰爭。事實證明，他面臨的另一個難題是中國愈來愈緊迫地要求進行政治對話，好針對「一個中國」的意義達成某些共識。舉例來說，當馬政府官員希望台灣除了能參與世界衛生大會（World Health Assembly，簡稱ＷＨＡ）和國際民航組織（International Civil Aviation Organization，簡稱ＩＣＡＯ）會議之外，還能爭取更多國際空間，中國卻回應說，許多國際組織的本質都牽涉政治，所以台灣在參加更多國際組織之前，必須先同意兩岸進行政治對話。但馬英九知道，台灣民眾還沒有準備好進行這樣的對話，而且他可能也知道中國並不接受「一中各表」。因此，在與中國進行任何政治對話之前，雙方還需要作大量的說明和溝通，才能確保未來的正式談話順利進行。

不過，馬英九面臨的更大挑戰來自於台灣內部，有好幾個因素結合在一起導致他的對中政策幾乎陷入停滯。第一個因素是馬英九所屬政黨的派系問題：國民黨有兩大派系，在重大議題上時常意見不合。其中一派主要是外省人及其後裔組成，主要分布在台灣北部，而且跟中央政府有比較緊密的政治聯繫；另一派則主要是由台灣本省人組成，大多分布在南部，並且在縣市地方政府占據主導地位。整體而言，北方派系比南方派系更支持馬英九的政策。

第二個因素是馬英九與時任立法院長及國民黨副主席的王金平之間的衝突。王金平是出生於南部的台灣本省人，而馬英九則是出身北部的外省第二代。即使馬英九是國民黨主席，而且國民黨在立法院中擁有壓倒性的多數，但他認為王金平利用立法院長的職權阻撓他——作為總統——想要推動的議程。二〇一三年夏天，馬英九得到消息說王金平涉入關說，於是想趁機除掉王金平，但沒想到王金平動員他的支持者扳回一城，馬英九最後只能被迫讓步。

第三個更為重大的因素是台灣民眾普遍反對馬英九的大陸政策，尤其反對《海峽兩岸服務貿易協議》（以下簡稱服貿協議）。兩岸關係研究權威任雪麗（Shelley Rigger）對當時的民情趨勢作了簡述：「民眾現在在意的不是過度依賴大陸市場可能削弱台灣經濟，也不是擔心台灣企業到大陸拓展，會間接地增加中國政府對台灣的影響力。這次的反服貿運動反映出，台灣有愈來愈多人認為兩岸經濟合作是一種滲透，甚至有可能**直接**影響台灣政治。」[55]民眾開始擔心如果愈來愈多陸資進入台灣，可能會對台灣的經濟、政治和社會產生巨大的影響。自馬英九上台以來，數百萬名中國遊客踏上了台灣這塊土地，不過他們喧鬧傲慢的行徑，也讓一般台灣民眾更加相信兩岸已經是不同的社會。

第四，台灣政治正在發生變化，關切各種議題的公民社會團體愈來愈多，其中許多活躍分子不太願意透過民主制度裡的代議機構來行事，而是自己透過社交媒體建立可迅速動員的組織網絡，讓他們可以採取快速又直接的行動反抗他們反對的政策。

以上種種因素共同導致了一場關於兩岸服貿協議批准的重大衝突。服貿協議是在ECFA框架下談定的兩岸協議，然而，在立法院內部以及立法院和馬總統之間，對於立委應該在此協議中扮演什麼角色卻爭論不休。即使國民黨讓步，允許逐條審查，但民進黨仍持續阻撓，混亂的場面導致當時的立法院內政委員會召集人張慶忠「忍無可忍」，直接宣稱服貿為行政命令，因審查超過三個月，依立法院職權行使法應視同已審查，送院會存查即可，這也是後來人稱「三十秒通過服貿」的由來。這件事情激怒了年輕人組成的反服貿團體，他們闖入立法院占據議場二十三天以表示抗議，這一事件被稱作「太陽花運動」。後來立法院長王金平與抗議人士談判時承諾制定《兩岸協議監督條例》，才結束了占領立法院行動。不過王金平從未諮詢馬英九對《兩岸協議監督條例》的意見，而且至今尚未通過該條例中的任何法案。

太陽花運動讓台灣更多人關心政治、參與政治，尤其是年輕人。在二〇一四年十一月舉行的縣市首長選舉中，國民黨比前一屆少了九席，而民進黨比上一次多了七席。接著，陷入困局的國民黨發現自己很難在黨內找到一個有競爭力的二〇一六總統候選人。他們一開始提名了屬於北方派系的外省第二代洪秀柱，洪秀柱的大陸政策甚至比馬英九更親中，但到了競選後期，國民黨又臨時用他們覺得比較符合主流民意的朱立倫取代洪秀柱。相較於國民黨的分裂與搖擺不定，民進黨則是團結一致在蔡英文的領導下。蔡英文向選民保證她如果當選會致力於維持現狀。後來蔡英文以百分之五十六點一的得票率勝出，民進黨也在立法院拿下六十八個席位，這是該黨首次在立法院取得絕對多數。

結論

現今中國和台灣之間的衝突，源於國共兩黨從一九二〇年代中期開始的鬥爭。這場鬥爭剛開始的二十年雖然也涉及政治層面，但基本上就是一場為了搶奪中國大陸——最後一個帝制王朝的領土範圍——而爆發的血腥軍事衝突。在這二十年裡，台灣還是日本的殖民地，並不是國共相爭的對象。在第二次大戰期間，中華民國政府和國民黨先後呼籲戰後將台灣歸還給中國，而羅斯福總統也贊成。因此，日本官員在二戰結束時才將台灣交給了中華民國軍隊。

然而，在對中國大陸的爭奪戰中，毛澤東打敗了蔣介石，迫使蔣介石將中華民國政府遷至他唯一能掌控的領土——台灣。中華人民共和國甫建國之際，口口聲聲說要「解放」台灣，部分原因是認定台灣為固有領土，但更真實的目的其實是為了擊潰蔣氏政權。不過，在美國出兵干預韓戰並協防台灣後，中共就放棄了解放台灣的計畫。日後雖有短暫的軍事衝突，但中國與台灣兩個政府之間的爭端主要還是政治層面上的，具體來說，爭奪的就是國際社會中「中國」此一國家的代表權。在美國的支持下，中華民國維持了近二十年的優勢，但最後還是由中華人民共和國於一九七一年十月在聯合國取得了代表中國的席位。一九七八年底，美國政府承認中華人民共和國為中國的唯一合法政府、與台灣斷交，承諾未來與台灣只會進行非正式交流，並同意終止與中華民國的共同防禦條約。

因此，自一九七九年起一個新的政治階段開啟了——中華人民共和國試圖說服台灣領導人，結束中華民國這個分裂政權，並根據中國政府設計的一國兩制方案，成為中華人民共和國的一部分。在當時的中共領導人眼中，台灣地位脆弱、孤立無援，台灣領導人似乎只能屈服。然而事實並非如此，雷根政府以及接下來每屆美國政府都努力協助提升台灣的自我防衛能力，以抵抗軍力日益強大且愈來愈現代化的中國解放軍。美台關係逐漸深化，雙方交流和合作的層面也更加廣泛。在一九八〇年代末期到一九九〇年代初期，台灣實現了民主轉型，使得台灣領導人在和中國談判時不能專斷獨行。有些民選的台灣領導人曾採取一些被中國視為是在推動台獨的行動，使兩岸短暫陷入兵凶戰危的恐懼之中。隨著國民黨領導人馬英九當選總統，中華人民共和國對兩岸關係的態度終於從悲觀轉為樂觀，並相信馬英九可以逐漸改善兩岸關係，最終往統一的目標邁進。然而，馬英九的親中路線以及中國政府解決兩岸問題的政治意圖，皆遭遇了來自台灣內部的反對聲浪，台灣人民對於「兩岸統一」的目標也愈來愈反感。二〇一四年至二〇一五年發生在香港的事件讓台灣更加不信任中國的一國兩制，於是在二〇一六年年初，選民用選票把國民黨趕下台，而被中國視為麻煩的蔡英文和她帶領的民進黨，則終於有了全面執政的機會。

對於想透過政治方案解決兩岸衝突的中國政府來說，蔡英文的勝選無疑是一棒重擊。馬英九總統讓中國領導人相信，兩岸有可能在多數台灣民眾的支持之下逐漸實現和解。但蔡英文上台、民進黨大勝，再加上國民黨找不出二〇一六有機會勝選的候選人，種種情況又讓「透過政治方案實現和平統一」看起來如沙漠中的海市蜃樓。在「促進統一」的八年之後，中國政府發現自己又退回到「反對台獨」的階段。

第二章　從二〇一六年至今的美台關係

蔡英文第一次競選台灣總統以失敗收場。二〇一五年六月，她在第二度競選總統時到美國訪問。這趟訪美行程並不令人意外，因為幾乎每位非尋求連任的台灣總統候選人都會前往美國，以示自己能夠與台灣最親近的夥伴保持良好關係。[1]然而對於蔡英文來說，這趟訪問特別重要，因為她二〇一一年為了競選總統而訪美時，並未獲得美國官員的信任。蔡英文在華府參與完幾個會議後，一位歐巴馬政府的高級官員直接跟《金融時報》（*Financial Times*）說，蔡英文的表現讓美國官員很懷疑，她是否有意願和能力來維護台海穩定。在陳水扁的我行我素帶來的陰影中，美國政府希望能盡可能地確認，台灣下一屆領導人未來不會把美國捲入兩岸衝突中。這位高級官員對蔡英文的直率評價，無疑替蔡英文扣了很多分，而蔡英文在二〇一二年的大選也以將近百分之六的得票率差距輸給了馬英九。

在接下來的四年裡，台灣內部政治局勢發生了相當大的變化，美國政府對中華人民共和國的看法也有所改變。在馬英九帶領國民黨執政八年後，美國的菁英分子開始意識到，中台關係強化亦可能對美國利益造成負面的影響。二〇一一年，華府認為蔡英文不太可能擊敗馬英九，但是二〇一五年這一次則預測她很有可能勝選。由於擔心外界認為歐巴馬政府試圖在連續兩次台灣大選中打壓同一位候選人，即便對蔡英文評價不一，但他們還是努力避免讓外界知道政府內部的分歧。這樣的努力營造了一股對蔡英文十分友好的氣氛，甚至在蔡英文抵達美國之前，外界就已經相當看好她這次的美國之行。

二〇一五年的訪美，蔡英文作了更充分的準備，並且傳達了更令美方安心的訊息。雖然她與美國官員的談話內容必須保密，但她後來在戰略與國際研究中心發表的公開演講中，也提到了幾個自己私下向美國官員表達過的觀點。在那次演講中，蔡英文表示，台灣內部已有廣泛的共識，就是維持現狀，並承諾將建立具有一致性、可預測且可持續的兩岸關係。她也致力於「在中華民國現行憲政體制下，依循普遍民意，持續推動兩岸關係的和平穩定發展」。此外，她有段談話等於間接承認自己過去的失誤，她說「台灣不能將這樣的關係（此指與美國的關係）視為理所當然」，並保證「推動積極和平外交」，「與美國緊密合作，俾增進雙方的共同利益」。[2]

在蔡英文擔任總統的前六年半，她對中國和美國的政策的確符合她之前的承諾。她一方面盡可能不實行支持台獨的政策，避免引起中國的攻擊，另一方面又與美國政府密切配合，進而成功地與美國建立起緊密互信的關係。然而，在與中國保持良好溝通並維護穩定的兩岸關係這方面，蔡英文的表現又完全是另一回事了。

九二共識之爭

中國並不信任蔡英文，一方面因為她是民進黨主席，另一方面也是因為她曾經在前總統李登輝手下擔任「強化中華民國主權國家地位專案小組」的召集人，研擬出海峽兩岸存在「特殊的國與國關係」的理論；此外，她還曾擔任陸委會主委以及扁政府的行政院副院長。因此，中共當局對於維持馬英九執政時期的兩岸友好關係，設下了一些先決條件：首先，蔡英文必須重申，並像馬英九過去那樣遵守九二共識；再者，蔡英文必須接受九二共識的「核心涵義」以及所謂的「一中原則」，亦即中共當局的「一中」定義：世上只有一個中國，而台灣是中國主權領土中不可分割的一部分。

這兩個要求對蔡英文來說，是不可能接受的。民進黨長期以來一直反對——黨內的「深綠人士」尤為排斥——九二共識，而蔡英文需要民進黨的支持，才能贏得權力並治理台灣。此外，民進黨非常不贊同北京對「一中原則」的闡述，而且也不相信中共對台灣有什麼良善的意圖。儘管如此，蔡英文還是相信，只要她對中國政府提出一些保證，就可以防止兩岸關係惡化，並努力運用新的權宜之計讓台灣與中國共存。為了達此目標，她打算利用二〇一六年五月的就職演說，化解中國對她的疑慮。

關於九二共識，蔡英文在演講中指出，一九九二年十一月兩岸兩會「達成若干的共同認知與諒解」，不僅是兩個政黨（即國民黨和共產黨）達成某些共識。她主張九二會談是一個兩岸「秉持相互諒解、求同存異的政治思維進行溝通協商」的「歷史事實」。她還補充道，在隨後的二十年裡，「雙方交流、協商所累積形成的現狀與成果，兩岸都應該共同珍惜與維護」。[3]

至於九二共識的「核心涵義」，蔡英文在演講中提到她是「根據中華民國憲法當選的總統」，這句話其實默認了一個中國的存在（不過這個「中國」是中華民國）；她也承諾她的政府會「依據中華民國憲法、兩岸人民關係條例及其他相關法律，處理兩岸事務」，而這句話也暗指兩岸同屬於一個國家，因為中華民國憲法把「大陸地區」定義為台灣地區以外的中華民國領土。

雖然蔡英文很謹慎地利用就職演說的某些聲明來安撫中國政府，但中國政府並不買帳。也許中共領導人認定，蔡英文本質上就是要追求台灣的**法理獨立**，又或者，他們評估中國當前的勢力遠大於台灣，所以根本沒必要向蔡英文妥協。還有另一種可能是習近平在國內的操作空間有限，因為就在一年多前，他才向台灣發出「（兩岸的共同政治）基礎不牢，地動山搖」的警告，所以現在絕不能被蔡英文用這麼模糊的說法給敷衍過去。[4]然而，卜睿哲提出了另一個導致中國不買帳的可能原因，他認為「中國政府是故意把九二共識的門檻設置得比蔡英文預期的更高，這樣一來他們就不用跟蔡政府透過對話，共擬什麼權宜之計」。[5]

於是，中國政府批評蔡英文對兩岸關係的論述模稜兩可，像是「交了一張未答完的考卷」。接著從二〇一六年六月開始，中國暫停了所有官方溝通管道，包括台灣海基會和中國海協會等負責兩岸交流的「白手套」機構。此外，中國還在此期間對台灣實施了一連串經濟和外交方面的懲罰措施。

同一時期，蔡英文對中國大陸的態度也日漸強硬起來，有部分是因為中國對台灣採用脅迫手段；但除此之外，蔡英文對中國的態度轉變，也回應了國際局勢發展。其中一個關鍵因素是習近平在二〇一九年至二〇二〇年對香港的嚴酷鎮壓，加劇了台灣人民對中國的不信任，也刺激民進黨中的激進派對蔡英文施壓，要求她採行支持台獨的政策。此外，由於美中兩國的戰略競爭日漸激烈，美國政府對中國的政策也愈發強硬，蔡英文因而得到了機會，強化台灣與美國的關係。

蔡英文的立場很明顯愈來愈偏向「抗中」，從她歷年的重要演說中就可見端倪。在蔡英文的總統任期之初，她仍然努力與中國保持對話，這也是她在第一次就職演說中釋出的關鍵訊息。她在二〇一六年的就職演說呼籲雙方「放下歷史包袱，展開良性對話，造福兩岸人民」。[6]五個月後，在一年一度的雙十國慶演說中，蔡英文也提出了她的「四不」：「我們的承諾不會改變，我們的善意不會改變，我們也不會在壓力下屈服，更不會走回對抗的老路。」[7]當她在二〇一七年國慶演說中紀念兩岸交流三十週年時，蔡英文更是呼籲雙方「珍惜三十年得來不易的成果及累積的善意」，主張兩岸領導人應該「展現長年累積而來的圓融政治智慧，以堅定意志和最大耐心，共同尋求兩岸互動新模式」，並且強調她會「捍衛台灣人民選擇未來的權利」。[8]

到了二〇一八年，蔡英文在國慶演說中指控中國「嚴重挑戰了台海和平穩定的現狀」。面對來自中國的軍事威脅、經濟外交打壓，以及無孔不入的社會滲透，蔡英文主張台灣應該制定全面戰略、增強國家安全。與此同時，她向中國政府、美國政府以及台灣民眾提出了幾個保證，她保證她的政府「不會貿然升高對抗，也不會屈從退讓」，又表示她「不會因一時的激憤，走向衝突對抗，而讓兩岸關係陷入險境」，也「不會背離民意，犧牲台灣的主權」。[9]

在二〇一九年元旦的新年談話當中，蔡英文要求北京當局必須做到「四個必須」：一、「必須正視中華民國台灣存在的事實」；二、「必須尊重兩千三百萬人民對自由民主的堅持」；三、「必須以和平對等的方式來處理我們之間的歧異」；以及四、「必須是政府或政府所授權的公權力機構，坐下來談」。在後來的其他演講中，蔡英文則是用「和平、平等、民主和對話」幾個簡單的詞彙重新強調了她提出的這四個必須。[10]

二〇二〇年一月，蔡英文以壓倒性的得票率順利連任。在第二次就職演說中，蔡英文再次表示願意和中國進行對話，並承諾會「盡力為兩岸和平穩定，作出最大的努力」。她主張兩岸關係正處於「歷史的轉折點」，並表示「雙方都有責任，謀求長遠相處之道，避免對立與分歧的擴大」。蔡英文呼籲習近平與她共同努力穩定兩岸關係的長遠發展，但習近平不予理會。[11]

在二〇二一年十月的國慶演講中，蔡英文總統再次表示希望改善兩岸關係，並承諾「不會冒進」，同時提醒北京「不要認為台灣人民會在壓力下屈服」。蔡英文堅定表示，她將繼續加強國防，「確保沒有人能逼迫我們走向中國所設定的路徑」，因為中國給的路既不自由也不民主，只會剝奪台灣人民的主權。[12]

蔡英文在二〇二二年元旦的新年談話中再次強調，台灣「遇到壓力不屈服，得到支持不冒進」，她堅定認為「軍事絕對不是解決兩岸分歧的選項」。蔡英文表示，只有先維護台海和平穩定、中國與台灣各自努力照顧好人民的生活，兩岸才能以和平的方式，共同面對問題、共同尋求解方。[13]

就在同年十月的國慶演講中，蔡英文傳遞了較為強硬的訊息，譴責中國在美國眾議院議長裴洛西訪台後更蠻橫地對台灣施壓，以及「試圖消滅中華民國台灣主權」的作為。她警告北京不要「試圖利用（台灣內部）政黨之間的激烈競爭，來分化台灣社會」。蔡英文堅持認為，「唯有尊重台灣人民對主權和民主自由的堅持，才是重啟兩岸良性互動的根本」。她表示，願意與中華人民共和國在「理性、平等和相互尊重」的前提下，共同尋求雙方可以接受的維持台海和平穩定的方法。[14]

整體而言，蔡英文在她的總統任期內對中共政權愈來愈不信任，對於改善和穩定兩岸關係的願景也愈來愈感到悲觀。儘管如此，她還是很謹慎地處理台灣與中國的關係，盡量避免任何可能使中國以激烈行動回應的挑釁行為。與此同時，蔡英文也採行了加強台灣國家安全的戰略，其中包含了加強與美國的關係。

中國的文攻武嚇

對於北京當局來說，要處理任何兩岸問題的第一步，都是台灣必須接受一中原則。蔡英文上台後，中國由於不滿蔡英文和她的民進黨拒絕公開承認兩岸屬於同一國家，而決意讓蔡英文和民進黨付出代價——在接下來的幾年裡，北京當局愈來愈常使用懲罰性的手段對台施壓，包括軍事威脅以及在外交和經濟上的打壓。這有部分是因為中國日益強大，能使用的手段和方法也愈來越多，但另一方面，也是因為中國嘗試透過提供好處來鼓勵台灣改變政策或立場，卻沒有達到預期效果，故而轉為強硬。

北京當局採用了各種手段來報復不願接受中國要求的蔡英文。在她上台後不久，中國便開始拒絕協助將在第三國被指控從事詐騙的台灣公民遣返回台。二〇一六年四月至二〇一七年八月間，分布於亞美尼亞、柬埔寨、印尼、肯亞、馬來西亞和越南的兩百七十名台灣公民涉嫌對住在中國的人民進行電信詐騙，結果被遣返至中國而不是台灣。這與過往情況相當不同：在馬英九任內，如果台灣必須在沒有邦交的國家境內執法，中國通常願意與台灣合作。

從二〇一六年五月開始，北京當局悄悄要求大陸旅行業者減少前往台灣的旅行團數量，於是在一年後，前往台灣的陸客總數下降了三十八點三個百分點。此外，中共還在二〇一七年將獲准赴台求學的大陸留學生名額削減了一半以上。接著在二〇一九年八月一日，中國政府停止發放前往台灣的個人旅行許可證給國內四十七個主要城市的人民，導致二〇一九年只有兩百七十萬陸客前往台灣，遠低於二〇一五年超過四百萬的峰值。二〇二〇年，來台陸客的數量已經掉到大約十一萬一千人。還好台灣政府採取了一些應對措施，鼓勵他國遊客來台，才減少了台灣旅遊業的損失。

蔡英文上任後，北京也以商品未符合安全標準為由，拒絕大量台灣食品和化妝品進口，想藉此對台灣貿易施壓。台灣台南市學甲地區——民進黨的大本營——的養殖虱目魚也在二〇一六年被暫停進口，理由是嚴冬導致的虱目魚價格上漲。在上海甚至有一家公司從二〇一一年以來每年進口五、六千噸虱目魚，就是為了鼓勵這些虱目魚的養殖業者不要投票給民進黨。

雖然中國對台灣的貿易打壓有過幾年的明顯緩和，但二〇二〇年二月卻又故態復萌。當時中國禁止台灣的鳳梨進口，理由是台灣的鳳梨可能帶有會傷害中國農作物的介殼蟲。在此之前，台灣的鳳梨幾乎全數銷往中國，而且通過檢驗的數字高達百分之九十九點七九。於是，台灣只能盡量鼓勵內銷，並大幅增加鳳梨外銷到日本的數量，才減輕了中國禁令帶來的影響。看到鳳梨禁令沒有成功對台灣造成巨大的壓力，中國於同年九月又暫停了台灣釋迦和蓮霧的進口，同樣以水果藏有害蟲為理由。而鳳梨、釋迦和蓮霧正是前一年台灣出口至中國的水果當中價值最高的前三名。

接著在二〇二二年六月，中國暫停了台灣石斑魚的進口，聲稱樣本中檢驗出水產品禁藥孔雀綠。兩個月後，也就是在美國眾議院議長裴洛西訪台後，中國再度擴大對台的貿易禁令，涵蓋兩千多種台灣食品，包括蔬菜、餅乾、蛋糕、飲料和生鮮海鮮。然而，因為台灣對中國的食品出口只占整體出口的一小部分，所以雖然不少個別企業蒙受損失，但對台灣整體的經濟影響不大。於是在二〇二二年十二月，中國進一步加重對台灣的貿易打壓，暫停從某些台灣企業進口酒類飲料。

即使中國對蔡英文和民進黨支持者進行經濟打壓，但同時又持續向台灣的私部門（也就是民營企業）積極提供獎勵，並試圖吸引台灣年輕人、促進台海經濟一體化，進而影響台灣政治。二〇一八年二月，中國推出了「對台三十一項措施」（又稱惠台三十一條），主要有兩個目的：一、繞過蔡英文領導的民進黨，直接為台灣的企業和個人提供在中國發展的機會；二、吸引台灣投資及頂尖台灣人才前往中國。事實證明，根據台灣陸委會的資料，這些措施推出一年後並未帶來多少影響。例如二〇一八年，台灣商人在中國的投資只有八十五億美元，比前一年還下降了百分之八點一，已是連續第三年出現負成長。

二〇一九年年底，就在台灣總選舉前兩個月，中國宣布了另外二十六項獎勵措施（又稱惠台二十六條）來吸引台灣的人才和企業。表面上，新措施是要為台灣的企業和個人提供與中國本土企業和個人相同的待遇。例如，台灣企業能在融資、貿易救濟、出口信貸保險、進出口便利化和標準制定等方面獲得平等待遇；台灣個人同樣在領事保護、農業合作、交通、通信費用、文化與體育、招生和考試等領域獲得平等待遇。二〇一九年，台灣對中國的貿易投資在過去一年間才暴跌了百分之五十一，但到了二〇二〇年則反彈增長了百分之四十二。不過這種變化更可能是因為中國在二〇二〇年成功控制了新冠疫情，使經濟復甦較為迅速，而非這二十六項措施的成果。

即使兩岸關係惡化、中國推出的獎勵措施效果存疑，但這兩件事都沒有阻止北京當局繼續向台灣提供經濟誘因、鼓勵兩岸融合。二〇二一年三月，習近平在視察福建省（中國的東南沿海省份，正好位於台灣對岸）時，就曾敦促省級官員「要在探索海峽兩岸融合發展新路上邁出更大步伐」，包括實施政策改善台灣人民生計，以利推動兩岸的經濟和社會融合。[15]

即便如此，中國施加的經濟威脅仍在升級中。以總部位於台北的遠東集團為例，這家台灣的聯合大企業也到中國拓展業務，但在二〇二一年十一月，卻被罰款將近一千四百萬美元，表面上是因為違反了中華人民共和國的環境、健康與安全、土地使用以及其他相關法律，但其實中國的官員和官媒都曾明確表示，該企業遭罰的真正原因是向執政的民進黨提供政治獻金。北京當局宣布，將對主張台獨的政治人物以及為其提供金援的企業實施制裁，幾週以後，遠東就挨罰了。中國國台辦發言人[16]被問及對遠東集團的裁罰時表示，中國「絕不允許支持『台獨』、破壞兩岸關係的人在大陸賺錢，幹『吃飯砸鍋』的事」，[17]不過有點諷刺的是，遠東集團的董事長徐旭東其實是外省人的後代。這個罰款事件也是中國首次對台灣實施，可能會對中共自己的經濟利益帶來負面影響的懲罰性措施，北京當局願意付出這樣的代價，可能預示著兩岸關係進入了一個更危險的新階段。

中國也藉由任意拘留前往中國大陸的台灣居民對台灣施壓。根據海基會的統計，在蔡英文二〇一六年五月就職後的三年又四個月內，有一百四十九件台灣公民前往中國後失蹤的陳情案。其中最著名的案例是人權工作者李明哲，他在二〇一七年三月失蹤，後來被判處五年監禁，罪名是「顛覆國家政權」。二〇二二年四月，李明哲刑滿獲釋返回台灣。截至二〇二〇年十月，其餘的失蹤人員裡已有一百零一人返回家中，或至少被拘留的消息已通報台灣官員，但仍有四十八人下落不明。

北京當局對蔡政府採取強硬措施另一個後果，就是馬英九時期爭取累積的國際社會參與空間再次減縮。二〇一六年五月底，也就是蔡英文正式上任僅一週後，她的新任衛生部長[18]出席了日內瓦的世界衛生大會，這是台灣第八次以觀察員的身分參加這場年度會議。然而，中國官員主張，台灣能與會是「在一中原則之下的特殊安排」，並警告說只有蔡英文承認九二共識，台灣未來才能繼續參與國際組織。從那時起，中國就一直阻撓台灣參與世衛大會。在新冠疫情爆發後，就連七大工業國組織（簡稱G7）都首次表態支持台灣參與世界衛生大會，但中國仍持續阻撓。

此外，在二〇一六年，台灣也沒有受邀參加每三年舉辦一次的聯合國國際民航組織大會，但在三年前，台灣明明還以時任國際民航組織理事會主席羅伯托・柯貝—岡薩雷斯（Roberto Kobeh-Gonzalez）特邀貴賓的身分出席該會議。像這樣以前可以參加，但蔡英文上任後就把台灣排除在外的國際組織活動還有許多，例如聯合國國際勞工組織（International Labor Organization）每年的國際勞工大會，以及聯合國糧農組織（Food and Agriculture Organization of the United Nations）漁業委員會（Committee on Fisheries）舉辦的多場會議等等。二〇一七年五月，在澳洲伯斯舉辦的國際鑽石認證制度「金伯利進程」（Kimberly Process）會議上，與會的中國代表甚至當眾抗議台灣的參與，毫不客氣地把台灣代表團趕出場。

台灣的非政府組織（ＮＧＯ）也明顯受到影響。二〇一六年，台灣的罕見疾病基金會（一個致力於罕見疾病治療的ＮＧＯ）因為中國反對而無法參加聯合國「罕見疾病非政府組織委員會」（NGO Committee for Rare Diseases）在紐約舉辦的成立大會。此外，雖然本身未能成為《聯合國氣候變化綱要公約》（the UN Framework Convention on Climate Change，簡稱ＵＮＦＣＣＣ）的觀察員，但台灣有十個ＮＧＯ獲得認可成為公民社會觀察員，並獲准參與重要會議。然而，近年來連台灣的ＮＧＯ有時都無法參加ＵＮＦＣＣＣ的會議。例如，台灣青年氣候聯盟就被禁止參加在蘇格蘭格拉斯哥舉行的聯合國氣候變遷大會（簡稱作COP26）的開幕式。

中國除了加大力度阻擋台灣NGO參與以主權國家為會員的國際組織以外，同時也更積極對世界各地的NGO施壓，要求各地的NGO必須在他們的網站上給台灣「正名」，也就是必須寫上「中國台灣」，明確表示台灣是中國的一部分。[19]二〇二一年五月，在聯合國經濟及社會理事會（UN Economic and Social Council，簡稱ECOSOC）的非政府組織委員會上，有七個NGO申請「協議資格」（consultative status）的批准流程被推遲了（有協議資格的NGO才能參與聯合國的各種活動），只因為北京當局不滿他們網站上「沒有正確寫出台灣名稱」。連美國科羅拉多州一所小小的私立高中也必須稱台灣為「中國台灣」才能獲准參加聯合國委員會。然而，聯合國本身並沒有任何要求各地的NGO或其他組織在台灣問題上採取特定立場的規定。

北京當局還用了另一種手段來威逼蔡英文屈從自己的要求，那就是——搶走台灣的邦交國。自一九七〇年代起，中國和台灣就開始透過金援外交，彼此競爭世界各國的外交承認，結果大部分國家都在中國「慷慨解囊」的鼓勵之下與其建交。在陳水扁八年任內，中國說服了九個國家與台灣斷交並承認中華人民共和國，但事實上真的完全與台灣切斷正式外交關係的只有六個。[20]直到馬英九上台，在他的八年任期內，台灣和中國雙方才談好停止爭奪彼此的邦交國。

然而，這一段「外交休兵期」在蔡英文還沒正式上任前就已經結束。二〇一六年三月，中國重新與非洲西部國家甘比亞建交。甘比亞早在二〇一三年就與台灣斷交，但由於和馬英九談好的外交休兵，所以中國沒有急著和甘比亞建交。不過在蔡英文當選總統後的五年裡，中國就奪走了中華民國的八個邦交國：二〇一六年十二月與聖多美普林西比復交；二〇一七年六月與巴拿馬建交；二〇一八年與布吉納法索復交、與多明尼加共和國和薩爾瓦多建交；二〇一九年和所羅門群島建交、和吉里巴斯復交；二〇二一和尼加拉瓜建交。全世界僅剩十三個國家和梵蒂岡教廷與中華民國保持著完整的外交關係。

自一九九〇年代末起，解放軍就持續地為台灣海峽有可能出現的偶發事件作準備，目的是要嚇阻，或是在必要時刻強迫台灣放棄追求**法理**獨立。同時，中國政府也不斷提升和擴張解放軍的實力，為的就是在必要時刻能順利武統台灣，並且有能力嚇阻或反抗第三方——最有可能是美國——的干預。中國在二〇一五年的軍事改革目標之一，就是要提升軍隊的能力，使其能執行複雜的聯合任務，像是侵略和占領台灣。事實上，解放軍一直密集地為武力侵台作準備，這從他們的軍事發展方向就可以輕易看出來——他們一直在努力提升控制海域、兩棲作戰以及力量投射（power projection）的能力。為了對台灣和蔡政府施壓，同時為了警告美國不要挑戰中華人民共和國的主權、也不要鼓勵台灣追求獨立，中國軍方不斷在台灣附近進行軍事演習。例如，美國國防部二〇二一年的中國軍力報告指出，二〇二〇年解放軍在台灣周遭進行了聯合兩棲突襲演習。中國的航空母艦遼寧號及其護航艦隊穿越了台灣海峽。[21] 位於中國內蒙古的朱日和合同戰術訓練基地內，設有一個巨大的模型，模擬了台北博愛特區，包括台灣的總統府和外交部，都有與實物大小相同的複製版。

二〇一九年三月三十一日，兩架中國人民解放軍空軍的殲-11戰鬥機故意飛越台海中線，這還是二十年來第一次。這條中線是美國在一九五五年劃定的界線，雖然不是正式邊界，但自一九五八年起，中國和台灣一直很有默契不超越這條邊界，只有極少數幾次例外。但從二〇一九年三月底故意跨越中線之後，中國軍機就愈來愈頻繁進入台灣的防空識別區（Air Defense Identification Zone，簡稱ADIZ），而且頻率愈來愈高，偶爾還會跨過中線。台灣國防部從二〇二〇年九月十七日開始每天針對中國軍機進入台灣防空識別區發布詳細紀錄，根據該紀錄，從二〇二〇年九月十七日到二〇二一年九月三十日這段時間裡，中國軍機進入台灣的防空識別區的天數高達將近兩百五十天。在二〇二二年八月，有四百四十四架中國軍機進入台灣的防空識別區，這個數量打破了之前的最高紀錄（二〇二〇年十月的一百九十六架），甚至超過之前最高紀錄的兩倍。進入台灣防空識別區的飛行任務由來自中國空軍和中國海軍的多種不同型號的軍機執行，有時還包括能攜帶核武的轟炸機。

中國明目張膽地在台灣周遭進行軍事活動的理由不只一個。有時候，中國充滿挑釁意味的行為，是為了表達北京當局對於美國對台軍售的不滿，或是為了抗議美國高級官員訪台，例如二〇二〇年美國衛生及公共服務部部長亞歷克斯・阿札爾（Alex M. Azar II）和國務次卿基思・柯拉克（Keith Krach）——的訪台行程。然而，並非每一次中國的軍事行動都有明顯的起因。無論是培訓中國飛官、蒐集台灣應對機制的相關情報、消耗台灣飛官和後勤維護人員的時間心力、威嚇蔡政府，還是在台灣人民之中散布恐慌絕望，都有可能是中國軍事行動的目的。

中國不只擴展各種經濟、外交和軍事方面的脅迫手段，還持續發展並實施「三戰」的概念，包括心理戰、輿論戰和法律戰，目的是要削弱對手的士氣，不論在承平時期或者衝突時期。至少自二〇〇三年以來，「三戰」已經成為中國對台作戰計畫的一環。計畫的一部分便是認知作戰，包括放出虛假訊息來瓦解台灣軍隊和人民保衛台灣的決心。此外，虛假訊息也被用於影響台灣的政治。例如，有一份研究韓國瑜如何迅速走紅的分析報告指出（韓國瑜在二〇一八年當選高雄市長，接著成為二〇二〇年國民黨總統候選人，敗選後不久市長職位也被罷免），二〇一八年韓國瑜能當選高雄市長，必須歸功於「專業的神祕中國網軍所策劃的社群媒體操控行動」。[22]

此外，北京當局還公然利用台灣的傳統媒體來影響輿論。有調查報告指出，中國國台辦親自指示台灣的親中媒體《中國時報》和中天電視台高層應該報導哪些議題。[23]二〇一九年五月，有一支反對蔡英文的台灣媒體高層代表團參加了二〇一九兩岸媒體人北京峰會，並受到了中共中央政治局常委兼全國政協主席汪洋的接待。負責對台政策的汪洋告訴該代表團：「現在我們要實現和平統一、實現一國兩制，仍要靠媒體界的朋友們共同努力。歷史會記住各位。」[24]

中國影響台灣政治和社會的主要策略仍然是統戰。中共一直很努力在國民黨內部找出在情感或認知上認同中國的人，並與這些人「統一戰線」來削弱對手，這種手法甚至可以追溯至國共內戰時期。根據台灣國家安全局副局長陳文凡的說法，台灣當地至少有二十二個統派的政黨和組織，其中有些涉及幫派，擁有廣大的人脈網絡，擴及各地宮廟、大陸台商和台灣青年。[25]

以上這些形式的脅迫手段都處於「灰色地帶」，用以威逼施壓，卻未真正觸及「動武」的標準，因此可以避免被脅迫方以合理合法的軍事行動回擊。戰略與國際研究中心的研究將「灰色地帶」定義為「兩陣營在從日常走向正式宣戰前彼此敵對競爭的場域」，而中國正在積極利用各種灰色地帶作為，確保自己在兩岸衝突中，相較於台灣或是其他可能干預兩岸事務的國家，可以更有戰略優勢。[26]

中國以各種手段威逼台灣的其中一個後果，就是台灣民眾認為中國對台灣政府和台灣人民的敵意愈來愈強烈——台灣陸委會進行（或委託進行）的民意調查即顯示如此結果。二〇一九年八月，認為中國對台灣不友善的台灣民眾比例超過了百分之五十一，這是自二〇一〇年十二月開始進行該民調以來首次出現的數字；二〇二二年八月，該民調顯示，認為中國對台灣人民不友善的比例來到了百分之六十六點六、對台灣政府不友善的比例則高達百分之八十點一。[27]不過，之所以會有愈來愈高比例的台灣民眾認為中國對台灣不友善，除了中國的對台策略愈來愈傾向採用脅迫手段以外，北京當局對香港民主運動人士的打壓，也是一大重要因素。

習近平的對台戰略

二〇一三年十月，習近平在印尼峇里島舉行的亞太經濟合作會議（Asia-Pacific Economic Cooperation，簡稱APEC）年會暨領袖會議期間，與馬英九的特使、前台灣副總統蕭萬長會面，這是他從一年前開始擔任中共總書記以來與台灣代表進行的第三次會晤。中國官媒報導援引習近平的談話，稱習近平呼籲中國和台灣應該「保持兩岸關係和平發展」的良好勢頭，這也是前任中國領導人胡錦濤訂下的準則。習近平主張「兩岸一家親」，並敦促兩岸增進政治互信，而且還作出了前所未有的聲明：「兩岸長期存在的政治分歧問題終歸要逐步解決，總不能將這些問題一代一代傳下去。」他還重申，中國願意在「一個中國」的框架內，就兩岸問題與台灣進行「平等協商」，「作出合情合理安排」。[28]這表示習近平企圖在他掌權期間內，讓統一大業有所進展，這樣的進展或許是透過開展兩岸政治對話推進，或許是直接統一兩岸。但習近平在這次蕭習會所作的聲明，可能也反映了習近平對馬英九遲遲不願依北京當局要求開展兩岸政治對話感到不滿。

雖然這樣的聲明內容顯露了習近平對台灣局勢的焦慮或野心——在接下來的九年當中，類似的聲明習近平只有再發表過一次——但中國的政策重點仍然是防止台灣**正式宣布獨立**，而不是急於實現兩岸統一。中國政府相當有自信能夠實現優先目標，並同時為統一兩岸的長遠目標奠定基礎。習近平經常說他致力於兩岸和平統一，但偶爾也會提到如果窮盡了所有和平手段還是無法達成統一，那麼使用武力也會成為選項。在二〇二一年中國共產黨成立一百週年和辛亥革命一百一十週年的演講中，習近平談到台灣時，再次強調中國有強大的決心實現國家統一、捍衛國家主權和領土完整，並堅持一國兩制、一中原則和九二共識，這些聲明也都呼應了過去中國領導人的說法。

二〇二一年十一月習近平和美國拜登總統首次舉行線上會晤，雖然此次談話中，習近平嚴厲告誡美方不要以台制華，警告「玩火者必自焚」，但並沒有表現出中國急於實現統一。對於這長期的目標，習近平表示：「我們是有耐心的，願以最大誠意、盡最大努力爭取和平統一的前景」，不過同時也提出警告，如果「台獨分裂勢力」繼續挑釁甚至突破紅線，那麼中國「將不得不採取斷然措施」。[29]當拜習兩位領導人在二〇二二年十一月印尼峇里島舉行的G20領袖峰會上會面時，習近平強調「台灣問題」涉及「中國核心利益中的核心」，也是「中美關係第一條不可逾越的紅線」。[30]

事實上，在掌權的頭十年裡，習近平只發表過一次全面闡述自己的對台觀點及政策的演講。這段談話發表於二〇一九年一月二日，全國人大常委會《告台灣同胞書》發表四十週年的紀念儀式上——這封四十年前給台灣同胞的公開信，宣告了中共對台政策將從「解放台灣」走向「和平統一」——習近平的談話重點為：兩岸統一是無法阻擋的歷史大勢，北京當局將會繼續透過勸說以及促進兩岸經濟一體化來達此目標。舉例來說，習近平在談話中提議「深化兩岸融合發展」，以鞏固統一的基礎（「兩岸融合發展」是「兩岸和平發展」的修訂進化版，是中共在二〇一七年民進黨重掌政權時採用的新說法）。修訂後的政策著重於透過社會和經濟互動，將台灣人民和大陸人民更緊密地聯繫在一起，因此，習近平呼籲兩岸在共同市場、基礎設施、產業標準、教育、醫療保健等領域加強合作。此外，習近平也強調兩岸同根同源、同文同種，而且「親人之間，沒有解不開的心結」。[31]

不過這段演講中除了溫情喊話，也有嚴厲恫嚇。習近平向所有試圖分裂台灣和中國的人發出警告，他說：「台獨是歷史逆流，是絕路……只會給台灣帶來深重禍害」，他主張必須「堅持一個中國原則，維護和平統一前景」。至於如何實現統一，習近平重申「和平統一、一國兩制」才是「最佳方式」，但他不忘呼籲兩岸可以探索出一個「台灣版」的「一國兩制」。後來，有些熟悉中國事務的專家認為，這些談話內容是中國政府在對台灣釋出善意，希望能開啟未來兩岸融合的創新思維。然而，他們卻沒有料到，在不久的將來北京當局對香港的政策，將會加劇台灣對中國的質疑和敵意。

習近平在一月二日的演講中，還提到另一個過去的領導人也談過的關鍵訊息：台灣的分離狀態阻礙偉大的民族復興。習近平說：「台灣問題因民族弱亂而產生，必將隨著民族復興而終結！」同時主張「祖國必須統一，也必然統一」，並堅持實現統一是「新時代中華民族偉大復興的必然要求」。習近平將國家統一和民族復興綁在一起，於二〇一七年十月中國共產黨第十九次全國代表大會（簡稱十九大）的政治報告中稱之為「中國夢」，並在二〇二二年十月二十大的報告中再次提及。北京當局在二〇二二年八月發布了《台灣問題與新時代中國統一事業》白皮書——這是過去二十年來第一份中國對台政策的白皮書——其中指出兩岸統一是實現民族復興的「必然要求」。[32]

習近平把國家統一和民族復興綁在一起，是否意味他將「統一大限」設定在二〇四九年[33]，這點尚未有定論，中國國內外許多人為此爭論不休。畢竟，到了二〇四九年習近平都九十五歲了，就算他那時人還健在，也不太可能還坐在最高領導人的大位上。他的繼任者有可能採用新的論述，不一定要把統一台灣和民族復興綁在一起，例如可以一邊堅定呼籲統一，但又一邊聲稱只要台灣沒有永久脫離中國，民族復興仍舊可以實現。

不過中國在追求統一的路上是否能保持耐心，主要取決於中國是否認為時勢對他們有利。如果中國政府認為實現統一的機會正在逐漸減少，例如台灣能上得了檯面的政黨中沒有一個支持一中原則，那麼中國就有可能改變策略，不擇手段地強制統一；但另一方面，如果中國判斷時間仍然充裕，那麼就很有可能願意慢慢來，並且認為武力侵台會為他們帶來不必要又難以承受的風險。至於中國是否認為時勢對自己有利？在二〇二一年十一月十一日召開的六中全會（中國共產黨第十九屆中央委員會第六次全體會議）上通過的《中共中央關於黨的百年奮鬥重大成就和歷史經驗的決議》中有一段話是這麼說的：「我們……牢牢把握兩岸關係主導權和主動權，祖國完全統一的時和勢始終在我們這一邊。」[34]

隨著習近平執政的第一個十年即將結束，中國雖然仍有可能武力侵台，然而在接下來的幾年，武力侵台絕非必然，甚至可以說發生的機率不高。除非台灣跨越了中國所畫的紅線——也就是試圖改變自己的法定身分，否則中國不會輕易使用軍事力量奪取並控制台灣。在短期內，中國對台灣加強施壓的可能性遠大於全面入侵台灣。然而，中國有可能會越來常利用小規模的軍事行動來鞏固自己畫的紅線，以警告台灣和美國不要越界。

中國共產黨提出「新時代黨解決台灣問題總體方略」，對於中國對台政策與意圖也是一個指標性的事件（該計畫於二〇二一年十一月六中全會發布的中國共產黨第三個歷史決議[35]中首度被提及）。中國官媒早期透露的訊息顯示，「總體方略」的內容大多只是既有政策的重新包裝，不過也不能排除中國正在醞釀更具強制性和威脅性的手段來對付台灣。

無論是由習近平還是他的繼任者制定，未來中國的對台政策都會受到許多因素影響，包括：一、中共是否有信心，解放軍能在可接受的代價之內奪取並控制台灣；二、中共對於台灣獨立的機率評估；三、來自中國國內的挑戰，包括經濟和社會的穩定程度；四、中共會評估美國對中國以及對台灣的意圖是否會影響中國利益，也會評估美國是否能堅定遵循一中政策。

川普執政時期的美國對台政策

二〇一六年十二月二日，剛當選美國總統的川普和台灣總統蔡英文僅通話了幾分鐘，交談內容大多只是祝賀和寒暄。根據某些報導，蔡英文的來電其實是臨時被塞進川普的通話清單，沒有經過川普的幕僚討論接這通電話可能帶來的後果。不過也有其他報導聲稱，川普是在跟幕僚討論後，認為與台灣總統通話能增加他和中國互動時的話語權，所以才接了這通電話。但無論川普是有心還是無意，毫無疑問的是，川普沒有預料到這通電話會給他帶來不小的麻煩。根據《天下大亂：川普政府的中國政策，其形成、矛盾與內幕》（*Chaos under Heaven*）作者喬許・羅金（Josh Rogin）的說法，川蔡通話最後的結果，反而是川普有意疏遠台灣，也削弱了他團隊中支持「以台制華」的鷹派勢力。

無論川普最初是否計畫利用台灣來獲取與中國較量時的優勢，很顯然他後來都忍不住試試看。二〇一六年十二月十一日川普接受《福斯週日新聞》（*Fox News Sunday*）採訪時說，除非他能「與中國談定包括貿易在內的許多事情」，否則遵循一中政策便沒有意義，結果北京當局對此只冷冷地回應一句：「一中原則」是「不可談判」的。[36]即使在川普正式上任後，美中之間仍沒有任何實質性的交流，直到他採取行動修補了因為台灣通話而受損的中美關係。原本川普想邀請習近平到海湖莊園會面，但就連白宮安排兩國領導人首次通話會議的提議都被中國拒絕了，於是川普別無選擇，只能來個態度大轉彎。在一次特別安排的通話後，白宮發布了一份聲明，稱「川普總統同意應習近平主席的要求，遵循我們（美國）的一中政策。」[37]

因此，接下來只要是有關台灣的議題，川普都會特別謹慎。在與習近平通話後過了兩個月，川普還告訴路透社，「在接蔡英文電話前，我當然想先（和習近平）談一談」。[38]在川普的總統任期內，他對與台灣有關的決策態度搖擺不定，有時輕蔑、有時憤怒，但偶爾又一副漠不關心的樣子。川普的前白宮國家安全顧問約翰・波頓（John Bolton）在《事發之室：白宮回憶錄》（暫譯，原書名為*The Room Where It Happened*）一書中提到，川普常常用簽字筆的筆尖和總統辦公室裡的堅毅桌來比喻台灣和中國。有一次某個副助卿的訪台之行引發中國抗議，川普知道後非常生氣，大罵為什麼沒人事先通知他。此外，川普有好幾次刻意延遲通知國會批准對台軍售，就是為了避免激怒中國。

而且川普總統長期以來對美國的對外聯盟以及相關防禦承諾都相當反感。他私底下曾質疑美國是否有必要不顧一切地保衛台灣。在揭露川普政府內幕的《恐懼：川普入主白宮》（*Fear: Trump in the White House*）一書中，作者鮑伯・伍華德（Bob Woodward）提到了一次會議，在那次會議中，川普和他的國家安全團隊正在討論許多條約結盟的性質和理由。川普一開始先質疑，美國在朝鮮半島長期大規模駐軍到底得到什麼好處，然後又問：「除此之外，我更想知道我們保衛台灣又能得到什麼？」在另一個場合中，有位參議員警告川普中國可能侵略台灣，但據說川普只是滿不在乎地回答：「台灣離中國只有兩步遠……我們卻在十萬八千里之外，如果中國侵略台灣，我們真他媽啥也做不了。」

川普總統一直不樂意採取支持台灣但會得罪中國的措施，但這個情況到二〇二〇年初又出現了大轉變。川普對一月份簽署的第一階段中美貿易協定並不滿意，接下來僅僅數週到數月間新冠疫情即在美國和世界各地肆虐，讓川普對中國更加反感。明明在二〇二〇年一月份川普還在一則推文中稱讚中國「非常努力」控制疫情，但到了三月就完全不客氣地改口，指責中國政府造成疫情大擴散，聲稱如果北京當局能夠充分分享新冠病毒相關的資訊，這場疫情原本可以控制在中國境內，不會讓全世界都跟著遭殃。

川普政府內部不只對台灣的政策沒有共識，其實他們對任何外交議題通常都無法達成共識。川普的幕僚經常意見分歧，然後各自為政，還會刻意不讓川普知情或參與某些決策或行動。然而，大多時候美國的政府高層都還是很努力提升台灣的安全和加強美台關係，因為他們相信實際上台灣以及美台雙邊關係都具有很重要的價值。然而，偶爾還是會有人把台灣當成美中激烈戰略競爭中的棋子。

在川普的四年任期內，美國政府推動了許多政策和措施來增進美台關係，向台灣表示堅定的支持。二〇一八年三月，美國副助卿黃之瀚（Alex Wong）訪台（也就是這位的訪台之行引發中國抗議，進而激怒川普），並在蔡英文總統身邊發表談話。在他的談話中，他表示美國期望「加強我們與台灣人民的聯繫，增強台灣人民捍衛民主的能力」，還補充道「我們對這些目標的承諾從未如此堅定」。[39]

幾個月後，當AIT氣派豪華的台北新館正式落成，國務院指派主管教育文化事務的助卿瑪麗・羅伊斯（Marie Royce）出席落成典禮。羅伊斯表示「這棟新建築象徵了二十一世紀美台夥伴關係的穩固和活力」。[40]曾有幾位美國高官試圖說服川普在出席典禮的美國代表團中加入一名內閣成員，但據說川普擔心這會影響與中國的貿易談判而拒絕了這個提議。

直到兩年多後，由於川普不再奢望中國在貿易協定中讓步，再加上他把新冠疫情擴散到美國全怪罪到中國頭上，甚至動不動就稱新冠病毒為「中國病毒」或「功夫流感」，美國衛生及公共服務部長阿札爾才終於有機會在二〇二〇年八月訪台。這是自二〇一四年以來首次有美國內閣官員訪台，也是自一九七九年台美斷交以來最高級別的訪台美國官員。美國官方表示，此次訪問是為了表彰台灣在遏制新冠疫情傳播方面的成就。而且就在阿札爾訪台的一個月後，川普又派遣特使來台，參加李登輝前總統的追思會。當時這位特使是負責美國經濟成長、能源和環境政策的國務次卿基思・柯拉克，他也成為台美斷交以來，美國國務院派遣來台的最高級別官員。

二〇一九年五月，台灣國安會祕書長李大維前往美國，與白宮國安顧問約翰・波頓會面。李大維這趟訪美行一直保密到他離開美國後才公開，這是自一九七九年以來首次公開宣布的美台國安顧問會晤，而且還是川普政府的官員鼓勵台灣公布此次會談以及李大維的訪美行程，這點讓台灣政府大感意外。無獨有偶地，美軍印太司令部情報部門J2[41]的指揮官，海軍少將麥可・斯圖達曼（Michael Studeman），也在二〇二〇年五月訪台。

除了繼續與台灣進行長期的雙邊對話，例如政治軍事對話、關於台灣參與國際組織的磋商，以及特殊管道會談，川普政府還建立了新的對話機制，來擴大美台雙方政府的溝通和合作。其中一個對話平台就是「美台印太民主治理諮商」（U.S.-Taiwan Consultations on Democratic Governance in the Indo-Pacific Region），該對話機制於二〇一九年九月啟動，由台灣外交部長吳釗燮和美國國務院民主、人權暨勞工局代理首席副助卿史考特・巴斯比（Scott Busby）共同主持。美國希望透過該機制深化與台灣在印太地區治理事務上的合作，AIT台北辦事處處長酈英傑（Brent Christensen）表示，新的對話機制有助於印太地區實現自由開放的願景（Free and Open Indo-Pacific，也就是FOIP，意指自由開放的印度太平洋地區），他還特別提到台灣在FOIP戰略的三個關鍵領域——經濟、安全、和治理——中扮演了重要角色。[42]一年後，為了補強「民主治理」對話，川普政府還特別建立一個融資框架，提供資金和資源，以促進印太地區的基礎設施建設。

另一個新的雙邊對話機制是「美台經濟繁榮夥伴對話」（the US-Taiwan Economic Prosperity Partnership Dialogue，簡稱EPPD），於二〇二〇年十一月啟動。雙方簽署了一項為期五年的協議，目的是促進雙方在健康、技術和安全領域的合作，這個交流機制是川普政府對蔡英文總統前一年放寬美牛美豬進口限制的回報。台灣政府原本希望蔡英文總統此舉的政治勇氣可以讓美國願意啟動「自由貿易協定」（Free Trade Agreement，簡稱FTA）的談判，或者至少恢復「貿易暨投資架構協定」（Trade and Investment Framework Agreement，簡稱TIFA）的談判，只不過美國貿易代表署拒絕了。鑑於國務院只負責經濟事務，不負責貿易事務，所以台美經濟繁榮夥伴對話主要聚焦於5G及電信安全、半導體、投資審查以及科技等問題。雖然新的雙邊對話機制涉及的都是重要議題，且具有全球影響力，但仍然無法取代貿易協定，也無法減輕川普政府對全球鋼鋁進口課徵的進口附加稅對台灣的負面影響。這些附加稅於二〇一八年三月根據一九六二年的《貿易擴張法》第二三二條實施，目的是要遏制中國鋼鋁產品在美國的傾銷。台灣曾竭力爭取關稅豁免，但並未成功。

雙邊合作也在其他領域取得進展。川普政府透過ＡＩＴ簽署了多項雙邊協定，涉及領域包括智慧財產權、跨國父母擅帶兒童離家、健康與衛生、以華語和英語訓練為主的國際教育、科技等。此外，台灣外交部和ＡＩＴ在二〇二〇年三月發表了一份聯合聲明，概述了雙方在新冠病毒的檢測、藥物和疫苗的研發、以及醫療物資交換方面的合作事項。

川普政府的國防部特別積極支持台灣。國防部長詹姆士・馬提斯（James Mattis）在二〇一七年六月舉辦的新加坡香格里拉對話（Shangri-La Dialogue）中表示，他的國防部會「堅定地與台灣及其民主政府合作」，以履行美國在《台灣關係法》中的義務。雖然聽起來沒有太多新意，但這是香格里拉對話於二〇〇二年首辦以來，第一次有美國國防部長在對話會談中提到台灣。

雖然這已經是很明顯的突破了，但美國國防部在二〇一九年六月一日發布的《印太戰略報告》，再次證實美國正在採取前所未有的舉措支持台灣。這份報告被稱作一份「執行文件」，詳細說明了美國國防部在執行川普政府的ＦＯＩＰ戰略時的具體角色。報告中的台灣專章開篇即指出「美國必須維護基於規則的國際秩序，才能維護美國至關重要的利益，其中包括一個強大、繁榮和民主的台灣」。在這份報告中，台灣被稱為與美國具有安全夥伴關係的國家，除了台灣之外，新加坡、紐西蘭和蒙古也被描述為「可靠、有能力、與美國自然發展出合作關係的夥伴」，而且這些包含台灣在內的美國夥伴都「積極採取行動維護自由和開放的國際秩序」。[43]這是美國官方文件首次稱台灣為國家，與過去的稱呼都不同。雖然有些美國官員私下表示這可能只是疏忽，但把台灣和新加坡、紐西蘭和蒙古並列為國家更有可能是有特定目的。值得注意的是，相較於歐巴馬政府，川普的國防部的作法更加提升了台灣在重新平衡亞洲戰略中的重要性。

川普的國防部處理台灣問題的方式與過往政府之間有一個明顯的差異，就是他們公開了許多與台灣相關的軍事行動和國防事務交流，而這些行動和交流過去都是保密的。例如，二〇二〇年六月十六日，美國陸軍在其官方臉書頁面上發布了一段影片，內容是來自美軍第一特種作戰群的菁英特種部隊綠扁帽（Green Berets）成員與台灣特種部隊交流協訓的畫面。[44]新加坡的一家中文報紙報導稱，美軍已證實該影片正是綠扁帽在台灣參加了代號為「Balance Tamper」的演訓任務。[45]隔年，在川普下台後，都還有報導稱有二十幾名美國特種作戰和支援部隊成員以及一支海軍陸戰隊的部隊，已經在台灣「祕密培訓台灣軍隊」至少一年。[46]

川普政府的國防部還有另一項前所未有之舉。香港的《南華早報》透露，過去曾嘗試獲取美國海軍通過台灣海峽的相關資料，但始終沒有成功，直到二〇一九年五月，美國太平洋艦隊主動將資料提供給該報。事實上，美國海軍從二〇一八年七月就開始並持續公布美國軍艦通過台灣海峽的情況。在歐巴馬第一和第二任總統任期內，美國海軍艦隊通過台灣海峽的次數分別為二十九次和三十九次，[47]而在川普四年任內，則通過了三十次。

川普政府也向美國國會通報了二十個對台軍售的重大提案，總價值高達一百八十三億美元，其中最重要的是在二〇一九年八月他批准對台銷售六十六架新的F-16V戰鬥機。其實，過去歐巴馬政府也考慮過向台灣出售新的戰鬥機，但最後還是決定先協助台灣維修其既有的一百四十五架F-16戰鬥機就好。

另一項值得注意的重大軍售，是二〇二〇年十月美國決定對台出售一百三十五枚增程型距外陸攻飛彈（Standoff Land Attack Missile Expanded Response, SLAM-ER）和十一套海馬斯高機動性多管火箭系統（High Mobility Artillery Rocket System, HIMARS）。專家普遍認為，這兩種武器系統讓台灣有能力打擊中國部署在東海岸的空軍和兩棲部隊。美國過去的對台軍售很明顯主要都是防禦性武器，或者處於防禦和攻擊之間灰色地帶的武器，好讓美國能夠支持對台軍售，同時又不違背一九七九年《台灣關係法》所規定的「美國的政策……是提供防禦性武器給台灣人民」。由此可見，美國政府批准對台出售攻擊性武器又是一項創舉，而美國之所以開始對台出售攻擊性武器，主要是因為兩岸的軍力平衡出現了劇烈變化，在新的局勢之下，美國必須重新審視台灣需要什麼樣的武器才能做好自我防衛。

中國非常積極地爭奪台灣的邦交國，川普政府就更積極地協助台灣政府遏制中國的野心。在多明尼加共和國、薩爾瓦多和巴拿馬三國與台灣斷交、改與中國建交後，美國國務院便從這三國召回自家的外交使節，要好好「討論美國應該如何在中美洲和加勒比地區支持強大、獨立、民主的制度體系」。[48]在華盛頓特區進行幾次會談後，美國政府發布了一則官方聲明，告誡中美洲和加勒比地區的國家，不要和「不熟悉而且缺乏成功經驗的國家談經濟協議和建立外交關係」。[49]

美國官員甚至考慮過對一些和台灣斷交的國家採取懲罰措施，但後來還是決定不要這麼做。例如，川普政府曾經討論過是否要減少對薩爾瓦多的援助，並對其官員的簽證增加限制，但後來因為擔心薩爾瓦多會採取報復行動，不再協助阻止非法移民流向美國，所以最終該提議還是被否決了。

川普政府也批評中國政府強迫外國企業在其網站和其他宣傳資料上，把台灣寫成中國的一部分。當中國民航局強力要求三十六家外籍航空公司（其中包括數家美國航空公司）尊重中國主權、不可稱台灣為國家時，白宮直接回擊，公開批評中國這一舉動根本是「歐威爾式胡鬧」（Orwellian nonsense）[50]，並強力要求中國「停止威脅美國航空公司和美國人民」。[51]

川普政府也更努力協助台灣擴大參與國際組織，不過仍然遵循自一九九四年以來的美國政策——支持台灣加入成員不需具備國家地位的國際組織，同時鼓勵台灣在無法正式加入的國際組織中也盡量作出有意義的貢獻。

二〇二〇年春天，美國發起了一項行動，聯合其盟友一同鼓勵在五月中旬舉行的世界衛生大會恢復台灣的觀察員身分。當時，台灣控制新冠疫情的成績非常亮眼，幾乎超越世上所有國家——在同年四月一日之前，台灣總共只有三百二十九個確診病例和五起死亡病例。美國這一行動由國務卿蓬佩奧（Mike Pompeo）主導，他公開呼籲所有國家一起支持台灣「在世界衛生大會和其他相關聯合國會議中擔任觀察員」，並呼籲世衛祕書長譚德塞（Tedros Adhanom Ghebreyesus）邀請台灣。日本、澳洲和紐西蘭也跟著美國一起呼籲恢復台灣的觀察員身分。[52]美國國務院還在推特上發起「#Tweet for Taiwan」運動，並且轉發蔡英文總統在推特上發布的關於台灣抗疫成功的推文，還批評中國處理新冠疫情的過程一點都不公開透明。根據《外交政策》（*Foreign Policy*）這份雙月刊的報導，美國和日本一起要求澳洲、英國、法國和德國聯合簽署一封給世衛祕書長譚德塞的信，然而，最後沒有任何信送到譚德塞手上。[53]美國發起的這項行動之所以無法獲得歐洲盟友的支持，有可能是因為川普對歐洲盟友常抱持著敵對態度，還常嚴詞抨擊世衛組織，再加上中國強烈反對台灣的參與，最後行動才以失敗告終。

儘管如此，川普政府還是透過一個名為「全球合作暨訓練架構」（Global Cooperation Training Framework，簡稱GCTF）的計畫替台灣爭取國際支持，促進台灣與非邦交國家的交流，也取得了一些進展。GCTF於二〇一五年推出，最初只是美台雙方共同合作的專案，目的是要提供一個平台，讓台灣能夠與所在區域的夥伴在各個領域分享專業知識，涉及領域包括公共衛生、執法、救災、能源、婦女賦權、數位經濟和網路安全、媒體素養和良好治理。在川普任內，日本於二〇一九年三月也成為GCTF的正式夥伴，並開始共同舉辦GCTF研討會；接著在二〇一九年到二〇二〇年，瑞典、澳洲、瓜地馬拉和荷蘭也共同舉辦了GCTF的活動。此外，GCTF也從針對某個單一區域的計畫升級為全球計畫，二〇一九年在帛琉舉行了研討會——這是GCTF首次在台灣以外的地區舉辦研討會——二〇二〇年又與瓜地馬拉舉行了線上研討會。

此外，川普政府也延續了之前政府的作法——允許台灣總統在出訪正式邦交國的途中過境美國。二〇一八年夏天，蔡英文前往巴拉圭和貝里斯兩個台灣邦交國的途中，就過境美國，而且在短暫的過境期間，蔡英文還獲得美國政府允許，在雷根總統圖書館的柏林圍牆前發表簡短的演說，而蔡總統的隨行記者也首次獲准進行現場報導和直播。這趟過境之行還有其他的「第一次」，例如蔡英文前往駐洛杉磯台北經濟文化辦事處視察，在回程途中還參觀了德州休士頓的NASA詹森太空中心，這是台灣領導人首次獲准來到美國政府機關。相較於以往的美國政府，川普政府提供蔡英文更多的自由，而這也是美國政府更積極支持台灣的另一個例證。

二〇二〇年五月，蔡英文總統的第二次就職典禮，讓川普政府官員又有機會展現對台灣的支持。雖然當時因新冠疫情肆虐全球，美國沒有派遣官方代表團來台觀禮，但許多美國政府的重要人士都在網路上發送祝賀訊息，蔡總統也收到了來自其他四十六個國家代表的祝賀。發送祝賀訊息的美國官員裡就有國務卿蓬佩奧，這也是美國高級官員首次公開祝賀台灣總統當選。蓬佩奧表示，蔡英文「以勇氣和遠見領導著充滿活力的民主台灣，這對台灣所在的區域以及整個世界都是一種啟發。」[54]蓬佩奧說完後，眾議院議長裴洛西、參議院臨時議長查克・格拉斯利（Chuck Grassley）以及當時才正要成為總統候選人的拜登都跟著送上祝福。

在歐巴馬以及前幾屆美國總統的執政期間，美國的一中政策通常會先以美中三公報為基礎，然後再參考《台灣關係法》。不過在某些情況下，歐巴馬政府也會把雷根政府向台灣提出的「六項保證」列為一中政策的基礎，甚至會調動優先次序，把《台灣關係法》放在首位。例如，在二〇一一年，時任美國東亞暨太平洋事務助卿庫爾特・坎貝爾（Kurt Campbell）對國會表示「《台灣關係法》加上所謂的『六項保證』和三個美中聯合公報，構成了我們整體政策的基礎」。不過有時候官員們會刻意不把「六項保證」列為美國對台政策的基礎，例如當坎貝爾的繼任者丹尼爾・羅素（Danny Russel）被問及歐巴馬政府是否仍遵循對台灣的「六項保證」，羅素並沒有重申「六項保證」是美國一中政策的基礎，而是避重就輕地說，「六項保證」是美國對台政策裡「很重要的部分」。

六項保證於一九八二年首次由雷根政府提出，強調美國並未設定終止對台軍售的日期，也未同意在對台軍售的議題上與中國磋商。同時還承諾美國不會在中國政府和台灣政府之間扮演斡旋角色，並表示美國未曾同意在台灣主權問題上採取任何立場。

川普政府則是把六項保證當作美國一中政策裡的重要基礎，川普政府的官員在談論一中政策的基礎時，總是先說《台灣關係法》和三個美中公報，接著一定會提及六項保證。二〇二〇年八月，川普政府解密[55]了與一九八二年六項保證相關的文件——雖然過去多年來在公共領域裡已經可以找到各種版本——根據美國國務院亞太事務助卿史達偉（David R. Stilwell）的說法，解密這些文件是為了「防止中國壓縮台灣的國際空間，或甚至替台灣扭轉局勢」，同時也可以證明美國是個可靠的合作夥伴，並重申美國長期以來在台灣主權問題上不持特定立場的政策。解密的文件中包含一份雷根總統對內發布的總統備忘錄，闡明雷根總統在八一七公報承諾減少對台軍售的主要目的，是促使中國能繼續努力以和平的方式解決兩岸分歧。雷根寫道：「美國要提供台灣什麼品質和多少數量的武器，完全取決於中國帶來的威脅。」[56]

為了應對中國對台灣愈來愈積極的打壓，川普執政時期的美國國會提出了大量旨在加強台灣安全的法案，其中有些已經經過立法程序成為法律，不過這些新制定的法律中，沒有任何一條要求美國政府大幅修改對台政策，也沒有賦予總統額外的權力。然而，即便這些新法在實際面上沒有帶來太多改變，但卻在中國和台灣引起很大的反應。中國十分看重美國國會通過的這些法案，認為美國政府的行政、立法兩大部門正在密切合作，要讓台灣成為美國對抗中國的武器；而台灣民眾可能高估了這些新法的重要性，以為美國對台灣的支持強大到可以避免台灣受到任何傷害。

事實上，大多新法對原有的對台政策沒有造成太大改變。例如二〇一八年的《國防授權法》（National Defense Authorization Act，簡稱ＮＤＡＡ）只是要求總統考慮讓美國和台灣海軍互訪港口[57]，但沒有硬性規定非得這麼做。二〇一八年生效的《台灣旅行法》（The Taiwan Travel Act）裡雖然有說「美國政府應該允許高級官員與台灣的同級官員會面，並允許台灣的高級官員來美國，與美國的同級官員會面」，但其實也只是建議，並沒有強制性。同年通過的《亞洲再保障倡議法》（Asia Reassurance Initiative Act）則是要求總統「定期向台灣提供防禦物資，而且提供的物資項目應根據當前或未來中國可能帶來的威脅而定」，並「鼓勵美國高官出訪台灣」，這些內容同樣沒有違背過去訂定的原則，或者沒有硬性要求。二〇一九年、二〇二〇年和二〇二一年《國防授權法》的內容，只是重申了許多已經寫在其他台灣相關法案裡的政策和指令，並要求相關單位要針對國會關注的特定事項進行報告。例如，二〇二一年的《國防授權法》就要求行政部門官員每年向國會裡的相關委員會彙報對台軍售的資料，以及與台灣國防部建立醫療安全合作夥伴關係的可行性。[58]

在二〇二〇年，《台灣友邦國際保護及加強倡議法》（Taiwan Allies International Protection and Enhancement Initiative Act，縮寫為TAIPEI Act，又稱《台北法案》）建議美國行政部門支持台灣參與聯合國的附屬組織（例如世界衛生組織）和加入不需擁有國家地位就能參加的組織。此外，該法也建議針對那些與台灣斷交、保持邦交或升級外交關係的國家實施懲罰或獎勵措施。《二〇二一台灣保證法》則主張台灣在美國的「自由開放印太戰略」中扮演了關鍵角色，並撥款三百萬美元支持在GCTF之下的活動。

川普政府最後幾項與台灣有關的決策裡，有一項政策就是取消行政部門和台灣官員間行之有年的交流規範。過去幾十年來，美國外交官、軍人和其他官員如果要和台灣同級官員交流，都必須按照規定來，雖然這套規範會定期更新，但總是有一套規則讓雙方遵循。國務卿蓬佩奧在一份新聞稿裡稱這些規範是「行政體制的自我設限」。[59]但規定驟然取消也讓美國的外交官們手足無措，突然不確定該怎麼與台灣的外交官互動。有些政務官開始公開在推特上發布他們與台灣官員的會面資訊；有些外交官則比較謹慎，仍繼續遵照以前的規範行事；還有些人則是先把會面延期，等政策更加明確了再說。後來，拜登政府再次建立起雙方官員交流的規範，不過新的規範經過修改，已經和過往的規範不同。

整體來說，川普政府的對台政策主要目的，是要加強雙邊關係並提升台灣的安全，而不是將台灣當成對抗中國的武器。然而，川普政府裡偶爾還是會有些高官試圖利用台灣來打擊中國，把台灣推到美中戰略競爭的最前緣。最明顯的例子就是二〇二〇年一月六日國務卿蓬佩奧針對眾多香港社運人士遭到逮捕所發布的聲明：他先譴責中國的大規模逮捕，並要求中國釋放民主派人士，接著宣布美國駐聯合國大使凱莉・克拉芙特（Kelly Craft）即將訪問台灣。他誇讚台灣是「可靠的合作夥伴，無論中國如何出招企圖破壞台灣的成就，台灣仍是個繁榮又充滿活力的民主政體」，更進一步說道：「台灣展現出一個享有自由的中國可以達成的成就」。[60]然而，最後凱莉・克拉芙特並未成行，連同其他所有國務院高級官員原本預定在川普執政最後一週的出訪行程也都取消了。但取消對台灣來說其實是好事——畢竟，每次美國「升級」對台灣的待遇時，幾乎都是台灣在承受中國的「懲罰」，而且中國之前就已經警告美國不要「玩火」，因此，這些美國高官的訪台之行取消也等於讓台灣免於承受中國的另一波報復行動。

大多時候，美國官員是真心為了台灣的利益而採取措施增強台灣的實力或地位。但在很多決策過程中，他們卻沒有充分評估自己推出的這些政策對台灣的安全可能造成哪些影響。例如，以往北京當局默認台灣海峽中線的存在，解放軍很少飛過這條線，也很少飛進台灣的防空識別區。但從二〇一九年三月起，愈來愈多中國戰機飛越海峽中線，解放軍的戰機也幾乎天天飛進台灣的防空識別區。到了二〇二〇年九月，中國外交部發言人甚至首次聲稱海峽中線不存在。中國這些軍事行動除了讓台灣變得更不安全，也讓台灣付出了高昂的軍費。根據台灣的前國防部長嚴德發的說法，每當中國戰機接近台灣的防空識別區，台灣就必須採取行動，應對中國戰機可能造成的威脅，結果光是在二〇二〇年，台灣為了應付共機擾台付出的軍費就高達兩百五十五億新台幣（約九點二一億美元）。[61]

也就是說，雖然川普政府採取了很多前所未有的舉措來支持台灣，但也確實可能引來中國的怒火和報復，而且承受報復行動的一方通常都是台灣而不是美國。美國政府在採取這些支持台灣卻同時會激怒中國的新措施前，有沒有先和台灣政府商量，這點不得而知。舉例來說，當美國國防部發布的印太戰略報告，把台灣列為國家時，台灣政府似乎也備感意外。

在川普任內，政府官員大多強力支持加強台灣的安全以及美台的雙邊關係，但總統本人對台灣其實相當反感——這是個公開的祕密——這種明顯的態度分歧，導致川普和他的官員在討論台灣問題時氣氛通常都很緊繃，也讓人無法確定，若是兩岸關係緊張到需要美國總統介入時，美國將如何應對。

川普任內蔡英文如何處理美台關係

蔡英文總統意識到川普政府可能會同時為台灣帶來風險和機會，因此她很謹慎地處理台灣和美國的關係，以避免台灣成為美中競爭加劇的棋子，或因為華盛頓對抗北京的態度而受到傷害。但由於兩岸關係惡化，所以蔡英文也更迫切地需要加強美台關係，並設法從中獲益。

在她致電祝賀川普總統當選的幾天後，蔡英文刻意淡化了此次通話的重要性，說這通電話只是為了「表達對美國選舉結果的尊重，和祝賀川普當選總統」。當她在台北與一小群美國記者會面時，她也堅稱「一通電話不代表目前的政策有什麼改變」。[62]這樣的作法很明智，目的是避免與中國政府鬧得愈來愈僵，當時蔡英文才剛擔任總統，她還是希望能說服中國與台灣保持友好關係。在她致電川普的兩個月前，她還在台灣的國慶演說中呼籲雙方領導人要運用「政治智慧」，「以堅定意志和最大耐心，共同尋求兩岸互動新模式」。

川普總統曾語出驚人地說，他可能不會遵循美國已經堅守多年的一中政策，但後來又還是回到老路，這大概讓蔡英文鬆了一口氣。美中關係如果因為台灣而惡化，對蔡英文並沒有好處。然而，民進黨內的基本教義派一直希望台灣能正式獨立，而這些深綠人士認為，川普上台是推動台灣獨立千載難逢的好機會。深綠派的張旭成曾向《經濟學人》（*The Economist*）埋怨：「她（蔡英文）沒有好好把握這個機會。」[63]換句話說，如果川普真的放棄了一中政策，民進黨內的基本教義派就會給蔡英文更大的壓力，要求她宣布獨立。

當二〇一七年四月六日至七日的海湖莊園川習會計畫逐漸明朗，蔡政府開始擔心，台灣的重大利益可能會在兩大強國領導人的談判中被犧牲。當時，川普急於減少與中國的雙邊貿易赤字，同時也想力邀習近平共同施壓北韓、逼迫北韓終止發展核武的計畫，這令人不禁擔憂，台灣可能成為美國用來向中國換取更大利益的籌碼。時任台灣外交部長李大維甚至公開警告美國，不要和中國簽署第四份聯合公報。[64]其實這不是台灣第一次擔心自己變成美中談判的籌碼，幾乎每一次美中峰會，台灣都會擔心自己的利益被犧牲。罕見的是，台灣這次竟然公開表達擔憂，這顯示蔡英文對台灣與美國的新政府之間的關係沒有多大的信心，不確定對方是否能堅定捍衛台灣利益。然而，在接下來日子裡，蔡英文對於美台關係的態度將逐漸從擔憂變成信心滿滿。

在川普擔任總統的四年內，蔡英文成功地應對了各種風險和挑戰，並取得了對台灣有利的成果。隨著兩岸關係惡化，蔡英文相信保護台灣安全的最佳方式，就是跟美國建立更緊密的關係。因此，她積極尋求美國政府的幫助，以提升台灣安全、促進經濟成長，以及增加參與國際社會的機會，而且大多時候都能獲得美國政府的正面回覆。川普政府唯一做得不足的領域就是貿易，雖然蔡英文很積極地想推動美台雙邊自由貿易協定的談判，但在川普任內並未取得進展。

蔡英文成功地讓與她對話的美國官員們相信，她是一位可靠的合作夥伴，可以幫助川普政府推動政策和計畫。此外，當美國被新冠疫情重創，台灣也證明自己是美國的好朋友，捐給美國數百萬個口罩和其他物資。即使中國政府更加積極地對台灣施壓，蔡英文仍努力維持兩岸現狀，避免可能把美國捲入兩岸衝突的挑釁行為。跟立場與行動皆難以預測的川普相比，蔡英文算是走出了一條穩定的路。

雖然川普在二〇二〇年十一月總統大選失利讓許多美國的盟邦感到如釋重負，但他的敗選卻讓台灣政府——尤其是執政的民進黨——感到焦慮。台灣人民大多樂見川普對中國採取強硬的態度和政策，而且美台關係在川普任內也確實愈發緊密。不過台灣的憂慮並非因為他們認為拜登比較親中或是會減少對台灣的支持，而是主要源自過去美國民主黨執政期間有時會比較看重與北京當局的關係，對台軍售以及其他問題反而變成次要，而且很多人認為歐巴馬政府並未採取足夠的措施來對抗中國日益強硬的政策（例如中國在南海的軍事化行動）。就在美國總統大選的前幾天，台灣國安局外圍智庫遠景基金會執行長兼前民進黨國際事務部主任賴怡忠就告訴《華盛頓郵報》：「拜登的幕僚對台灣問題不夠了解，這點讓台灣很擔心。」[65]

拜登在競選期間曾試著安撫台灣，他投書美國發行量最高的中文報紙《世界日報》（*World Journal*）的輿論版，承諾：如果他勝選，美國將會「深化與台灣的關係」，拜登稱台灣為「居領先地位的民主政體、主要經濟體，以及科技重鎮……台灣也是開放社會可以有效控制新冠病毒的閃亮典範」。[66]當美國大選進入倒數，台灣政府仍舊很擔心拜登勝選可能會損害台灣利益，但後來證明台灣的擔心的事情並未發生。

拜登上台，美中和兩岸的緊張局勢猶在

拜登從川普手上接下了政權，也接下了劍拔弩張的美中關係。川普對來自中國總價值約三千六百億美元的產品課徵關稅，引爆了一場以牙還牙的貿易戰。除了徵收關稅以外，川普政府還限制中國企業購買美國技術、對某些中國企業實施制裁，並且禁止美國企業投資與中國解放軍有合作關係的中國公司。在新冠疫情大爆發後，由於川普將美國遭到新冠疫情重創歸咎於中國，指控中國並未有效將病毒控制在中國境內，原本就不穩定的美中雙

邊關係更是急遽惡化。

美中關係惡化的另一個例子，是美國政府於二〇二〇年七月下令關閉中國在德州的駐休士頓總領事館，指控中國外交官參與經濟間諜活動，並試圖竊取美國的科學研究成果，結果中國也不甘示弱地關閉美國駐成都總領事館作為報復。同樣在七月，國務卿蓬佩奧宣稱中國在南海的領土主張「完全不合法」，並譴責中國在南海橫行霸道，非法侵占不屬於中國的海上資源。

川普政府也終於在執政的最後一段時間譴責中國政府侵犯人權。事實上，儘管有愈來愈多證據顯示，至少有一百萬維吾爾人和其他穆斯林少數民族，被中國政府關押在集中營內，但在川普總統的大部分任期內，他都不願意因為中國侵犯人權而對中國採取行動。就算川普政府內有些官員支持援引《二〇一六全球馬格尼茨基人權問責法》（2016 Global Magnitsky Human Rights Accountability Act）懲罰中國官員，但因為川普希望和北京當局達成重大貿易協議，所以幾年下來他都不願意為人權問題槓上中國，就怕影響貿易談判。[67] 不過，待美中簽完第一階段貿易協定，再加上新冠病毒開始在美國肆虐，川普就轉以強硬的態度應對中國侵犯人權的行為。二〇二〇年夏季，美國對多家中國企業進行制裁，並以侵犯新疆人權為由制裁了多名中國官員。而中國政府也不甘示弱地挑出許多從事人權活動、關注香港和其他中美關係爭議議題的美國機構，並針對這些機構的現任和前任代表實施報復性制裁。

在拜登當選美國總統之前，他的競選團隊就已經開始抨擊中國政府，將北京對新疆維吾爾人和其他少數民族的壓迫稱為「種族滅絕」，而總統候選人拜登當然是「堅決反對」中國政府的這些作為；[68]至於川普政府，則是在執政的最後一天才正式採取「堅決反對」的立場。川普對中國的制裁雖晚，但仍然為即將上任的拜登政府提供了回應中國侵害人權問題的基礎。

另一個引起美中激烈爭執的因素是香港。中國政府於二〇二〇年六月三十日實施《港版國安法》，正式結束了這個前英國殖民地原本的獨立法律體制。這個舉措促使川普政府採取一連串行動，要讓中國為破壞香港的民主自由付出代價。川普在七月簽署了《香港自治法》（Hong Kong Autonomy Act），針對破壞香港的民主自由的中國官員、企業和銀行實施制裁。此外，他還簽署了一項行政命令，根據香港的局勢宣布國家緊急狀態，隨後又針對多名據稱在鎮壓香港抗議活動的過程中，扮演要角的中國官員實施制裁。

在美國總統交接期間，中國國務委員兼外交部長王毅對位於紐約的美國亞洲協會發表了一段演說，標題為〈校正航向，排除干擾，實現中美關係健康穩定發展〉。王毅表示，美中關係的問題根源，在於美國採取了錯誤的對中政策，某些美國政客也在涉華問題上作出了戰略誤判，他呼籲美國對中國的政策要「盡早回歸客觀和理性」。至於中國的政策，王毅表示他找不到任何錯誤，並且主張北京對美國的政策一直都「保持穩定性和連續性」。[69]如此將美中關係的問題全都歸咎於美方的言論，在拜登上任後反覆出現。

除了劍拔弩張的美中關係，拜登團隊也接下了日益緊張的兩岸關係。由於兩岸關係惡化，蔡英文又在川普任內得到美國政府愈來愈多的支持，這使得中國愈來愈常採取脅迫手段對台灣施壓。對於中國政府對台灣採取的政策愈發強勢，許多觀察家認為習近平不僅僅是擔心台灣脫離中國走向獨立，更因為迫切地想要完成統一大業，實現民族復興的「中國夢」。近年來解放軍愈來愈常在台灣周遭飛行，中國在台灣附近海域的軍事演習也愈來愈頻繁，這些軍演的目的固然是要提升解放軍實力，但同時也是為了威嚇台灣。二〇二〇年九月，在進行了大規模空軍和海軍演習之後，中共國台辦發言人宣稱，舉行這些軍演合情合理，並稱台灣是中國「神聖」且「不可分割」的一部分。[70]同年，在美國航空母艦第十三次穿越台灣海峽後，中國則派出了自家最新的航空母艦山東號，也穿越了台灣海峽。

北京當局實施《港版國安法》來鎮壓香港的決定，對多數心中已有定見的台灣人來說，恰恰印證了「一國兩制」的不可信，加強了他們不接受「一國兩制」統一兩岸的想法。台灣國立政治大學選舉研究中心在二〇一九年進行了一項調查，看看台灣人民是否相信「在一國兩制的模式下，台灣仍能維持現狀，仍能擁有自己的政府和軍隊」，結果高達九成受訪者不相信中國領導人的承諾。不意外的是，這份調查也發現台灣人對香港情勢的看法，深刻影響著他們怎麼看待北京當局的保證。[71]

中國堅持「一國兩制」為兩岸統一的唯一模式，而蔡英文卻是連九二共識都不願接受，這讓兩岸關係在台灣下次總統大選（二〇二四年）之前——甚或更久的將來——都難以改善。雖然中國指責台灣改變了兩岸現狀，但其實中國也不遑多讓。當拜登總統於二〇二一年一月二十日就任時，兩岸關係正處於自一九九五至一九九六年第三次台海危機以來的最低點，而美台關係則是比一九七九年以來任何時刻都更加深厚緊密。

川普執政時往往只考慮美國單方面的得失，卻忽視美國盟友的利益，這使美國在國際上變得更加孤立，削弱了美國對付中國的力量。此外，在川普任內，美國宣布退出好幾個國際組織，包括聯合國人權理事會和世界衛生組織，這也削弱了美國在國際上的影響力，使美國更難牽制中國的行為。拜登在競選期間以及當選後皆強調，他的外交政策中最優先的事項就是修復與美國盟友的關係。「我認為對付中國的最佳戰略，就是盡可能拉攏我們的每一個——或者至少過去曾經是——盟友，跟我們站在同一陣線上。」拜登告訴《紐約時報》的專欄作家湯馬斯・佛里曼（Thomas Friedman）：「就任總統的頭幾個星期，我的首要任務就是讓美國和美國的盟邦重新回到同一陣線上。」[72]

然而，並非所有國家與美國的關係在川普任內都受到損害，有些國家與美國的關係反而變得更緊密。這有部分是因為中國愈來愈蠻橫霸道，使某些原本更傾向採取避險戰略的國家不得不硬起來對抗中國。比較明顯的例子是日本和澳洲——中國的軍隊和海警在東海上帶給日本的壓力愈來愈大，而澳洲則是中國貿易制裁的目標。除了這兩國以外，印度也相當樂見美國以更強硬的政策對抗中國，這是因為在二〇二〇年六月，在一條有主權爭議的中印邊界上，中國和印度軍隊爆發了流血衝突，導致中印關係惡化。當其他國家對抗中國霸權的意願愈來愈強烈，組成一個抗中聯盟，迫使中國為其蠻橫行為付出代價的可能性就愈來愈高。這樣的聯盟加上課徵關稅的手段，能讓新上任的拜登政府未來跟中國談判時更有底氣。

拜登政府的對台政策

拜登總統的國安團隊認為，川普留下了相當穩健的美台關係，而他們非常希望能以此為基礎進一步發展。拜登的幕僚意識到，台灣政府對民主黨重返執政感到不安，因此有好幾位即將在拜登政府內擔任要職的關鍵人物，都積極地以各種方式向台灣保證，美國仍會是台灣可靠的合作夥伴。例如，拜登勝選還不到兩週，即將接任國務卿的布林肯（Antony Blinken，曾在歐巴馬政府擔任副國務卿）就接聽了台灣駐美代表蕭美琴的祝賀電話，而蕭美琴也在推特上發布這通電話的談話內容，這多半是獲得拜登交接團隊的許可。

為了表示對台灣的堅定支持，新上任的拜登政府還邀請蕭美琴參加拜登總統的就職典禮。這是自一九七九年美台斷交以來，美國國會就職典禮聯席委員會首次正式邀請台灣的駐美代表觀禮。雖然過去台灣的駐美代表也參加過美國總統的就職典禮，但情況與此次不同，也未獲得美方正式邀請。

準國務卿布林肯和準國防部長勞埃德・奧斯丁（Lloyd Austin）在一月十九日的確認聽

證會上都強調了他們對台灣的支持。布林肯強調：「我們會堅定守護對台灣的承諾」，並表示他「希望看到台灣在世界各地扮演更重要的角色，包括在許多國際組織內作出重要貢獻」；[73]奧斯丁則表示美國對台灣的支持多年來一直「堅若磐石」（rock solid），還說他會「確保美國兌現對台灣的承諾，支持台灣擁有足夠的防衛能力」。[74]此後，「堅若磐石」一詞就成為拜登政府官員常用的措辭。

或許是想早點測試拜登政府對台灣的態度，拜登宣誓就職後不久，中國便派出八架可攜帶核彈頭的轟炸機、四架戰鬥機和一架反潛機飛入台灣的防空識別區。對此，白宮發言人發表了呼應奧斯丁說法的回應，再度提到美國對台灣的承諾「堅若磐石」，而國務院也發表了一則聲明：

> 美國注意到中國不斷試圖恫嚇鄰國，包括台灣。我們敦促北京當局停止在軍事、外交和經濟層面上對台灣施壓，而是改採與台灣的民選代表進行有意義的對話。我們會和我們的朋友以及盟友站在一起，推動我們在印太地區共享的繁榮、安全和價值觀，包括深化與民主台灣的關係。美國會繼續支持兩岸尋求和平之道解決分歧，而這個和平之道必須符合台灣人民的意願和最大利益。美國會堅守三個聯合公報、《台灣關係法》和六項保證中提到的承諾。我們將繼續協助台灣保有足夠的自衛能力；我們對台灣的承諾堅如磐石，而且有助於維護台灣海峽及該地區的和平

穩定。[75]

雖然這份聲明當時並未引起太多關注，但卻標誌著美國政策中某些措辭的轉變。[76] 儘管美國政府長期以來都支持兩岸問題和平解決，但上一次公開聲明和平解決的方案必須「符合台灣人民的意願和最大利益」還是在柯林頓執政的時候。[77] 小布希執政期間雖然同樣呼籲兩岸和平解決分歧，但後面一句卻稍加修改成「符合台海兩岸人民的意願」。拜登政府不聲不響地將措辭恢復成初始設定，反映其對台灣民主制度的支持。當然，拜登政府並非不重視中國人民的意願和利益，但由於台灣實施民主制度，透過民主制度人民才能表達自己的觀點和意願，而中國人民真正的意願卻很難透過專制的中國政府表達出來，因此才把「符合兩岸人民意願」改成「符合台灣人民意願」。

這一事件顯示美國出現了一種新的共識：台灣的安全遭受威脅，而美國政府必須明確向中國表示美國維護台海和平穩定的決心。拜登政府上任還不到一週，原本擔心白宮新團隊不會如以往給予強力支持的台灣政府已經安心不少。

在接下來的幾個月裡，美國繼續傳達強烈支持台灣的信號。拜登在二月份與習近平的首次通話中，特別關切了中國對台灣日益強硬的行動。[78] 因應中國帶給台灣的軍事壓力逐步增加，美國官員在四月份公開對中國發出嚴厲警告；當共機頻繁擾台，且中國航母艦隊還在台灣周遭海域進行軍演，白宮也不假辭色地說中國的行動「可能破壞穩定」。[79] 布林肯稱，中國針對台灣的行動是具侵略性的，他警告北京當局，任何試圖在西太平洋以武力改變現狀的行為，都會是「嚴重的錯誤」。[80]

白宮在三月三日發布的《國家安全戰略中期指導方針》（Interim National Security Strategic Guidance）進一步證明美國對台政策的川規拜隨。《國家安全戰略中期指導方針》稱台灣為「極重要的經濟和安全合作夥伴」，並承諾美國會一如既往承諾地繼續支持台灣。[81]四月，為了紀念《台灣關係法》通過第四十二週年，拜登派遣前美國參議員克里斯多夫・陶德（Chris Dodd）以及理察・阿米塔吉（Richard Armitage）、詹姆斯・史坦伯格（James Steinberg）兩位前美國副國務卿訪問台灣。一位白宮官員聲稱，拜登此舉不僅是為了展現美國官方態度，也是他對台灣政府和台灣民主制度的「個人表態」，顯示總統個人也非常關注且支持台灣。[82]

川普政府在總統卸任前最後幾週取消了美台官員的交流規範，此舉受到許多拜登政府官員的默默歡迎——過去美台官員的交流規範頗為繁瑣，像是規定台灣官員不可以進入國務院，所以美台官員必須在餐廳或飯店會面；此外，過去的規範還導致了美國和台灣外交官很少在第三國互動，就算剛好一起出現在美台以外的另一個國家，但礙於規範仍不能與對方有太多交流，很多人認為這不符合美國的利益——即便如此，但拜登政府也認知到美台官員交流還是必須有一套規範，藉以展現美國仍舊恪守「一中政策」。

於是在四月九日，國務院發布了新的「交流指引」，明確規範美國政府官員和台灣官員的互動。此外，國務院也發布了一段簡短的聲明，強調新指引的目的是「增進美國與台灣互動，反映雙方持續深化的非正式關係」。這份聲明表示台灣為「活力十足的民主政體、重要的安全和經濟合作夥伴，同時也是國際社會中一股正向的力量」，不過，新的指引不會改變美台之間的非正式關係。此外，該聲明也指出，新的交流指引「以《台灣關係法》、三個美中聯合公報以及六項保證為基礎」，將有助於美國實施一中政策。值得注意的是，這份聲明把《台灣關係法》放到美中聯合公報的前面——僅僅六週前，國務院的聲明還維持著先美中聯合公報後《台灣關係法》的順序——毫無疑問，美國是刻意用這種次序的對調來表態，宣示對台灣的堅定支持。[83]

新的交流指引比過去更自由也有彈性，整體來說，這代表美台官員可以交流的場合和形式變多了，但仍遵守美中一九七九年建交以來的承諾，並未改變美國與台灣的非正式關係。由於美台之間有愈來愈多實際的交流合作，雙方關係愈來愈緊密，所以的確需要一套更寬鬆、更有彈性的指引來規範雙邊交流。然而，就在這份新指引發布的不到兩週前，發生了一件事情，讓許多人懷疑美國是否真的會堅守一九七九年美中建交時的承諾：當帛琉總統率領代表團訪問台灣時，美國派遣其駐帛琉大使倪約翰（John Hennesey-Niland）隨行。這是美台斷交以來，美國駐第三國的現任外交使節首次以官方身分訪問台灣。美國駐帛琉大使來台是否經過了美國政府內部協調機構的批准，或者是否符合即將發布的新的交流指引，已不可考。但無論如何，這個事件似乎只是個特例，並不代表美國政府即將改變一中政策。

在拜登任期的第一年，川普政府建立的雙邊機制保存了下來，其他新的合作架構也逐漸成形。例如在二〇二一年三月，美國海岸防衛隊和台灣海巡署簽署了一項協議，以增強雙方海警隊的合作，包括組成一個工作小組，以改善海警工作時的通訊和資訊共享。之所以簽署這份協議，主要是因為中國通過了一項法律，該法律允許中國海警對在中國水域內進行各種活動的外國船隻使用致命武器，而所謂的中國水域也包括了目前仍有許多主權爭議的南海海域。

在貿易方面，美台貿易談判中斷了五年後，終於在二〇二一年六月底舉行了一場貿易暨投資架構協定（ＴＩＦＡ）理事會虛擬會議。這次會議意味著美台即將恢復高級別的貿易互動[84]，而且該會議討論的議題涉及層面甚廣。為了因應全球供應鏈中的強迫勞動問題，美台雙方還成立了一個新的勞工工作小組（Labor Working Group）來處理相關問題。不過美國貿易代表署發布的聲明中並未提到任何有關簽署雙邊ＦＴＡ的討論。[85]二〇二一年十二月，台灣舉辦了提議禁止進口含有萊克多巴胺的美豬美牛的公投，還好在蔡政府的大力反對下，這個公投議題並未通過，台灣才能繼續拿著與美國接續進行貿易談判的門票。儘管美國貿易代表署在二〇二二年五月發布的官方報告中表示，將會加強與台灣的貿易互動，但仍絕口不提是否有計畫展開雙邊ＦＴＡ的談判。不過在接下來的一個月裡，美國貿易代表署的確實現了深化美台貿易和經濟關係的承諾，啟動了《美台二十一世紀貿易倡議》（U.S.-Taiwan Initiative on 21st Century Trade），目的是要與台灣「獲致高標準且具經濟意義的貿易協定」。[86]而雙邊的談判從二〇二二年十一月八日和九日開始，並在十一個議題領域中的四個取得進展，這四個領域是貿易便捷化、反貪腐、中小企業，以及良好的法制作業。

新冠肺炎大流行引起全球半導體持續短缺，促使美國和台灣在半導體供應鏈上進行合作。二〇二一年十二月，台灣和美國共同建立了一個新的「科技貿易暨投資合作架構」（Technology Trade and Investment Collaboration Framework，簡稱ＴＴＩＣ），試圖透過雙向投資開展商業計畫來強化關鍵供應鏈。其實，要建立這樣的美台雙邊合作機制相對來說是很簡單的，真正困難的是讓台灣加入有更多國家參與的多邊聯盟，即使由美國主動邀請台灣參與目的為經濟合作的多邊聯盟也很難成功。因此，二〇二二年五月，當拜登啟動「印太經濟框架」（Indo-Pacific Economic Framework，簡稱ＩＰＥＦ）時並未邀請台灣加入，這是因為在該地區某些合作夥伴對於邀請台灣參加卻排除中國感到擔憂。

二〇二一年，台灣新冠病例激增，美國在六月向台灣提供了兩百五十萬劑疫苗，並於十一月再次提供了一百五十萬劑。美國官員指責中國出於政治目的阻止台灣購買疫苗，但北京當局否認了這項指控。三名美國參議員在六月到台灣訪問時，宣布了首批疫苗即將交付，也表示美國很高興能回報台灣在疫情早期向美國捐贈個人防護設備和其他物資的恩情。

二〇二一年是中國成為聯合國安全理事會常任理事國並且在聯合國大會中取得席位的五十週年。一九七一年十月二十五日，聯合國通過二七五八號決議，中華人民共和國取代中華民國在聯合國獲得中國的代表權席位，成為「聯合國唯一的合法中國代表」。自二〇〇〇年代中期以來，北京當局一直扭曲該決議的含義，試圖將北京版本的一中原則[87]強行塞入聯合國的遊戲規則當中。拜登政府則是公開反對中國企圖用二七五八號決議限制台灣對聯合國各種組織的實質參與[88]。國務卿布林肯在一份新聞聲明中表示，不讓台灣參與聯合國及其相關組織的工作，其實是聯合國的損失，他還呼籲所有聯合國的成員國跟美國一起支持台灣實質參與聯合國體系和國際社會，這仍舊符合美國的一中政策，而美國的一中政策遵循了《台灣關係法》、美中三公報，以及六項保證。[89]美國國務院東亞暨太平洋事務副助卿華自強（Rick Waters）在德國馬歇爾基金會（German Marshall Fund of the United States）舉辦的一次公開活動中更是進一步表示「中國濫用二七五八號決議阻撓台灣實質參與各種國際組織」，他還直接舉了幾個例子，包括台灣不僅被禁止參加世界衛生組織，也不得加入國際民航組織和國際刑警組織（International Criminal Police Organization，簡稱INTERPOL）。[90]

跟川普和歐巴馬政府一樣，拜登政府也積極協助台灣爭取機會參與國際組織，尤其是聯合國相關組織，主要的目標是說服美國的盟友們公開支持恢復台灣在世界衛生大會（即WHA，是世界衛生組織的最高決策機構）的觀察員身分。這項努力在二〇二一年五月取得重大進展——Ｇ７國家（包括英國、加拿大、法國、德國、義大利、日本和美國）首次一起表態支持台灣參與世衛組織。Ｇ７外長會議後發布的這份聯合公報中寫道，Ｇ７國家「支持台灣實質參與世衛組織論壇和世衛大會」，並表示國際社會應該要能夠從所有夥伴的經驗中受益，包括台灣在應對新冠疫情上的成就和貢獻。[91]儘管中國再次出手阻撓台灣參與世衛大會，但他們也深知其排擠台灣參與全球衛生組織的作法，在國際社會上將招致愈來愈多的批評。

在二〇二二年五月舉行的第七十五屆世衛大會之前，拜登簽署了一項法案，要求國務卿制定一項戰略，以恢復台灣在世衛組織的觀察員身分。國務卿布林肯也發表了一份聲明，強力建議世衛組織邀請台灣以觀察員的身分與會，隨後全球有超過七十個國家跟著美國一起呼籲讓台灣參加世衛大會。然而，即使面對這麼多國家一起要求讓台灣參與，中國仍不為所動，堅持按照北京當局狹隘的一中原則拒絕讓台灣參與世衛大會。

在拜登任內，美台共同成立的ＧＣＴＦ有十分顯著進展。澳洲於二〇二一年十月加入，與美國、台灣和日本成為正式夥伴；此外，有更多志同道合的國家一起主辦了ＧＣＴＦ研討會，這些國家包括英國、加拿大、以色列和斯洛伐克；二〇二一年九月，ＧＣＴＦ的海外活動首次於捷克共和國舉行。從二〇一五年ＧＣＴＦ成立至二〇二二年底，共有來自五大洲一百二十五個國家共計六千三百零二人參加了ＧＣＴＦ的各種研討會。

此外，拜登政府和川普政府一樣，都很努力協助台灣保住為數不多的邦交國，只不過大多是默默透過外交操作，而非公開威脅某些國家不可與台灣斷交。秀瑪拉・卡蘇楚（Xiomara Castro）在競選宏都拉斯總統期間，向選民保證會與台灣斷交，然後與中國建交，並聲稱此舉能使宏都拉斯獲得更多經濟成長的機會，還能獲得中國製造的新冠疫苗以及低價藥物。如果宏都拉斯與台灣斷交、與中國建交，將會進一步增強中國在中美地區的影響力並削弱台灣的國際地位，於是，美國趕在宏都拉斯的總統大選前，派遣負責西半球事務的助卿布萊恩・尼科爾斯（Brian Nichols）前往與卡蘇楚交涉。在卡蘇楚勝選後，她的政府表示會優先考慮與美國的關係，因此不會和中國建交，只不過這個承諾到底能撐多久尚未可知。[92]

雖然美國暫時穩住了宏都拉斯，但卻阻止不了尼加拉瓜與台灣斷交。二〇二一年十二月，尼加拉瓜政府宣布與中華民國斷交、與中華人民共和國復交。這個一向反美、搞民粹、由桑定民族解放陣線（Frente Sandinista de Liberación Nacional，簡稱ＦＳＬＮ，尼加拉瓜的左翼政黨）[93]主導的政權，早就是美國實施多項制裁的對象，跟美國的關係本就很差，和中國結盟自然是更誘人的選項。於是，除了宏都拉斯以外，台灣在拉丁美洲的邦交國只剩貝里斯、瓜地馬拉、海地、巴拉圭、聖露西亞、聖克里斯多福及尼維斯，以及聖文森及格瑞那丁，在其他地區的邦交國則剩下史瓦帝尼、教廷、馬紹爾群島、吐瓦魯、諾魯和帛琉。

由於美國愈來愈擔憂中國會持續加重對台灣的軍事脅迫，甚至有可能動用武力攻擊台灣，拜登政府拉攏盟友一起向中國示警，表示其行動並非沒有代價，如果貿然攻擊台灣，必將承受慘痛的損失。美國的第一步，是與盟友共同發布支持維護台海和平穩定的聯合聲明。第一份聯合聲明是由拜登總統和日本首相菅義偉於二〇二一年三月簽署，這也是自一九六九年以來，台灣海峽第一次出現在美日領袖的聯合聲明當中；兩個月後，類似的措辭也出現在拜登和韓國總統文在寅簽署的聯合聲明中；在二〇二一年六月出訪歐洲期間，拜登總統簽署的三份聲明裡就有兩份提到了台灣，這也是前所未有的情況。《卡比斯灣G7高峰會公報》（Carbis Bay G7 Summit Communiqué）強調「兩岸和平穩定的重要性，鼓勵兩岸和平解決問題」，[94]《歐美峰會聯合聲明》（U.S.-EU Summit Statement）也有一模一樣的措辭。[95]然而，在北約北大西洋理事會會議後發布的《布魯塞爾峰會公報》（Brussels Summit Communiqué）就沒有提及台灣。

同年九月，美澳部長級諮商會議（AUSMIN）發布的聯合聲明中有一段篇幅不小的文字提及台灣，指稱台灣是「兩國的重要夥伴」，美澳兩國皆支持台灣「實質參與國際組織」，並表示「兩岸問題應該和平解決，不該訴諸威脅或脅迫的手段」。此外，美澳也承諾加強與台灣捐助者的協調，聚焦於太平洋島國的發展援助。[96]

除了這些聲明以外，拜登政府也成功統籌協調與美國盟友和夥伴的聯合軍事活動，在台灣海峽及更廣泛的印太地區展現更強大的威懾力。例如，二〇二一年十月，來自六個不同國家——美國、英國、日本、紐西蘭、荷蘭、加拿大——的十七艘海軍艦艇在日本沖繩島附近進行聯合軍演；在同一月份，美國和加拿大軍艦還一起穿越台灣海峽。

隨著加強台灣安全的任務變得更加緊迫，拜登政府採取了各種措施，以表明美國堅守捍衛台海和平的承諾。在拜登上任的第一年，從二〇二一年一月至十一月，每個月都有美國軍艦穿越台灣海峽，該年總共穿越十一次，二〇二二年則是穿越九次。在二〇二一年七月的某兩天，美國軍機還直接降落在台灣，為AIT遞送物資。從二〇二一年到二〇二二年，美國行政部門通知國會的對台軍售提案價值高達三十八億美元，有可能出售給台灣的武器包括魚叉反艦飛彈、響尾蛇空對空飛彈、更先進的愛國者防空飛彈，以及雷達和其他支援設備。

面臨來自台灣內部愈來愈大的壓力，蔡英文更迫切地需要向她的人民證實台灣真的擁有美國的支持，因此她在二〇二一年十月接受CNN訪問時證實，已經有少數美國軍隊進駐台灣協助訓練台灣士兵。這是台灣總統首次承認美台軍方有這樣的合作。

在有關台灣的政策聲明中，美國官員時常一方面試圖警告中國不要攻擊台灣，另一方面也向中國保證美國不會支持台灣獨立。相對地，美國政府很少擔心蔡英文會採取挑釁中國的行動，因此覺得沒有必要警告台灣。但美國的確努力向台灣保證美國不會為了和中國交好就犧牲台灣利益。對美國政府來說，拿捏海峽兩岸的平衡的同時，傳遞出立場前後一致的訊息，是一大挑戰。偶爾，一些政府的政策聲明和實際行動，可能會顯得不太明確甚或互相矛盾。

在二〇二一年七月初美國亞洲協會主辦的公開活動中，拜登政府的印太事務協調官庫爾特・坎貝爾被問及美國是否給予台灣過多關愛，他表示美國支持「與台灣建立深厚的非正式關係」，但同時又堅稱「我們不支持台灣獨立」。坎貝爾說他和他的同僚「充分了解其中涉及的敏感因素」。[97]

然而，拜登總統的聲明卻好像是另外一回事。當他於二〇二一年八月接受ＡＢＣ新聞網採訪時，他的言談內容似乎在告訴大家，美國有保衛台灣的條約承諾，但事實上，美台之間並不存在這種條約。拜登在受訪時表示，美國曾對盟友們作出「神聖的承諾」，會出手干預任何試圖侵略或傷害北約盟友的行動，接著又補充說「如果日本、韓國、台灣遭遇侵略，我們也一定會回應」。這一言論後來很快被一名高級官員撤回，表示美國的對台政策並未改變。隨後在十月份，拜登又告訴記者，他和習近平已經同意「遵守台灣協議」，但美國和中國根本沒有簽過什麼台灣協議；拜登此話一出，所有人都一頭霧水，拼命猜測其中真意，最後還是白宮發言人出來重申，美國的對台政策仍是依據《台灣關係法》來制定、並未改變。之後在同一月份又發生另一件事：拜登在參加市民大會（Town Hall）節目時居然直接公開表示，如果中國進犯，美國有義務保衛台灣——然而事實上，並沒有任何法案或條約，規定美國必須在台灣遭受攻擊時保衛台灣。但拜登在二〇二二年五月的東京記者會又站在日本首相岸田文雄的身邊，重申了這套「美國有義務保衛台灣」的說法，隨後在九月份ＣＢＳ的《60分鐘》（*60 Minutes*）節目採訪中，拜登承諾「若台灣遭遇前所未有的襲擊」，他將出兵保衛台灣。

不過至今為止拜登最嚴重的一次失言，是他在二〇二一年十一月告訴記者，台灣「會自己作決定」，甚至說台灣是「獨立的」。後來有人建議他修正他的說法，拜登才解釋他並非打算鼓勵台灣獨立，而是想敦促台灣政府做到「《台灣關係法》的要求」，然後又說「讓台灣自己決定吧」。在他說這些話的僅僅幾個小時前，拜登才剛和習近平透過線上會議首次會面。白宮的新聞稿稱拜登在這場線上會議中重申了美國的一中政策，並向習近平保證美國不會支持台灣獨立。在隔年的《60分鐘》的節目採訪中，拜登又重申「台灣會自己判斷他們要不要獨立」，並補充說美國不鼓勵台灣獨立，但「這要讓台灣自己決定」。上述所有事件中，白宮都堅稱總統的言論，並不表示美國的對台政策有任何變化。

國務卿布林肯自上任以來，也有兩次不小心在國會聽證會中把台灣稱作國家。二〇二一年三月十日，在眾議院外交事務委員會針對拜登政府外交政策議程舉辦的聽證會上，布林肯稱台灣「是個能夠為世界，而不僅僅是為其人民作出貢獻的國家」。[98]大約六個月後，也就是九月十三日，當布林肯被問及美國是否會「支持我們在烏克蘭和台灣的朋友」，布林肯回答：「當然，我們堅定支持這兩個國家」。[99]這樣的失言並非小事，因為這會讓人懷疑，美國不再堅守一中政策，進而導致中國採取更強硬的策略對付台灣。

另一個失言事件則發生在印太事務助理國防部長埃利・瑞特納（Ely Ratner）身上。瑞特納在一場國會聽證會中暗示，即使美國不支持台灣獨立，但台灣與中國分裂能為美國帶來戰略利益。瑞特納稱台灣為「西太平洋第一島鏈的關鍵節點，是美國同盟及其夥伴網絡的定錨點……對該地區的安全至關重要，是護衛美國在印太地區重大利益的關鍵」。[100]瑞特納這番言論很快地招來批評，許多人指責瑞特納背離美國長期以來的政策——也就是不反對台灣與中國統一，而且只要兩岸問題能採取非脅迫手段的和平方式解決，美國就不會干涉兩岸要如何解決分歧。如果美國公然反對台灣與中國統一，可能會使得北京當局調整政策並選擇動用武力解決台灣問題。[101]

雖然拜登及其官員有一些失言紀錄，但有時拜登政府又能精準拿捏「支持台灣但不激怒中國」的分寸。二〇二一年十二月舉辦的民主峰會就是很好的例子：台灣受邀參與了當年的民主峰會，這意味著台灣建立了一個繁榮的民主政體，並實施了良好的治理。雖然美國政府尊重台灣政府與台灣人民，但也不忘將台灣與美國的邦交國區分開來。當年一百一十名受邀與會的參與者大多是來自世界各地民主國家的領袖，而台灣受邀的參加者則是數位發展部部長唐鳳和台灣駐美代表蕭美琴。為了不違背美國與台灣的非正式關係以及美國的一中政策，唐鳳和蕭美琴在參加這場線上會議時，背景沒有出現中華民國國旗或其他具有主權象徵的圖像。

二〇二二年二月二十四日俄羅斯入侵烏克蘭之際，拜登政府也巧妙地在避免激怒北京當局的同時讓台灣安心。烏克蘭一事引發了台灣人民的恐懼，擔心如果中國也對台灣發動攻擊，他們可能會被世界遺棄。這樣的擔憂有部分是中國有心人士透過宣傳不實訊息——例如「今日烏克蘭，明日台灣」這樣的口號——所煽動的。有鑑於此，拜登總統組織了一個由前任國防和國家安全官員組成的代表團，由美國退役上將、前參謀長聯席會議主席麥可・穆倫（Mike Mullen）率領前往台灣，向台灣重申美國對台灣的支持。[102]

拜登總統在任的頭兩年內，美國的對台政策並非單純只針對台灣制定，而是更廣泛地考慮到如何維繫整個印太地區的安全穩定、如何與盟友和夥伴建立更緊密的關係，以及如何加強該地區的民主韌性。台灣因為拜登政府制定外交政策的這些原則而受益，美台關係也因此深化。然而，拜登政府還是有做得不夠的地方。例如，台灣一直很想和美國開展貿易談判，因為如果美台之間能達成貿易協議，不僅有助於鞏固雙邊關係，也有機會鼓勵其他國家仿效美國與台灣談貿易協議，但拜登政府一直缺乏明確的對台貿易政策，甚至沒有把台灣納入印太經濟框架，這讓台灣大失所望。此外，儘管拜登政府很努力地在專業、協調能力和紀律這些方面贏過川普政府，但拜登政府在台灣議題上的措辭顯然不夠明確，總統和高級官員在談論台灣相關議題時，也會出現立場不一或甚至自相矛盾的論述，比起一九七九年以來的所有美國政府，拜登政府在這點上反倒和川普政府更相近。而這種立場搖擺或自相矛盾的論述也不會帶來任何正向的改變，只會讓台灣和中國政府感到莫名其妙。

「戰略模糊」過時了嗎？

美國和中華民國的共同防禦條約於一九八〇年一月一日終止，自那時起，美國一直沒有講清楚，未來在何種情況下會出兵保衛台灣。根據原本的條約內容，只要美國和中華民國任何一方在西太平洋遭到攻擊，雙方都必須「採取行動應對共同的危險」，但這項條約在美國和中國正式建交後就被勒令終止。[103]有人認為美國的「戰略模糊」（strategic ambiguity）政策可以威懾中國，使其不敢侵略台灣：因為不清楚美國會在何種情況下出兵保衛台灣，中國領導人在採取行動時就會有所顧忌，以免導致最壞的情況發生。此外，台灣實現民主化、民進黨成為新興的政壇勢力後，美國保持「戰略模糊」政策似乎更顯必要——如果不能確定美國是否會出兵幫自己對抗中國的侵略，台灣若想採取追求獨立的政策前，同樣會三思此舉激怒中國、把美國拖入戰爭泥淖的後果。利用「戰略模糊」達到「雙重威懾」（威懾中國也威懾台灣）的政策在過去四十多年來一直維護著美國的利益。然而，近年來解放軍壯大得太快，即使美國在台灣發生緊急狀況時出手干預，但解放軍的實力和部署已經有擊退美國的可能，其攻台的能力更不斷提升。許多國安專家因此就美國的「戰略模糊」政策是否足以守護台海和平展開了激辯。

第一個大力提倡美國改採「戰略清晰」政策（strategic clarity，意指美國應該明確表示，若中國對台使用武力，美國會出手干預）的人是國會議員麥克・加拉格爾（Mike Gallagher），在二〇二〇年五月十一日為《國家評論》（*National Review*）撰寫的一篇文章裡，加拉格爾主張美國應結束長達四十年的戰略模糊政策，呼籲美國政府應「發布明確的政策聲明，承諾美國將捍衛台灣」。他強調，即便認知到「戰略清晰」也有其風險，但自以為能繼續安於現狀而不思改變，處境將更加危險。[104]

理察・哈斯（Richard Haass）和大衛・薩克斯（David Sacks）於二〇二〇年九月在《外交事務》雜誌上支持改變政策後，「戰略清晰」的政策主張開始吸引更多人認同。這兩位作者認為，美國刻意製造的模糊空間，對軍事實力不斷增強的中國已經失去威懾力，因此他們建議白宮發布一份總統聲明和相關行政命令，一方面重申美國支持一中政策，另一方面明確表示如果台灣遭到中國軍事攻擊，美國會出兵捍衛台灣。同時，兩位作者還主張美國需要調整其軍事力量部署，國防部的計畫參謀也應該盡快研擬如何應對台灣的緊急狀況。[105]

二〇二一年三月，時任美國印太指揮部指揮官菲利普・戴維森上將警告說，兩岸確實有開戰的可能，而且機率還持續升高。他的警告讓支持「戰略清晰」的人士精神為之一振，覺得更有希望說服政府改變政策。在參議院軍事委員會召開的一場聽證會上，戴維森表示，中國攻台「有可能在二〇三〇年前實現，甚至在接下來六年內就有可能發生」，而他的說法很快引來針對兩岸爆發戰爭機率的激辯。兩週後，下一任印太指揮官提名人選約翰・阿奎利諾（John Aquilino）上將（後來確實由他接任印太指揮官一職）卻不再為戴維森的「六年論」背書，不過他仍舊表示「這個問題比大多數人想像的都更加緊迫」。

參謀首長聯席會議主席馬克・米利（Mark Milley）也在二〇二二年六月的另一場國會聽證會上討論了此事。他表示，習近平和中國軍方都很清楚入侵台灣的行動「非常複雜而且代價高昂」，並把中國攻台的能力和意圖分開談。米利認為，習近平雖然將目標設立在盡快提升解放軍的實力、把奪取台灣的時間從二〇三五年提前到二〇二七年，但中國並沒有意圖急著在接下來一、兩年內奪取台灣。米利明白，心念的轉變可能只在一瞬之間，但他仍不認為中國入侵台灣這樣的事情會「毫無預兆地突然發生」。[106]

有些「戰略清晰」派的說法正好呼應了近期美國國防界人士的擔憂：美中和兩岸之間的軍事平衡已逐漸傾向中國，甚至可能讓解放軍逮到機會，在未來十年內占領並控制台灣。由此推論，中國軍方若繼續按兵不動，將錯失對中國有利的局勢、失去完成統一大業的機會。習近平本人對兩岸分裂的情況也已經表現出不耐煩，他曾說，台灣和中國之間的分歧「不能一代一代傳下去」。北京當局評估美國國力正在走下坡，而且民心厭戰——這是許多專家學者認為中國可能在近期開戰的原因之一。何況，美國不只從阿富汗撤軍，甚至在俄羅斯發動侵略以前就已經決定不會出兵捍衛烏克蘭，以上種種更讓中國有理由相信，美國不會派兵保護台灣。此外，大量文章援引美國國防部和知名智庫蘭德公司（RAND corporation）的兵推，顯示美中若因台灣開戰，結局會是美國戰敗，而中國將在短短幾天到幾週內接管台灣。鑑於現在沒有什麼軍事手段能快速提升對中國的威懾力，「戰略清晰」對美國而言可能是更合時宜的政策選擇。

然而，有些支持「戰略模糊」的專家認為，斬釘截鐵地跟台灣保證美國一定會出兵捍衛台灣，並不符合美國的利益，政策與修辭的轉變也可能會讓中國認定美國違反了當初建交談好的條件、威脅中國主權。如此，習近平就更有可能趁解放軍目前還占有優勢的時候對台灣發動攻擊。換句話說，把「模糊」變「清晰」，不只沒有威懾的效果，反而可能刺激中國開戰。支持繼續採用「戰略模糊」的專家認為，中國的首要目標是阻止台灣獨立，長期目標才是實現統一，而且兩岸分治主要是國共內戰遺留下來的政治問題，如果可能，中國會更希望實現不流血統一。中國的對台策略主要是想在台灣人民之間散布一種絕望感，使他們相信和中國統一才是未來唯一的可行之路。習近平也是為了實現這個目標，才愈來愈常訴諸脅迫手段。卜睿哲在《艱難的抉擇：台灣對安全與美好生活的追求》（*Difficult Choices: Taiwan's Quest for Security and the Good Life*）一書中將此策略稱為「非暴力脅迫」（coercion without violence）。

此外，反對從「模糊」變「清晰」的專家還提出，習近平已經意識到武力侵台帶來的風險是難以承受的。首先，與美國的軍事衝突有可能升級為對雙方國土的攻擊，甚至有可能引發核戰。解放軍可能陷入一場同時與台灣和美國對抗的持久戰；中國大部分的海軍可能會被摧毀，成千上萬人可能因此喪生。再者，兩岸戰爭很可能會阻礙習近平實現其他重大目標，例如讓中國在二〇三五年成為全球創新大國、在二〇四九年實現中華民族復興。此外，中國對台灣動武也可能使得與中國存在領土爭議的國家因為害怕而紛紛加入反中聯盟。更有甚者，就如同俄羅斯在二〇二二年二月二十四日入侵烏克蘭之後，遭受美國及其眾多盟友共同實施的經濟制裁，若中國武力侵台，同樣會受到她們聯手制裁，包括禁止中國銀行使用環球銀行金融電信協會（SWIFT）服務進行國際的收款和支付、對個人實施旅行禁令和資產凍結、限制向中國出口高科技產品，以及禁止中國的特定產品進口。

還有部分專家認為「戰略清晰」的政策可能會讓台灣未來的領袖有恃無恐，大膽推動獨立，並因此招致中國的武力攻擊，連帶將美國捲入兩岸的軍事衝突之中。此外，如果台灣確定中共來襲時美國會出兵、領土安全無虞，那麼台灣的政府和軍方或許在備戰方面就不會那麼積極。

美國國會、學術界和智庫為了「戰略模糊」和「戰略清晰」爭辯不休，但這些討論並沒有延伸到拜登政府內部。拜登政府的官員表示，他們認為現在沒有充分的理由改變美國政策。印太事務協調官坎貝爾甚至表示，如果美國明確承諾在任何情況下都會保衛台灣，會產生「重大的不利」，他認為「維護和平穩定的最佳方法是透過外交、國防創新與美國的國力，向中國領導階層發出一致的訊息，使他們不會在未來妄圖採取危險的挑釁行動」。[107]

當專家們忙著辯論美國政府是否應該將立場明確化，政府的立法和行政部門最關注的反而是台灣軍方缺乏足夠防衛能力的問題。蔡英文總統在二〇二〇年五月的第二次就職演說中重申會努力發展不對稱作戰能力（asymmetric capabilities）[108]，並承諾實施國防改革，使台灣軍隊達成重層嚇阻（multidomain deterrence）的戰略目標。蔡英文也扭轉了台灣國防預算逐年下降的趨勢。然而，如果考慮到台灣所面臨的嚴重威脅，很多人認為台灣在國防方面的支出還是太少，例如二〇二三年的國防支出預算總共是一百八十三點一億美元（這還包括了採購新戰機的特別預算），只占了台灣GDP的百分之二點四，遠低於台灣的需求。

此外，許多美國觀察家懷疑台灣是否打算繼續實施「整體防衛構想」（Overall Defense Concept），這是由前台灣參謀總長李喜明上將於二〇一七年研擬和倡導的創新不對稱作戰架構。雖然「整體防衛構想」曾出現在台灣的重要軍事文件中多年，但在二〇二一年的《四年期國防總檢討》和《國防報告書》中卻不見蹤影。《四年期國防總檢討》中，有不止一處線索顯示，台灣的國防政策不再特別注重發展不對稱作戰能力，例如，台灣國防部計畫透過威脅對中國大陸發射長程飛彈，來嚇阻中國的武力侵略。

台灣軍方持續面臨巨大挑戰，包括資源不足、戰備狀態低落、後備兵力難以支持現役軍隊，以及從義務役過渡到全面募兵制的問題。儘管台灣最近大多數武器採購（例如岸防巡弋飛彈和自走炮）都有助於台灣提升不對稱作戰能力，也符合美國的建議（美國強烈建議台灣購買少量的大型昂貴武器系統，以及大量小型的、便於攜帶的致命與非致命武器），但也並非所有行動和採購都符合不對稱作戰的戰略。例如，根據一份二〇一九年批准的十四點二億美元武器採購案，台灣將在二〇二三年至二〇二六年間收到一百零八輛艾布蘭戰車（Abrams tanks）。但許多專家認為，台灣應該要買更多防止敵人入侵的武器，包括防空飛彈、彈道飛彈防禦系統、水雷和無人機，用以制止甚或嚇阻中國的入侵。

與此同時，美國國會對台灣的支持度也來到歷史新高，但國會議員仍在討論要怎麼做才能最有效保證台灣的安全。有許多以協助台灣為目的的法案，包括《防止台灣遭侵略法案》（Taiwan Invasion Prevention Act）、《台灣夥伴關係法》（Taiwan Partnership Act）、《台灣加法案》（Taiwan PLUS Act）、《台灣關係強化法案》（Taiwan Relations Reinforcement Act）、《二〇二一台灣防衛法案》（Taiwan Defense Act of 2021）、《武裝台灣法案》（Arm Taiwan Act）、和《台灣政策法》（Taiwan Policy Act），在第一百一十七屆國會（二〇二一－二〇二二年）中提出。然而最後只有四項通過立法的正式法律談到台灣：一、一項法案要求美國國務卿擬定策略，協助台灣重獲世界衛生大會觀察員身分；[109] 二、二〇二二年綜合撥款法，禁止有人使用此法案提供的資金來創建、採購或展示未精確描繪台灣領土、社會和經濟體系，以及台灣島群的地圖；[110] 三、二〇二二財政年度的《國防授權法》，要求行政部門向國會提交報告和進行簡報，但並未強制要求進行重大政策變更；四、二〇二三財政年度的《國防授權法》納入了《台灣增強韌性法》（Taiwan Enhanced Resilience Act），授權美國政府提供台灣高達一百億美元的外國軍事融資援助，用於支持台灣發展重要軍事能力和培訓士兵，直至二〇二七年，另外還授權美國政府從美國的軍備庫中，提供價值十億美元的設備給台灣。

俄烏戰爭引發台灣對中共侵台潛在威脅的焦慮感，也刺激美國國防部更積極要求台灣實施軍事改革，以培養足夠的軍事能力抵抗有可能前來占領並控制台灣的解放軍。同時，俄烏戰爭也突顯了台灣極力發展不對稱戰力以自衛制敵的必要性：台灣軍隊必須擁有能夠抵抗攻擊、持續運作並迅速恢復的韌性；必須具備能快速調度的機動性；要把軍事資源和兵力分散部署，降低全軍覆沒的風險；要作成本效益高的投資，才能以有限資源大幅提升自衛能力。台灣能從俄烏戰爭中學到最重要的一課，就是必須優先考慮民防準備工作並且加快軍事後備制度的改革。由於中共在二〇三〇年以前侵台的可能性提高，美國不得不施壓迫使台灣修改武器採購策略，改採購用以抵抗入侵的武器，而台灣政府也依循美國的建議，放棄購買十二架MH-60R反潛直升機的計畫。

眾議院議長裴洛西訪台

美國眾議院議長裴洛西於二〇二二年八月二日抵達台灣，創下過去二十五年來的首例。裴洛西啟程之前，拜登政府內有許多官員嘗試說服她暫緩或取消這趟台灣之行，但都沒有成功。有報導指出，習近平曾要求拜登阻止裴洛西訪問台灣，[111]但拜登並未答應，這主要是因為擔任過三十六年參議員的拜登十分尊重國會的獨立性，並不想強硬阻止裴洛西出訪，但他還是指示美國軍方警告裴洛西此行可能會帶來的風險，也告訴記者「軍方認為現在訪台並非好時機」。然而，裴洛西最終仍按原定計畫出行。

裴洛西在台灣待了二十四小時之後，解放軍進行了為期四天的實彈演習並演練封鎖台灣。此次軍演至少有五枚彈道飛彈飛越台灣上空，掉入台灣東部重要港口外圍的六個封鎖區域內。還有五枚彈道飛彈落入了日本的專屬經濟區，這是中國導彈首次落在距離日本領土兩百海里的海域內。數十架中國戰機和數十艘海軍艦艇穿越台海中線；此外，解放軍還派出無人機在金門上空飛行，並派出軍用直升機飛越距離台灣非常近的中國島嶼——平潭島。

拜登政府指責北京當局反應過度外加借題發揮，利用裴洛西訪台為藉口進行激進的軍事行動，企圖改變台海現狀，G7國家發布的聲明也呼應了拜登政府的立場。在隨後幾週到幾個月的期間內，很顯然中國已經在台灣周遭創造了中國軍事活動的「新常態」——解放軍在台灣周圍的活動頻率提高，對台灣的網路攻擊次數也激增。中國的海軍艦艇和軍機已經視海峽中線如無物，不時超越中線逼近台灣領海和領空的邊緣。裴洛西短暫訪台帶來的短暫利益轉瞬即逝，而台灣接下來必須面臨的是比裴洛西來台前更加兵凶戰危的情勢。

結論

在拜登政府的對台政策中，相對於變革，更多的是延續過往的立場和原則。擔憂中國更積極對台灣進行軍事脅迫、相信台灣必須增強自身對外的威懾力，以及支持台灣民主制度，上述種種因素引導了拜登制定對台政策。隨著美中戰略競爭愈發激烈，台海兩岸緊張情勢升高，使得美台雙方更有動力建立更緊密的合作關係。隨著川普政權結束，台灣不再需要擔心自己會成為美中談判的籌碼；拜登政府時常用各種方式表現美國對台灣的堅定支持，讓台灣政府和人民不需擔心民主黨重新執政的美國，會因為更重視與中國的合作而損害台灣利益。

蔡英文面對的是日益激烈的美中競爭和日益緊張的兩岸局勢，但她小心謹慎地維持兩岸現狀，鞏固台灣的民主、繁榮並努力提升台灣的安全，這些努力使她成為美國可靠的合作夥伴。對台灣來說，與美國建立更緊密的關係帶來了很多實際可見的好處，包括：美台官員更頻繁地交流、交流的官員層級也比過去更高；美國更積極支持台灣參與國際社會，同時也更努力說服盟友一起支持台灣，並且協助台灣保住既有的邦交國；美國也更大力地協助台灣提升國防能力和台灣的安全。

在川普四年任期和拜登執政的前兩年，美台合作範圍大幅擴展，在健康衛生、供應鏈、海岸警衛隊和民主治理等議題都建立起了雙邊合作機制，為美台關係成長提供更牢固的基礎。此外，美台雙方在提升網路安全、打擊不實訊息，以及應對其他新興安全威脅等方面更加緊密的協調合作，也有助於深化美台關係。

雖然美國和台灣的關係變得更深厚緊密（這是有必要的，而且也是美台雙方政府共同追求的目標），但在過程中台灣也付出了不少代價。自從蔡英文成為總統以來，美國和台灣政府更常公開地進行重大合作，而中國對台灣施加的壓力也隨之大幅增加。北京當局更加積極地打壓台灣的外交、軍事和經濟，目的就是要懲罰台灣，同時警告台灣和美國不要進一步作出損害中國利益的挑釁行為。要如何捍衛台灣免受中國的脅迫，已經成為美國和台灣政府所面臨的最大挑戰。

第三章　擘畫美台關係的未來

美國在台的首要利益和目標

經歷十九世紀末到一九七〇年代的幾波衝突後，亞洲各地在過去四十年中維持了長期和平的特色——這段時期，國家間的緊張程度未達武裝衝突的地步，各國得以專注致力於改善人民生計；這段時期，亞洲整體的經濟成長創造了歷史新高，除北韓之外，每個國家的人民福祉都得到重大改善。[1] 如今亞洲興起成為全球經濟的發動機，經濟增長占了全球近百分之六十之多。美國對亞洲的出口，創造了比其他任何地區更多的就業機會。在亞洲，美國有五個條約盟國，還有台灣等重要安全夥伴。美國國內普遍認為，亞洲將成為二十一世紀中對美國安全和繁榮最具影響的地區。

台海衝突是亞洲長期和平的最大威脅之一。數十年來，華府為捍衛自己長久的利益，動用外交和軍事力量，致力維護台海和平穩定。美國一方面須嚇阻中國對台使用武力，另一方面也須避免台灣尋求法理獨立——即台海兩岸可能導致衝突的兩條路徑。

美國對維持和平與穩定的重視，為兩岸的加速繁榮及台灣的民主轉型提供了有利條件，減輕了日本對於中國併吞台灣將對其形成戰略包圍的焦慮，也因此讓日本得以專注在本身經濟的進步，同時促進區域的發展——在亞洲，日本仍是主要的外國直接投資的來源。

台灣已經憑藉自身條件成為美國重要合作夥伴。二〇二〇年，美國與台灣的貿易額超越其與印度或法國的貿易額；美國的公司仰賴台灣生產的半導體來維繫其供應鏈，並持續創新和成長；雙方在科技、公共衛生和教育議題都有深度的合作；美台更攜手將民主治理以及對抗外來政治干預的最佳實踐，分享給世界各國；不管是伊拉克、敘利亞、阿富汗出現危機，或是非洲或其他地區爆發疫病，也常見美國和台灣的專家並肩合作。華府認為，台灣在面對北京持續加劇的壓力下所展現的韌性，對區域和對全世界而言，是以民主價值捍衛自由和促進福祉的重要象徵。美國對台灣的支持，也透過《台灣關係法》在美國法律中確立。相較之下，前述的這些情況，都未見於二〇二二年俄羅斯入侵之前的美國與烏克蘭關係中。

美國認為強大且穩健的台灣，最能符合其利益。如前美國官員柯慶生之前解釋的：「有利於台灣強大和安全的一切，都符合美國的利益；基於顯而易見的道理，也符合台灣人民的利益。危及和平與穩定的一切，都會直接損害美國的利益。」[2]

台灣安全對美國的未來具有深遠的重要性。鑑於台灣海峽是潛在的衝突導火點，華府須片刻不歇地持續關注；同時，隨著美國和中國在軍事上摧毀彼此的能力益發勢均力敵，雙方都沒有絕對的自信能在衝突中取勝。[3]

令人憂心的不僅僅是可能的重大生命損失，美國智庫「外交關係協會」一份二〇二一年的研究結論指出，台海衝突「可能導致全球經濟衰退甚或是大蕭條。它將打亂亞洲和國際的貿易、切斷重要供應鏈，並可能導致國際金融體系崩潰。這將給美國的盟國帶來經濟上的慘痛後果，因為這些國家與中國貿易往來早已超越對美的貿易數字。根據一項研究估計，美中衝突一年就可能導致美國GDP衰退百分之五至百分之十。」[4]

基於這些重大的利害關係，不難理解美國官員何以一再強調，台灣的安全不只是中國的「內部事務」，也不僅僅是美中競爭的一個附帶環節，而是對國際體系和全球經濟都有重大影響的議題。台灣如今持有「全球九成二的最先進半導體製造能力」。[5]台灣生產的晶片驅動著從消費品到汽車、電腦和衛星等所有產品，因此台灣盤踞著全球價值鏈的核心位置。台灣生產這些攸關全球經濟的關鍵產品，在世界上的地位無可替代。考量此現實情境，世界各國領袖愈來愈常公開地強調，台灣安全是全球都必須關注的議題。

國際間日益認識到，台灣持續被納入國際社會，扮演領先的創新大國、民主的成功故事，以及全球公共利益的重要貢獻者，是可以為全球帶來好處的。在美國內部，兩黨間也普遍存在共識，認為美國在長期的非正式關係框架下，加深和強化與台灣的關係，符合美國的利益。

美國的政策旨在降低單方面改變台海現狀的風險，例如中國對台動武的可能性。這些政策也是為了確保，在兩岸領導人能以台灣民眾可接受的方式和平解決分歧之前，台灣能維持政治和經濟的自主及自由社會的活力。有鑑於台灣現有的民主制度，兩岸關係本質上的任何調整，必然需先得到台灣人民的支持。

未來的兩岸情勢和對美國利益的影響

隨著中國實現野心的能力增強，美國維護台海和平和穩定的能力日益面臨考驗。北京毫不掩飾它要達成兩岸統一的長期目標，包括在必要時使用武力。

在公開宣傳上，中國國家主席習近平已經把國家統一列為「民族復興」的關鍵，是中國領導階層設定要在二〇四九年——中華人民共和國成立一百週年——時達成的目標。從現實的角度來看，習近平在二〇四九年幾乎不可能依舊掌權。但國家統一無庸置疑是中國高層的一致目標，不會受到習近平下台的影響。自毛澤東以降，每一個中國領導者都明確表達將台灣與大陸統一的決心。不過，關於中共領導人是否設定了統一的最後期限、如果不能實現是否會被迫動用武力，專家之間仍有爭論。

大部分預測中國有設定統一最後期限的論述，依據的假設是中國一旦有取勝的信心，就必然會採取軍事行動。這種依實力來決定是否動武的假設本身便存有爭議，因為，中國一旦對台灣發動軍事攻擊，將面臨無可避免的風險。中國並沒有任何防禦措施，可以保障發動侵略的後果不對其經濟造成傷害，同時，北京也沒有任何近期的解決方案，來處理自身仰賴進口燃料和食物，以支撐經濟和人民的問題。正如俄羅斯的情況所顯示，美國及其夥伴握有強大的非軍事手段，可在被迫出手時針對其他大國的弱點採取行動。

其他認定中國會採取武力的專家則是認為，習近平需要在任期結束前完成統一，以鞏固他在中國領導者之間的地位。這論點同樣有待商榷，特別是除了統一台灣之外，習近平也列出了一系列的其他目標，作為他渴望完成的政治成績。除此之外，正如本書第二章解釋的，近期權威性的文獻，像是二〇二一年的中國共產黨第六次全體會議決議，以及二〇二二年習近平在二十大的工作報告，都未表明兩岸統一的急迫性，反倒是強調「時與勢在我們（中國）一邊」。

然而，台海局勢處於動態變化，而非靜止不變。自一九七九年美中相互外交承認以來，維持「現狀」的許多元素已然改變，在可預見的未來，更多元素亦將消磨殆盡。據美國的前亞洲情報官員柯佛（John Culver）的觀察，這些元素包括：

- 台灣的內部政治和認同發展，民眾對「九二共識」的支持已在近年來逐漸消退。
- 美中全面戰略競爭的出現，增加了台灣對美國兩大主要政黨的吸引力，台灣成了「對抗中國」的試金石。
- 中國自身的大國崛起，相對於台灣具備顯著的軍事優勢，並且軍力似乎在中國周邊區域可達到與美國平起平坐。6

一九七九年後的兩岸現狀的破壞消解，與中國近來把軍事能力投射到第一島鏈乃至第一島鏈之外的努力，在時間上相一致。崛起的強權往往會尋求在其周邊取得戰略深度，因此，中國尋求取得鄰近水域和空域更大的控制權，也就不太令人意外。在此同時，中國在軍事投射能力的投資，也促使了美國和台灣強化他們的嚇阻措施。

中國對周邊區域加強控制的同時，對內也重新強調意識形態和民族主義，將之視為社會的凝聚劑。這種趨勢體現在全國性的大規模行動中，包括對律師、名人和創業家的打壓；審查非漢族，特別是新疆和西藏少數民族的忠誠度；削除香港的特殊地位；以及加強對台灣方方面面的施壓。對意識形態和民族主義的大力強調，也滲入了中國的外交，中國資深官員在回擊其他國家被視為有損中國利益或國家尊嚴的言行時，態度變得更加強硬好戰。

核心問題是，兩岸局勢的大環境背景正持續演進。正因如此，想要對未來作出有意義的評估，必須先掌握可能出現的各種不同模擬情境（scenarios）。未來存在無限多種的可能情境，以下我們將檢視未來十年可能出現的七種發展軌跡。這些模擬情境分為兩類——經濟的未來，以及政治—軍事的未來——並在每一類別按照衝突程度由低到高逐一列舉。

經濟的模擬情境

台灣深化對中國的經濟依賴

在這個模擬情境裡，北京更加鞏固了亞洲經濟重要支柱的角色。透過參與《區域全面經濟夥伴協定》、加入《跨太平洋夥伴全面進步協定》，以及透過「一帶一路」倡議（Belt and Road Initiative，簡稱ＢＲＩ）深化與亞洲各國貿易和投資的連結，通過中國運作的供應鏈產生強大的吸引力。北京同時也會推動這個地區產品和服務採行中國標準。

對台灣經濟來說，與亞洲經濟整合脫鉤的代價逐漸增加，因為所有台灣的直接競爭對手都納入了亞洲經濟整合的保護傘下，能夠得利於成員國的貿易和監管自由化。為了保持競爭力，許多台灣的主要企業把部分業務遷移到新的區域貿易體制內，以便從較低的區域貿易壁壘中受益。

從區域貿易整合尋求最大獲利的這種轉向，將導致台灣某些產業的空洞化。中國對台灣產品和服務日益增加的需求，反轉了蔡英文政府為台灣供應鏈和貿易關係多元化、擺脫中國影響所作的努力。這樣的轉變可能也會給國民黨的政治人物帶來助力，因為他們傾向緩和與大陸之間的緊張關係，俾使台灣在經濟上受益於中國的崛起。

台灣和中國大陸經濟上的整合，讓北京於其對台「融合發展」的戰略取得信心，相信已經成功拉攏台灣。兩岸經濟整合的深化讓中國的決策者判斷，台灣的經濟主要參與者會在台灣內部施加更多政治影響力，來反對台灣的法理獨立或是兩岸的永久分離，因為這類舉動會對他們在大陸事業的持續營運，帶來攸關存亡的風險。它同時也會強化北京的信心，認為台灣的領導人會轉向，認知到台灣的長治久安取決於北京。台灣領導人一旦接受了兩岸經濟統合對台灣的長遠發展具有重要性，北京當局就會相信他們的方法已經奏效，並暫緩對台灣進一步施壓的行動。

在這個情境下，北京可能高估深化經濟整合帶來的影響力，而忽略了這類的整合只是北京推進兩岸政治目標的必要條件，而非充分條件。它可能導致中國領導人日後重新提高軍事和其他形式的壓力，試圖把台灣拉上談判桌，就兩岸關係的本質達成新的共同認知。

在兩岸經濟連結大幅深化的情況下，華府可能加大對台灣的壓力，迫使台灣減少銷售半導體和相關零件、設備和專業技術給中國大陸，以設法限制中國發展可能危害美國及其安全夥伴的軍事技術。北京可能會對台灣作出脅迫性的壓力作為回應，同時藉以取得中國持續技術發展所需的關鍵要素。

台灣加強重視與大陸的商業聯繫，可能讓華府關於如何回應兩岸經濟整合的爭論更加白熱化。有一派觀點認為，兩岸整合的深化應該會促成美國與台灣的貿易自由化，其中包括透過雙邊協議，讓台灣的貿易流向多元化而與中國大陸拉開距離。這將為其他夥伴如日本和澳洲立下先例，他們可能也會隨之跟進。另一派側重國家安全考量的觀點則認為，對於台海兩岸加深整合，美國應該加快讓先進半導體晶片這類關鍵能力的生產「回流」（re-shore）美國或其他盟國。這類的做法目的，是預防中國在未來施展影響力，阻礙美國取得台灣生產的晶片。美國更明確鼓勵或阻止先進晶片移轉到台灣以外地區生產的措施，將對美台關係構成壓力。

去全球化和美中經濟脫鉤導致台灣的日益孤立

在這個模擬情境中，美國和中國陷入深度的競爭，雙方都尋求降低對彼此的依賴，包括大幅降低與對方經濟上的接觸。兩國的領導者都把脫鉤的決定，視為防範對方行動造成傷害的必要代價。孤立主義和閉關自守的趨勢加速，甚至蔓延到了歐盟（European Union，簡稱EU）。歐盟的對華政策出現了裂痕。匈牙利、希臘等國抗拒歐盟形塑對中共識的嘗試，反而表明它們的優先要務是要從中國經濟擴張中獲益。這導致了歐洲國家各自尋求自身對中國經濟利益最大化的政策。

隨著美國、中國和歐盟各行其是，開放的全球貿易體系開始倒退。主要經濟體不再優先考慮世界貿易組織的規則和公約，出現了各國逐底競爭的新趨勢。國際貨幣基金組織（International Monetary Fund，簡稱IMF）所扮演的「借貸者最後希望」的角色受到質疑，因為各國開始懷疑美國或中國，是否會批准援助那些被視為是支持對方的國家。

世界逐漸分裂為多個區域勢力範圍，而北京限制美國在亞洲影響力的做法益發強勢。中國運用經濟的激勵和抑制手段施壓亞洲國家，以減少他們與美國的交往。北京開始堅持外國公司只能在中國或台灣之間擇一進行生意往來。在大陸的台商，如果之前曾提供政治獻金被北京政權視為支持台獨的政治人物，他們的公司也將面臨中國官員更多的監管和程序審查。

中國也變得更勇於挑戰美國在第一島鏈內海空軍行動的風險，這將導致涉及美中兩國水面艦隊和空中軍備的事件增加。美國官員向台灣領導者私下暗示，希望在緊急情況能使用台灣的港口和機場。如果這類私下的請求被公諸於世，則可能促使北京公開警告：一旦台灣對美軍提供援助和進出權限，它將對台灣採取懲罰性的軍事行動。這將令美中台都陷入升高的情勢之中，三方都不樂見，卻又難以擺脫這樣的局面。

全球經濟的碎片化降低了生產力，對仰賴全球供應鏈的台灣經濟形成下行壓力。台灣內部對於是否應該追求大陸的經濟機會以應對遲滯的全球成長，出現了日益尖銳的爭論。美國和中國在台灣鄰近地區日趨激烈的安全競賽，讓台灣陷入兩難困境——台灣要不是支持美國在該區域的駐軍行動並引來中國的憤怒，再不然就是對美軍的行動低調回應，因而引發華府對台灣落入北京勢力範圍的憂心。這種態勢加劇了台灣內部關於對美、對中關係適當平衡的兩極化看法，導致台灣對於自身在亞洲及世界上的定位，出現更加激烈的爭論。

政治暨軍事的模擬情境

兩岸透過協商達成政治解決方案

要達成非脅迫性的政治解決方案，可能需要北京全面調整其協商姿態，首先要放棄「一國兩制」。在二〇二〇年北京踐踏香港的獨立體制之後，「一國兩制」的概念在台灣已經被視為毒藥，不可能作為兩岸政治解決方案的基本原則；要達成和平協議，很可能也需要北京明確表態，不會將台灣與香港同等看待；不會像當初堅持香港必須從屬於北京一樣，把層級關係加諸於台灣。幾乎可確定的是，台灣的選民絕對不會同意台灣被置於受大陸管轄的地位，或是把台灣自我治理的決定權交給北京。沒有台灣民眾的廣泛支持，就沒有和平的解決方案。

換句話說，政治解決方案恐怕仍遙不可及，除非中國領導人選擇把「統一」重新定義為類似邦聯（confederation）、國協（commonwealth），或是某種友好但各自獨立的，一如美國與加拿大之間的關係。因此，任何形式的和平解決方案，都需要中國領導人放棄長期的既定立場，但當今的領導人對此並未顯示開放的態度。也因此，恐怕要等到北京新一代領導人上台，甚至更久以後，才有可能推進任何實現和平解決方案的進程。

台灣的領導人也有必要對幾個關鍵原則展現類似的靈活性——或容忍一定程度的模糊

性。他們需要接受台灣與美國在安全關係有其限制，像是承諾台灣不會作為美軍部隊的作戰基地。同時他們也需要找出關於主權問題的表述方式，容許對於中國主權領土有更寬廣的詮釋，以配合中華人民共和國和中華民國對於國界的定義。

朝這個目標所作的努力，短期內似乎不大可能有結果。雙方目前都看不出有動機作如此重大的妥協。兩岸的政治環境也都不支持各自的政府，朝互相讓步諒解的方向率先作出動作。考慮到這種情境在未來十年內實現的可能性極低，美國方面沒有必要在現階段明確反對和平解決方案，致使與北京以及與台灣一部分人的關係惡化。

現狀的調整

美中台三方對於一九七九年之後的兩岸現況都不盡滿意，但是它符合了三方的基本需要，同時也避免了衝突。北京因此無法達成統一的目標，但是得以威嚇台灣使其不能獨立或是永久分離。台灣加入國際體系的空間依然受限，但是得以發展經濟、強化民主、提供公民個人自由，而且往來互動的國家數目日益提升。美國不得不在西太平洋維持相當規模的軍力以保持其威懾力。在此同時，華府也保有相當大的靈活度，持續深化與台灣非正式關係，並從中國經濟崛起得到實質的利益。

綜合以上，三方都可以各自判斷出：防範最壞情況的發生，比為了追求最大成果而引發衝突更好。不過，如果北京當局因為國內經濟成長趨緩、社會不平等擴大、人口結構惡化以及生產力停滯等問題，而面臨政權合法性的迫切威脅，就可能傾向這個方向——面對這些內政上的切身挑戰，北京就更有動機去尋求維持周邊地區（包括台灣在內）的穩定。

相對於台灣，北京隨著在經濟、軍事以及綜合國力上的優勢擴大，會維持公開的自信姿態，並繼續堅稱達成完全統一的時和勢始終在他們那一邊。北京會持續迅速且明顯地懲罰任何可能會加大台灣與大陸分裂的行動，有一部分的原因是為了在處理台灣事務上展現「足夠強硬」的態度，來引領國內輿情。北京會堅持要求美國遵循「一中政策」，包括只能和台北維持非正式的關係。北京首要關注的是避免對台立場受到任何侵蝕，而不是以強制、脅迫或其他實際執行的行動在短期內達成統一。

台灣將維持立場，既不屈服於壓力，也不試探永久脫離中國大陸的底線，把重點放在維護台灣的自主性以及自由民主的生活方式。台灣將強化政治防禦，以對抗北京的統一企圖，例如強化台灣民眾的認同；建立內部共識，同意台灣（或中華民國）已經擁有主權，無須採取更進一步的獨立行動，並且在各政黨間達成共識，同意台灣選民對任何與北京關係的重大改變都有最終的決定權。台灣的領導人在政黨政治的基礎上，同意有關台灣命運的談判，絕對不會在未經討論或徵詢民眾意見的情況下進行。國民黨為了維持選舉的競爭力，將轉為一個以台灣為中心的本土政黨，與「統一」一事漸行漸遠。

美國將謹慎發展與台灣的關係，與台灣官方接觸在能見度和層級上也會遵守限制，以履行其對北京的承諾——與台灣維持非正式關係。台灣的總統、副總統、正副行政院長仍僅限於過境美國，而非正式的訪問。華府同樣會限制美國與台灣的軍事活動，包括不在台灣的港口停靠、不在台灣建立基地或永久駐軍，也不重新建立任何類似共同防禦條約或承擔類似的義務。不過，華府也將同步避免利用台灣來對北京施加戰略成本。

要讓這個情境有現實可能，美中關係所扮演的功能性角色必須恢復，讓雙方可以私下直接向對方傳達對台灣問題的關切，而不必訴諸公開譴責或以軍事示警來表達不滿。這種私下傳達關切並釐清對方行動意圖的能力，是維持現狀的先決條件。這個模擬情境也需要北京和台北的領導者務實地彼此應對，包括不預設前提的直接接觸。中國領導人需要透過有耐心的手段來縮小兩岸之間的歧見，而台灣的領導者必須抗拒政治光譜中較激進立場的要求，用符合民眾對現狀偏好的方式來治理。美中台三方都需要透過自我節制來表明，他們認知挑戰對方底線的風險，並且也願意為了避免危機而克制自身的行動自由。

中國對台發動有限軍事行動以鞏固其「紅線」

如果北京當局得出的結論是必須展示實力，以防止台灣獨立或永久脫離中國，而解放軍尚未完成全面衝突的戰備，則可能採取有限的軍事行動以重新建立「紅線」。有限軍事行動的例子可能包括：發射導彈飛越台灣上空，或是令中國軍機或飛彈常態化地飛越台灣所轄的離島。這樣做的目的是透過具有震懾效果的武力展示，讓台北和華府認清中國關切的強度，但是不尋求發動全面性的衝突。北京會利用這類的武力展示，來提醒美國和台灣的領導人，中國願意為了維護「核心利益」——國家領土完整以及國家主權——承擔風險以及可能的爭端；同時也藉此向國內民眾展示，他們願意運用日益增強的軍事實力，來保護和台灣相關的國家利益。

這種行動的用意應該是為了遏阻台灣與大陸更加疏離，或令華盛頓在深化與台灣關係時更加保持謹慎。中國領導者可能斷定，這場危機是為了阻卻美台關係深化的趨勢所必需的。

這類的行動對中國的領導人而言，是一場高風險的賭注，特別是在俄羅斯入侵烏克蘭之後。它會讓中國對外的強硬態度成為國際矚目的焦點；它會考驗中國對事態升級的控制能力。它同時也會讓國際社會更加關注台灣在全球經濟中的核心角色，進而關注維繫於台海和平穩定的全球利益。

另一方面，北京可能想要以有限度的對台軍事行動，來測試國際社會的反應，藉以判斷工業化國家是否會像俄羅斯入侵烏克蘭之後那般，對此作出積極且團結一致的回應。中國領導者可能也相信，對於美台關係以及台灣與其他歐洲和亞洲大國間關係的深化，他們別無選擇，必須作出軍事上的回應，否則將會失去主導權，否則再也無法抑制台灣的國際能見度。北京對時任美國眾議院議長裴洛西在二〇二二年八月訪台之行所作的回應，反映了中國願意動用軍事力量來反覆強調其對台灣的關切程度。

台灣宣布法理獨立引發衝突

從陳水扁時代（二〇〇〇—二〇〇八）之後，美方就不曾再為了阻止台灣朝**法理**台獨邁進而制定政策。在當時，陳水扁總統因想借助民族情緒爭取政治利益，而提案了入聯公投。他認為這是爭取理念支持的有效動員策略。美方則將陳水扁此舉視為意圖單方面改變現狀，因此，不論在私下或公開場合都明白表示反對。

緊接在陳水扁之後的兩位繼任者，儘管政治理念各異、性格也互不相同，但是都試圖在處理兩岸問題的施政上反映民意。當馬英九的兩岸政策超出了民意所能容忍的範圍，太陽花運動便應運而生，這場學生領導的抗議活動，目的即為了阻擋馬政府與北京談判的兩岸服貿協議在國會通過。太陽花運動讓馬政府的兩岸議程在他餘下的任期內遭到凍結，也為民進黨候選人蔡英文在二〇一六年總統大選的勝選奠定了基礎。

蔡英文總統對兩岸關係遵循的準則是：不屈從於北京的壓力，但也不憑恃美國的支持而冒非必要的風險。她對兩岸關係採取謹慎、可預測、穩健的態度。她將兩岸關係惡化的責任歸咎於北京，並以北京的蠻橫強硬為理由，加強台灣在商業和其他互動的多元分散，以擺脫對中國的依賴。

隨著蔡英文總統的任期屆滿並將於二〇二四年五月卸任，台灣的下一任領導人有可能再次重拾陳水扁的政治動員策略，煽動政治光譜中激進陣營的情緒，支持單方面改變兩岸現況。這樣的做法會讓台灣與美國和中國的關係都陷入緊張，同時也挑戰了台灣從蔣介石開始，之後由李登輝和其他領導人一再重申的長期共識，即中華民國早已擁有主權，台灣沒有必要在形式上或法律上宣布獨立。

台灣一系列的民調顯示，台灣人民已經清楚知道尋求獨立的風險。然而，如果領導者迎合政治光譜中的激進分子，單方面宣布台灣**法理**上的獨立，台灣很有可能會自食惡果，而且孤立無援。北京已經一再清楚表明，正式宣布台獨意味著戰爭，而華府方面如果判定是台灣單方面的行動引發衝突，將不會主動介入協助台灣。

中國發起台海軍事衝突

另一方面，如果是北京單方面發動軍事衝突，強制按照中國的方式來完成統一，美國很有可能會作出強而有力的回應。倘若中國對台灣發動未經挑釁的無端攻擊且美國坐視不理，美國不但將失去台灣民眾的信任，政府內國會和行政部門之間也將產生政治裂痕，更會在全球引發對於美國安全承諾可信度的質疑。

儘管美國沒有正式的條約義務來防衛台灣，但美國對台灣國安的支持往往被視為是其全球安全承諾力度的風向球。美國安全承諾的可信度是美國全球聯盟網絡的基石，而這個聯盟網絡確立了美國全球單一超強的地位——在全球各地都有政治和經濟利益，並且有能力投射軍力到世界所有區域去保護其利益。如果失去了這樣的全球聯盟網絡以及奠基於此網絡之上的各地據點，美國就不再符合超級強權的定義。

如前面所討論的，擔心中國的走向將導致台海軍事對抗，是有切實理由的。中國的人民解放軍如今在台灣周邊活動，大張旗鼓宣傳攻打台灣的軍事演習；持續地提升入侵台灣防空識別區的次數。中國投注大量資源發展可運用在台灣突發事故的軍事能力，還有核武、太空武器和長程攻擊等可以在美國干涉台海事故時，大幅提升其將付出之代價和風險的軍事能力。此外尚有一個真實存在的風險：即北京可能從俄羅斯入侵烏克蘭的教訓裡，認定激進的核武策略是有效果的——也就是說，如果美國或其他勢力干預台海衝突，中國可以藉由威脅使用核武來凍結美國任何的軍事介入。

中國領導人在台灣問題上也使用尖銳的詞彙。舉例來說，國家主席習近平據報導在二〇二一年十一月十六日的視訊會議中，曾經警告美國總統拜登：支持台灣獨立或是利用台灣來遏止中國的行為，無異於玩火，且「玩火必自焚」。[7]

儘管如此，北京在考慮是否動武時，也必須考量到台海武力均勢之外的其他因素，例如，中國在控制衝突升級或限制衝突地理範圍等方面的能力仍然是有限的。美國很可能會介入並且瞄準中國的弱點進行打擊，即便未必是在中國發動攻擊的當下立即反應。同時，台灣人民抵禦解放軍占領的頑強程度和持久度也是未知數。基於這麼多未知的變數，北京無法確保絕對的勝利——也就是對台灣完全的政治控制。

北京顯然加大力道，使其以武力嚇阻台獨和最終強制統一的威脅顯得可信。話雖如此，北京仍有強大的理由會尋求以其他的選項，而不是未經挑釁無端攻擊台灣，來完成統一的政治目標。

* * *

以上對於未來模擬情境的概述重點在於，它並沒有預設好的單一路徑，美中台本身的國內狀況，以及三方彼此之間的外在關係，都可能受到無數變數的影響。美中台領導者的一系列決策把台海關係帶到了今天，而三方領導者今後的一系列決策，也決定了美中台關係未來的走向。

有一些具體的指標，一旦出現，幾乎就確定預告了中國對台灣的態度會出現改變。這些指標包括：台灣是否正式宣布獨立；美國是否承認台灣是獨立的國家；是否有愈來愈多國家承認台灣是獨立的國家；美國在美台關係上，是否重新引入共同安全承諾；或者美國是否開始將台灣作為西太平洋軍事行動和武力投射的平台。

上述的任何一個事件都幾乎可以確定會觸發中國對台態度和政策的改變，並將施加更大的脅迫和壓力——很可能包括使用武力——同時，我們也不難設想，如果中國高層無法控制國內的局勢，並且判定對台灣施展強大的控制可以重拾國內的凝聚力，他們有可能對台灣發動侵略性的攻勢。這種本末倒置的模擬情境發生的可能性很低，畢竟中國領導人自毛澤東以來，一般都不會藉由增加外在的挑戰，來回應國內的動盪。話雖如此，這個可能性也不能完全排除。

儘管台灣的領導人希望將台灣的命運與美中關係分隔開來，但實際上台灣的未來不可能與大國關係完全切割。這並不是說美國應該根據其與北京友好的程度，來決定與台灣的關係。事實上，美國反而會因為穩健、有原則地處理兩岸關係而獲益；相對地，未經協調或無紀律的行動，會造成不可預測性，或者發出不安全的信號，並不符合美國的利益。

與此同時，如果要說美國對台的政策決定沒有中國因素，或是中國對台政策沒有美國因素，恐怕也是虛妄不實。在這樣的情況下，未來模擬情境的評估顯示，美中關係敵對程度愈高，則台灣在美國和中國關係之間進行調整的壓力也就越大。北京如今就經常因為台灣向美國靠攏而令台灣付出代價，例如在美國高層官員訪台時，於台灣附近大張旗鼓進行軍演，還有在台灣參加美國主辦的「民主高峰會」期間，迫使台灣少數僅存友邦之一與台灣斷交，轉而承認北京。在可預見的未來，沒有理由可以期待這種局勢會出現緩解。

因此，華府和台北的決策者都必須清楚自身利益的主要風險，同樣也必須了解最有效的抵禦方式，才能對抗北京把兩岸關係拉向他們期待方向的企圖。在處理兩岸歧見的同時，唯有維護住台灣的自主地位、政治制度以及生活方式，才能算是成功。

考慮到這些動態，符合美國利益的最佳做法是抑制衝突升級的壓力、阻止兩岸的任一方片面改變現狀、加強軍事威懾以提高北京用武力奪取台灣的代價，並讓台灣持續專注在保有政治自主地位和非戰爭狀態。美國政策的目的，並不是要對兩岸緊張關係設定任何具體的結果。美國戰略的有限目標，是為兩岸領導人拉長時限，以探索兩岸問題和平且非強制性的解決方案。如果台北或北京的領導人放棄和平解決兩岸分歧的所有希望，那麼一方或是雙方採取引發衝突行動的風險將會大增。台海開戰，即意味著美國國策的失敗。

台灣安全面臨的雙重威脅

北京對台海安全構成了兩個主要威脅：一個是軍事的，另一個是政治的。這兩個並行威脅的目標一致——為迫使台灣領導人和民眾屈服並接受北京所設下的統一條件。不過，北京運用兩手策略的方式並不相同。

第一個威脅，是在軍事上針對台灣的部隊及其領土。第二個威脅，是在政治上打擊台灣領導者和民眾的信心。它試圖在不使用武力的前提下加深所謂的「亡國感」，藉以避免引發美國軍事干預。[8]為達成這種心理效果，北京綜合運用了各種國力的要素，包括了：外交、資訊、網路、統戰、軍事及經濟的工具。

準確判斷中國這兩手策略的挑戰並發展出有效的對策，需要靈活的政治智慧。華府和台北的領導者對兩者的任一方面都輕忽不得。雖然我們不知道北京何時——倘若真的會的話——要對台灣發動軍事攻擊，但不難觀察到，北京正透過非暴力政治脅迫，讓台灣人民相信抵抗是徒勞的，只有北京才能最穩當地保證台灣安全與繁榮。

接下來，我們將檢視這些威脅的本質，以及可能的應對措施。

軍事威脅

整個冷戰時期和隨後幾年，中國要運用軍事力量讓台灣屈服，仍缺乏質和量的優勢。美國和台灣在質方面維持了軍力優勢，北京一旦考慮動武，必然面對極高的風險，特別是在極端的情境之下。

中國的戰略規劃者面對這種令人挫折的情況，於是仔細研究美國在第一次波灣戰爭的作戰方式，以掌握美國軍力的長處和弱點。[9]舉例來說，他們發現美軍對廉價水雷的防禦相當有限。隨後，中國開始針對美軍弱點來發展自身的軍事能力。

一九九六年，台灣舉行第一次民主總統直選，北京在選前以武力恫嚇台灣選民，但是未能達到預期效果，反而因為美國壓倒性的軍事力量，不得不撤回對台灣的威脅。這種窘迫場面，促使北京決定在接下來的幾十年投入資源，致力發展應對兩岸突發衝突的軍事能力。

自此之後，中國軍力同時在質和量方面加速發展，目的昭然若揭：為了壓倒台灣的防禦，並阻止美國介入台海的衝突。在同一期間，中國社會的民族主義情緒益發高漲，助長這種情緒的部分原因，是新興的一代除了中國崛起之外，其他一無所知。

中國和台灣軍事能力的差距在未來幾十年可能會持續擴大。台灣人口將持續老化，兵源稀少以至於社會對徵召入伍者的需求缺口愈來愈大。中共解放軍的軍事能力很可能會持續提升，而且速度將快過台灣進展的腳步。中國的經濟在絕對數值上會持續成長，雙方經濟實力的差距也將會隨之擴大。

前亞洲情報官員柯佛警告說：「在不久的未來，或許在二〇三〇年或二〇三五年，解放軍就有可能具備過去一向缺乏，但對台軍事行動所必需的組織和作戰能力。中國可能成為最大的經濟體，甚至成為具有壓倒性貿易實力的先進製造業強國。弱小將不再是藉口。」[10]換句話說，北京對台用武過去在操作上的障礙可能正逐步消退。

這些事態的發展，為美國外交關係協會台灣工作小組二〇二一年的報告提供了依據，當中警告：「中國如今正處於戰前政治和軍事準備的節奏……。在政治上，它正為其人民作武裝衝突可能性的準備和調整。在軍事上，它正進入演習和軍事準備的節奏，同時要加強和擴大部隊的備戰狀態。」[11]

這些轉變促使美國和台灣的安全專家把注意力放在三大範疇的台海軍事突發事件。第一類模擬情境是奪島，北京開始攻占台灣所管轄的外島，並警告將步步進逼台灣本島，直到台灣屈從北京的要求為止。北京可能從奪取金門和馬祖開始下手——這兩個台灣所控制的外島緊鄰中國沿海，在軍事上難以防禦——接下來轉攻東沙群島、澎湖，最終是台灣。這個情境是設計逐步加強施壓，迫令台灣領導者配合北京的條件，以避免流血衝突和大規模的破壞。

第二大類的模擬情境是圍堵，北京對台灣進行管制及封鎖，迫使台北在某種形式上的屈服。[12]北京可能堅持要求所有進入台灣的海空交通必須先轉往中國大陸接受檢查，之後在中方護送下前往台灣。北京很可能會為此一行動辯稱，此舉是為了篩檢運往台灣的違禁品，例如軍事硬體或者毒品。在理論上，這一類的情境限制了對台灣人民的身體暴力，而且北京可以視情況調整其檢查的侵擾程度。伴隨這類的封鎖檢查，北京可能要求台灣政府對台灣未來的地位，或者不涉及全面占領的部分議題，進行政治談判。

第三大類的模擬情境是入侵，可能是對台灣全面性的兩棲攻擊或是較有針對性的空降攻擊和特種作戰，目的在控制台灣的關鍵節點。許多國防專家擔心，台灣絕對承受不起輸掉這場戰鬥。台灣的民選領袖在喪失外島或面臨圍堵的情況下，仍有可能維持政治的控制權，然而一旦在軍事上失利、遭到共軍占領，他們對台灣政治的掌控恐怕難以維繫。最讓美軍作戰策畫者擔心的是：中共的迅猛侵略將令武裝占領台灣變成**既成事實**（*fait accompli*），外部勢力根本來不及介入。

事實上，中國似乎並未把心力投注在這類任務所需的軍事能力上，這應該可以稍稍舒緩中國近期內全面攻台的擔憂。根據美國國防部二〇二一年對國會所作中國軍事能力年度報告，中共解放軍似乎投資更多在全球遠征能力，而不是「大規模直接搶灘突襲所必需的大量運輸登陸艦和中型登陸艇。目前沒有跡象顯示，中國正在大幅擴充其戰車登陸艦（LSTs）和中型登陸艇。」[13]

為了提醒大家不要輕率相信專家對戰爭的預測，蘭德公司的一群專家們模擬了美中衝突可能的結局和後果。作者們的結論是：「雖然軍事趨勢對中國有利，但與美國的嚴重衝突若發生在二〇二五年，中國不可能贏，在戰事延長的情況下，甚至有可能會輸。此外，這類戰爭的經濟代價和政治風險可能危及中國的穩定、終結其發展，並削弱政權的合法性。」[14]雖然這個模擬結果對中國武力併吞台灣得出了具有警示性的結論，但是中國領導人是否接受仍屬未知。假如中國領導人相信解放軍能夠以低代價、低風險迅速取得優勢，那麼共軍攻台的機率將大幅提高。

各種因素相加乘，讓台灣的模擬情境成了美國軍事策畫者最關心的問題。首先是中國愈發明目張膽地在台灣周邊使用軍事手段，美國國防部長奧斯丁警告宛如入侵前的「預演」。[15]其次是中國毫不掩飾其對台灣甚至是對美國全球地位的企圖。第三個因素是中國軍隊現代化的速度持續超乎美國政府的估算，引發了美國對軍事應對能力的不安。第四是美國空軍和海軍軍備從二〇二〇年代中期開始計劃退役，而解放軍軍力也是在相近的時間大幅激增，在美國國防部部署新能力補足退役裝備之前，會出現時間落差。

美國對解讀北京意圖的能力信心降低，更加劇了這類的憂慮。在習近平領導下，如今中國在追求其野心時，例如在南海、在香港、在中印邊界等問題上，展現出對於風險和摩擦更大的耐受度。隨著權力更加集中在習近平身上，美國是否能預測中國對台灣等敏感議題的舉動，以及習近平決策時接收到的建議的品質，都有更大的不確定性。

與此同時，台北對於解決本身軍事上的不足，展現出令人不安的自滿心態。儘管蔡英文政府增加了軍費開支，並試圖把國防部的工作重點放在學理改革上，但是進展並不均衡，對於部隊改革仍缺乏兩黨的共識，台灣硬體採購的優先順序也沒有明顯可見的轉變。

最後一個因素是全球反恐戰爭的結束。隨著美國在二〇二一年八月撤出阿富汗之後，台灣躍升為美國軍事規劃者最艱困的挑戰。五角大廈內部如今把中國視為「步步進逼的挑戰」（pacing challenge），台灣的突發事件則是視為「步步進逼的情境」（the pacing scenario）。[16] 儘管拜登政府預防性地避免美軍直接干預烏克蘭，但是對於台灣未來的突發事件，則始終保留美國軍事干預的可能，拜登總統本人亦多次在公開場合宣示美國將防衛台灣。

強化嚇阻的選項

美國對應台灣安全持續升高的壓力時，必須優先考量美國戰略和政策的目標——維護台灣海峽的和平和穩定。華府採取的某些行動，在軍事上或許能加強嚇阻作用，但是如果這些行動刺激中國，使其作出美國原本在戰略上意圖避免的軍事行動，對台灣的整體安全反而會帶來反效果，例如美國在台灣長期駐軍，或是重建某種正式的同盟承諾，操作上或許合理，但是在戰略上卻不明智，因為這類行動毋庸置疑地違反了美國的「一中政策」，很可能引發中國針對台灣的軍事回應。

在戰略層面上，美國必須讓中國明白，台灣並不是會給美中雙邊關係帶來麻煩的刺激因素（irritant）。相對地，台灣的安全攸關全球，特別是考量台灣在半導體等全球經濟科技基礎零件供應鏈中所扮演的角色。美國必須動用它在區域和全球結盟的網絡讓北京理解這一點。台灣與日本、四方安全對話（Quadrilateral Security Dialogue）、澳英美三邊安全夥伴關係（AUKUS）、G7，以及與亞洲、歐洲還有北約（NATO）重要盟友之間，必須有清晰可見的協調合作，此點至關重要。

讓北京知道美國及其夥伴正悄悄協同發展一整套非軍事的回應方式，可在必要時刻針對中國主要弱點進行打擊，應該可對中國產生嚇阻的作用。此做法的令人警醒的前例，即入侵烏克蘭之後，俄羅斯的金融弱點所遭受的打擊。鑑於中國的經濟規模，以及它融入全球經濟的程度，美國和其他國家無法把對付俄羅斯的那一套做法完全套用在中國，因此必須為中國量身訂作一套應對方式，針對中國的痛點，像是半導體和燃料仰賴進口，以及與全球網路連結時缺乏備援機制。為了達成預期效果，必須讓北京相信，美國和其他國家為了反制中國對台灣的軍事行動，已經準備好承受重大的經濟痛苦，同時也準備好在局勢更接近爆發衝突時，迅速並且強硬打擊中國的利益。

必須讓北京打消自身可以在主動挑起的台海衝突中以迅速、不受挑戰的方式贏得勝利的絲毫幻想。重要的是讓北京聽取多方的不同觀點，讓它明白：美國以往幾乎不曾因為在衝突的最初階段受到打擊，而退縮回自己的國界之內。歷史上，作為一個民族國家，美國往往容易自滿，然而一旦受到挑釁，就會作出壓倒性的回擊。美中之間的衝突，很可能造成雙方的重大損失，並削弱彼此的國力。

為了降低北京誤判美國決心的風險，華府方面需要實際展現它正把軍事、外交和經濟的重心重新移轉到亞洲，以制衡中國不斷擴張的野心。華府必須展現它對維護台海和平與穩定的決定不會讓步。透過行動來表明這一點，是直接和北京打交道，共同處理有關台灣歧見的先決條件。

要認真管理台灣問題上的風險，就需要恢復和北京的直接溝通，但方式應該和「六項保證」維持一致。這類對話的目的，並不是要在未經台灣人民認可的情況下進行談判，或是尋求兩岸問題的解方，而是直接地、正確而精準地表達美國對北京行動的擔憂，釐清北京行動的意圖，並且探索建立美中危機管理機制的可能性，以降低意外事件引發緊張升級的風險。

美國官員可以透過這個溝通管道強調，美國並不尋求在台灣問題上與中國發生衝突，並且將繼續致力長期以來處理兩岸議題的政策，但是在此同時，美國也不會為了與北京關係更加順暢而放棄對台灣的支持。這個管道也可以讓美國官員在私底下進一步向其對接的中國官員強調，台灣是真正的民主體制，公眾的態度對台灣的未來扮演決定性的作用。北京有責任讓台灣民眾相信，接受北京對兩岸關係未來的願景，將對他們的未來有所提升。美國官員也可以透過直接的外交手段，敦促北京與台灣官員直接交流。坦率的對話可縮小誤判和錯估的空間。

為了更努力防止衝突，美國也需要調整軍事理論和能力，才能在中國軍事能力快速進展的情況下，維持具可信度的嚇阻能力。要做到這一點，可能需要轉換部署重點，把西太平洋上容易成為攻擊目標的大型軍備和重大設施，更換為大量中國難以對付的感測器和小型武器。然而仍有一個無可迴避的現實是，在中國導彈的覆蓋範圍內的美國水面艦艇和空軍基地，面對可預期的中國導彈攻擊，將難以執行高節奏作戰（high tempo operations）。

正如軍事分析家歐漢龍（Michael O'Hanlon）和奧赫曼內克（Dave Ochmanek）主張，數量眾多的小型無人機和無人水下載具可以更有效威脅中國。美國可以運用大量的感測器追蹤中國船艦和飛機，它們可以在西太平洋逗留且不容易被偵測，也可以向目標發射飛彈或是在台灣的鄰近海域部署水雷。美國可能也需要加強在太空的備援機制，包括衛星機群的多元化，以避免過度依賴少數幾個敵對狀態中會成為中國太空部隊攻擊目標的大型衛星。[17]美軍也可以進一步分散太平洋戰場的兵力，改善設施的強度，並在美軍區域兵力部署中建立備援機制。[18]整體而言，這些調整並不會取代正統軍備展示存在感和決心的角色，特別是在承平時期，也不會取代美國優勢潛艇艦隊在任何軍事突發事件的關鍵角色，但是它們將帶給中國更難以對應的挑戰。

政治軍事作戰計畫

除了為實際的熱戰（kinetic conflict）作準備之外，美國和其夥伴還須要發展一套政治和經濟的作戰計畫，用來嚇阻，甚或於必要時回擊中國對台灣的攻擊。在戰爭爆發的情況下，中國會受到重大的網路攻擊；其海底光纖網路電纜將被切斷，天基資產（space-based assets）或許也會成為攻擊目標。國際上可能發起協同一致的行動，阻止中國取得戰爭的關鍵物資和科技。美國海軍船艦可能將運送石油和液態天然氣到中國的船隻轉移到中立港口，扣押至敵對行為結束為止。由於中國有資源不足的情況，美方也可能對中國糧食進口施加壓力。

美國也可能凍結中國政府或中國公民在美國的所有資產。國際間可能會積極限制與中國的貿易和商業交易。美國可能會暫停支付中國政府或中國公民所持有的美國國債利息。[19]換句話說，全球經濟將受到重創；美國及其盟邦將把全球憤怒的矛頭指向中國，指責其好戰行為引發的動盪。

增強台灣的嚇阻能力

要應對中國可能發動的軍事突發事件，還有一個重要元素是支持台灣在國防理論和能力的發展，讓台灣充分運用地理優勢，在沿海地區攻擊入侵敵軍的最大弱點。為了朝此方向努力，華府需要與台灣組織四條安全合作線（lines of security engagement），包括：一、和台灣領導人合作制定防禦戰略；二、提供支援前述協定戰略的武器系統；三、專業交流，提供台灣部隊量身打造的訓練；四、在台灣周邊以持續、顯著的軍事行動來表明美國對台灣安全的支持。

在未來一段時間裡，美國可能需要更積極鼓勵台灣放棄採購大型傳統軍備，轉而把重點放在部署大量小型、便宜且機動性高的的裝備。[20]美國資深官員必須使其對接的台灣官員明白，華府只支持把符合上述防禦概念的武器、軍備和能力移轉給台灣。[21]換句話說，當台灣官員打算用二〇二二年全年度國防預算的一半來購買M1艾布蘭戰車或是六十六架F-16戰機時，美國決策者必須學會說「不」。考慮到緊繃的預算限制、這類設備在實際衝突中的作用有限，以及日後維護檢修這類裝備所需的大量資源，同意這類項目的軍售對台灣國防而言是弊大於利。

美國參與台灣安全議題的目標，是促使台灣具備在空中、海上以及陸地上進行長期阻卻戰鬥的能力，避免中國迅速藉武力控制台灣。這需要台灣投入大量資源在非對稱能力上，像是水雷、無人機、反艦巡弋飛彈以及短程機動防空系統，讓台灣組建一支機動、存活力強、創新的軍隊。

這樣的狀況需要作出一些取捨。台灣可能要面對的情況是，對應中共解放軍在台灣四周灰色地帶恫嚇行為的能力下降。舉例來說，台灣可能面臨能力上的侷限，無法在每一次共機擾台時都出動戰機應對；無法以明確而顯著的方式回應解放軍在台灣周遭每一次的海上行動。這是國防預算有限必須付出的代價。有限的資源運用，必須在遏止灰色地帶的挑戰與提高中國發動侵略的風險之間求取平衡。美軍在台灣附近穩定的存在，應當有助於減輕中共解放軍的灰色地帶恫嚇行為所造成的心理衝擊。

保家衛國的戰鬥是台灣輸不得的。台灣會因此把重點放在提升自己的能力，如果中國試圖發動侵略，就可以讓中國的軍備和生命陷入更大的風險。這樣做是要讓中國領導者的心目中，對解放軍能否透過軍事手段達成政治目的，產生不確定感。其目標在說服中國領導人，關於解決台灣問題，並不存在一個代價和風險可承受的軍事解決方案。

政治威脅

維持軍事嚇阻是最低限度的門檻，而非衡量成功的標準。北京並不光只是投資在軍事能力，同時也對台灣進行愈來愈有攻擊性的非暴力脅迫。這些行動是在不超出衝突門檻的情況下運作，目的是在台灣內部營造抵抗只是徒勞的氛圍，讓台灣民眾認定台灣終將被中國所吸納，現在尋求和平才是最明智的做法，而不是試圖阻止不可避免的後果，從而讓社會受到傷害。

令台灣社會分裂的黨派嚴重對立給北京提供了助力。大致而言，民進黨相信台灣跟中國是敵對的關係，過度依賴中國的經濟將令中國更有著力點可以迫使台灣在政治上屈服。國民黨的領導者則相信中國崛起是台灣的機會，只要能夠妥善管理兩岸關係並緩解緊張，台灣可以在不損及安全的情況下，從與大陸的聯繫中獲利。把中國視為「敵人」和「機遇」的看法在台灣並存，中國就有了挑撥分化的機會。以北京的觀點來看，比起團結的台灣，一個分裂的台灣較不可能長久脫離中國，同時也較易於操控。

軍事信號是中國心理施壓的重要手段之一。透過在台灣四周水域和空域明目張膽的軍事行動，北京試圖加深台灣民眾自身的脆弱感。北京經常以解放軍機入侵台灣防空識別區的方式作為報復，以表達對台灣一些動作的不滿。如果兩岸關係在未來進一步惡化，中共解放軍可能採取入侵台灣的十二海里領空、發射飛彈越過台灣上空，或是軍機飛越台灣的方式，來提高軍事的恫嚇。北京亦可能嘗試暫時阻斷進出台灣網路的流量，來展示台灣對外的連結都在中國指掌之間。鑑於有機會導致緊張情勢升高，這些可能的行動對北京來說都是高風險的賭博，不過倒也符合北京一貫「溫水煮青蛙」的策略——在不開第一槍的情況下，持續加大對台灣人民的施壓。

北京同時也試圖強化台灣在國際的孤立感。在本書寫作的同時，蔡英文總統任內的台灣邦交國數量已由二十二個減少至十四個。[22]中國的首席外交官王毅曾嘲弄台北，公開宣稱北京隨時都可以讓台灣的邦交國數目歸零。北京同時也嚴格限制台灣參與國際組織，甚至不允許台灣的一般民眾進入聯合國大樓，除非他們擁有中華人民共和國核發的身分證件。過去六年來，北京阻礙台灣參與每一個其自身占有席次的國際組織。

中國也使用經濟的脅迫手段。其中一個方式是以重金鼓勵台灣的創新者和專家搬到大陸，以掏空台灣的人才儲備。一份最近的報告顯示，有多達三千名台灣的半導體工程師已離開台灣，到中國的對手公司擔任職務，如果數字正確的話，占了近乎全台灣參與半導體研發的工程師總數——四萬名——的十分之一。[23]

中國在經濟上的另一個法寶，是對在中國做生意，卻支持北京反對的台灣政治人物的台灣企業和台商祭出懲罰。如第二章所提到的，在二〇二一年十一月，北京對於遠東集團提供民進黨政治獻金，作了殺雞儆猴式的懲處，儘管該集團同時間也提供政治獻金給國民黨。[24]

北京也運用統戰，嘗試在台灣營造更有利其目標的環境，包括在台灣內部找出、招募其同情者並與之合作。北京鼓勵這些人站出來現身說法，抨擊那些中方所反對的政治人物和政策。

中國的行動者也會散布假訊息和網路活動，詆毀他們反對的觀點並製造台灣內部的分裂。網路專家一再指出，台灣是外部網路入侵和攻擊的主要目標。舉例來說，二〇一九年九月，前美國駐台灣代表，AIT台北辦事處處長酈英傑就在台北的一場活動中公開指出，中國大陸二〇一八年對台灣的網路攻擊比二〇一七年增加了七倍，而且根據預估，二〇二〇年的網路攻擊又將上看二〇一九年的二十倍。據報導，酈英傑說惡意的行為者利用台灣網路的開放性來煽動分裂、鼓吹兩極化，並散播徹頭徹尾的謊言，讓民眾對民主體制失去信心。[25]由此可知，中國的領導者發現，距離其海岸線九十英里之外有一個活躍運作的華人民主社會，這件事已經動搖了國本。中國領導人並不希望台灣令他們在大陸治理表現相形失色，甚至成了不光彩的對比。

總和來看，北京以各種不同方式打擊台灣人民自信心的做法，風險比戰爭低，而且隨著時間推移，可能達成北京想要的結果，也就是不流血而併吞台灣。北京試圖說服台灣民眾接受統一的必然性，並且認為生活在國內分裂、國際孤立的社會裡不符合期望。不同於未來軍事衝突風險，這些並不是未來假設性的情境。北京不流血併吞台灣的政治作戰，早就已經在進行中。

對應非暴力脅迫的政策選項

中國在灰色地帶的挑戰，在美國政府回應外在威脅的組織中，並沒有清楚相對應的單位負責。和美國國防部負責遏阻衝突風險不同，美國並沒有（既定的）政府單位負責應對中國帶給台灣的多面向挑戰。相對而言，美國的回應方式必須多樣而靈活，並依循一個簡明易懂的原則——那就是，台灣對自己的未來越有信心，就越不易受中國的脅迫所影響。

美國決策者要面對的任務，將是推動務實可行的步驟，支持台灣在國際舞台享有尊嚴和尊重、維持創新的前沿地位、對其經濟競爭力感到安心，以及具有維護人民健康的能力。

美國有幾個尚未實現的選項，可有助於擴展台灣的國際空間。華府可以發起並主辦台灣與重要歐洲、北美及亞洲國家的三方會談。美國愈是將這類的活動常態化，其他國家與台灣領導階層以下官員的會晤就愈不會受限。這類的交流除了具有實質上的價值之外，也有助其他先進工業化國家關注維護台海和平穩定所帶來的利益。

如第二章所討論，近來透過GCTF進行的三邊合作，為這類基於議題的交流提供了有用的先例。GCTF讓台灣有場合可以針對全球面臨的挑戰作出貢獻，並可受益於這些努力所衍生的善意。

美國也可以建立一套標準做法，在台灣被排除參與的多邊會議中，就公共安全和公共衛生等問題與台灣相關部門進行諮商。舉例來說，如果台灣繼續被世界衛生組織和國際刑警組織的會議拒於門外，那麼美國可以組織與台灣相關官員的會議，分享台灣原本無從取得的資訊，包括派遣官員到台灣進行這類的會談。上述努力可以提升美台雙方的安全和保障。華府也可以建立另外一套標準做法，在台灣被排除在外的多邊會議前後，公開與台灣的相關單位會晤，如此，美國官員得以了解台灣的優先事項，並確保它們在多邊會議的進行中得到代表。[26]

美方也可以私下和北京溝通，讓他們了解對台灣外交持續施壓的策略可能引來美國補償性的回應。美國的相關官員可以向其對應的中國官員強調，確保台灣在不需以國家為會員條件的領域被納入國際體系，符合美國利益。台灣對國際面臨的挑戰可以提供實質的貢獻，而且，台灣兩千三百五十萬人民的健康和安全也是美國人民所關切的議題。中國持續限制台灣國際空間的做法，將迫使美國放寬一些政策上的限制，例如台灣高層官員的過境美國，或是促使美國召開更多把台灣納入的多邊會談。與中國官員進行這類私下交涉，目的並非確實開展增加台灣國際空間，而是企圖影響中國對於壓縮台灣空間的成本效益盤算，使得北京得出結論，相信進一步的對台施壓不符其利益。不過，這個方法要奏效，中國也必須有自信，如果減少了對台灣的施壓，美國不會把這種姿態當成是北京單方面的讓步，並將對此作出相對的適當回報。

另一個需要美國加強力度遏止中國壓力的領域落在貿易和經濟議題。雄厚的經濟實力對於台灣降低受脅迫的脆弱程度至關重要，同時也是台灣安全的基礎。[27]近幾十年來，美國對台灣的經濟政策始終脫離了國家的整體戰略；自二〇〇一年以來，雙方不曾簽署重要的雙邊貿易或投資協議。

同一時期，北京則是加強邊緣化台灣的經濟競爭力，包括將台灣排除於亞洲的經濟整合之外，並且限制台灣只能和已經和中國完成自由貿易協定，或者獲得北京同意的國家簽署自由貿易協定。到目前為止，突破這些障礙的只有紐西蘭和新加坡。這兩國的協定都是在馬英九時代完成，兩岸關係在當時仍有定期常態的交流，台灣在國際關係和經濟參與也有相對較大的彈性。換句話說，美台貿易議題的停滯不前，讓台灣面對競爭對手時落居下風，所有這些競爭者都是《區域全面經濟夥伴協定》等亞洲區域整合倡議的會員國。

最具有企圖心的政策選項之一，是美國和台灣就雙邊貿易協定進行談判。此項努力可以開創先例，並提供台灣其他貿易夥伴可遵循的藍圖。如果華府的政治風向仍不支持自由貿易協定，雙方可先就最終協定的個別章節進行談判，採取逐步建構的方式，對數據隱私和跨境數據傳輸等新出現的議題建立規則。台灣也可以從加入《跨太平洋夥伴全面進步協定》中獲益，不過由於美國並未加入協議，華府推動台灣加入的影響力有限。

對於包括半導體在內的關鍵科技，美台雙方也應該強化在供應鏈和研發方面的整合。台積電於二〇二〇年決定在亞利桑那州興建價值一百二十億美元的晶片廠，朝這個方向邁出了充滿希望的一步。台灣在美國的投資創造了就業機會，也和州級官員建立友好關係，有助培養支持深化美台關係的關鍵選民。在美國的這類投資也促進了一個更具韌性、在地理上更加平衡的供應鏈。然而，它們並不會減少美國對於台灣高端半導體晶片的依賴。正如英特爾執行長季辛格（Pat Gelsinger）所指出的，美國不可能擺脫對台灣晶片生產的依賴。[28]世界上沒有其他國家能夠替代台灣半導體的生產。也因此，維護台海的穩定，對每一個融入全球經濟的國家都有著利害關係。

台灣對國際間技術標準的討論涉入更多，對美國和台灣都可帶來好處。美國可以發揮促進的作用，引領台灣加入它與澳洲、日本、歐盟等其他夥伴間已在進行的多邊討論，像是協調出口管制，以及關於網路、物聯網、無人駕駛車與其他新興科技的新規範。台灣參與這些討論，除了可以對新規範作出有意義的貢獻，同時也可以推動台灣的領導人調整政策，以因應產業和技術的迅速變革。

同樣對美台雙方有好處的做法，是成立一個由政策決定者、創新者、產業領袖、風險投資家及研究人員組成的領導團體，由他們探討深化互利合作的方式，把台灣的硬體專業與美國領先的軟體創新突破結合在一起。[29]美國和台灣如果能夠共同帶頭發展公民營合作夥伴關係、建立二十一世紀貿易議題——例如數據傳輸與隱私——的國際標準和最佳監管做法，將使台灣更有利於吸引到投資和人才。

雙方另一個可以深化合作並受益的領域是公共衛生。基於台灣尖端的醫療產業製造能力，以及應對SARS和新冠病毒等公衛危機所展現的韌性，台灣對於支持醫療供應鏈擺脫對中國的依賴具有獨特的優勢。即使中國持續阻撓台灣參與世界衛生組織，只要台灣能更深入參與全球醫療供應鏈，就能更了解全球各地最新衛生狀況，以及應對新出現的健康威脅的最佳做法。

美國與台灣在外交、經濟、科技和公共衛生——或這些領域之間的某些組合——的協調合作，附帶的好處是削弱北京企圖影響外界對台灣觀感的作為。要破除北京關於台灣愈來愈孤立和脆弱的論述，最有用的辦法就是展示出台灣正在持續繁榮發展，同時也在過程中深化它與美國和其他國家的關係。

為了讓這套論述無懈可擊，台灣的領導者本身需要採取一些重要步驟，就強化台灣社會、治理體系以及經濟競爭力，建立禁得起時間考驗的政治共識。其中，有三個格外重要的步驟需要即刻進行。

首先，如果台灣領導者能就創造更多財政收入，以履行其責任的必要性達成共識，將可為台灣帶來好處。台灣面臨的特殊挑戰有以下的需求：強大的國防以對抗日增的威脅；加強醫療照護以應對快速高齡化的人口；以及給新世代更多的機會，使其能對台灣經濟成長作出貢獻。就目前而言，台灣政府方面尚未創造足夠的稅收來滿足這些相互競爭的需求，也並未依照需求的輕重緩急安排先後順序。結果是台灣領導者只提出半套的解決方案，以致問題隨時間推移而更加嚴重。過去十年來，稅收約占GDP的百分之十二點四，雖說相對穩定，然而同時間台灣的GDP已經增長了約三分之一。[30]展望未來，台灣的領導者有必要提高稅收以提供台灣人民所期待的照護、安全和機會。

其次，台灣領導者如果能就改變兩岸關係的必須條件建立共識，將有助強化台灣。他們應該要有一個原則性的認知，就是任何經由談判解決兩岸歧見的決議，都需要透過合乎程序的議案修正。這個原則可以消解兩岸議題在政治上的紛爭，因為它闡明了兩岸關係的任何調整都需要得到人民的支持，而非僅透過民選官員的批准。同時，這樣的共識也將把壓力丟還給北京：如果中國想要在拉近兩岸關係的工作取得進展，就需要以全體台灣人民的利益為訴求。

第三點，和前一點相關的是，如果台灣的領導者能達成共識，同意台灣面臨具體的外部威脅，且需要政黨的合作來面對這個威脅，將有助於台灣地位的維持。他們需要的是類似於美國杜魯門總統和他政治對手們在冷戰剛開始時的精神，同意「政爭止於國境之內」（politics stops at the water's edge）。以務實層面來看，台灣的領導者可以把這種精神化為行動，同意在兩黨政治的基礎上，反對外來勢力干預台灣的選舉過程。有鑑於中國在台灣的低支持率，國民黨領導人應該基於維護自身利益的原則，理解被認定與北京勾結有損其名聲——不論是否出於正當的理由，由於台灣選民對中國有著干涉台灣內政的惡劣印象，「與北京勾結」的外界觀感將傷害國民黨的選情。如果兩黨都能認知到，台灣選民的意志是決定由誰來領導台灣的唯一基礎，台灣的民主制度將更加強壯。

總而言之，中國的非暴力政治脅迫真實存在、持續進行，而且針對台灣的弱點——也就是台灣人民對於未來的信心——進行攻擊。中國領導者投入大量心力在政治活動，尋求以兵不血刃的方式迫使台灣屈服。華府和台北的反應和行動，將左右北京所製造心理壓力的最後結果。有許多的機會可以強化台灣人民對他們未來的信心，並且確保他們可以為自己的未來作主。

華府和台北的決策者應當要預期到，基於較低的成本和風險，北京將持續政治脅迫的行動。尚待解決的問題是，華府和台北的領導者是否能拿出決心和政治意志，按本章所述的這些機會來採取行動。

再議美國維護台海和平與穩定的角色

在美國黯然撤離阿富汗之後，面對俄羅斯入侵烏克蘭、美國國內的政治紛擾，再加上中國的快速提升軍備，美國的決策者們迫切地感受到需要「有所作為」（do something）來反轉台海的趨勢。中國似乎即將取勝，因為它正逐步化解美國的嚇阻力量；如果中國正在取勝，那麼美國自然即將落敗。如果美國即將落敗，那麼就必須盡快對政策和立場作出重大改變。

上述想法雖然可以理解，卻不是良好戰略和政策的基礎。無可迴避的事實是，並非世上所有的問題都適用美國式的解決方案。台灣就是一個鮮明的例證。

美國在台灣的政策和策略，目的不在「打贏」中國。台灣的兩千三百五十萬人民，並不是大國爭奪二十一世紀亞洲主導權的競賽中任人擺布的棋子。他們是美國的朋友，與美國人民抱持著彼此相近的理念和願望。

維持台灣海峽的和平穩定與避免衝突，是自二戰以來美國政策的一貫目標。美國政策旨在維護台灣的政治自主、文化和經濟上的蓬勃，以及在不觸發衝突的情況下維繫美國安全承諾的可信度。成功的美國政策，意味著為台灣扮演繁榮民主成功故事的典範創造條件，同時也提供時間和空間上的保障，讓台灣人民可接受的最終和平解決方案有機會出現。

正如已故的容安瀾（Alan Romberg）所提的睿智建議：

> 兩岸關係的根本決定權落在最直接相關的兩方：台北和北京。不過美國的角色非常重要。雖然任何一位［美國］總統都有權改變政策，但他／她有義務在經過深思熟慮，理解他／她所作的改變，以及改變可能帶來的長期效應之後，才作出這樣的決定。考量對台政策及其對整體美中關係的影響而言，決策時需要全心致志、努力不懈，不光是掌握關係正常化承諾的大致輪廓，還要清楚了解令承諾有效的細節和微妙差異——以及關鍵的模糊地帶。如果不這麼做，非但不負責任，而且還可能把我們帶到懸崖的邊緣。[31]

解決台灣問題的挑戰並不是美國的工作。美國在海峽兩岸之間也沒有調停斡旋的角色。目前北京和台北也都沒有尋求美國干預兩岸的協商。

同樣地，美國的角色也不是跳過台灣領導人，直接與北京協商關於美國與台灣的關係，因為台灣領導人是由人民直選，代表台灣的普遍民意。過去歷史上，美國領導人曾有採取這類行動的先例，包括羅斯福總統在二次大戰後決定把台灣歸還給中國，尼克森總統在一九七一到一九七二年間私下向中國領導人聲明，認為台灣是中國的一部分，還有卡特總統在一九七九年與北京關係正常化，並取消對台北的國家承認。自台灣在一九八六年民主化之後，美國政策改變若會影響到台灣安全，美國官員通常會事先與台灣的領導人進行磋商。[32]這個做法應該延續。關於美國的決定會如何影響台灣利益，台灣領導人會是最佳的裁判。

對於兩岸解決方案的實質內容，美國過去一向沒有採取立場，不管是台灣與中國統一、建立一個聯邦，或是其他任何的可能情境。不過華府一貫不支持台灣獨立，同時也始終堅定反對任何一方片面改變現狀。

十多年前，美國必須要公開反對台灣總統陳水扁試圖推動的入聯公投。如今，美國的政策焦點更集中於在軍事上嚇阻中國，以及挑戰中國一再對台灣進行的脅迫。未來事態演變是否會讓美國政策焦點再次轉移，仍有待觀察。不論是二〇二四年、二〇二八年，或是更久以後的未來，台灣都可能出現煽動性的領導者，試圖尋求和美國基本利益相違背的政策。不論如何，美國回應任何情境最好的方式是維持雙重嚇阻的政策——嚇阻北京武力併吞台灣，同時也嚇阻台灣追求**法理**獨立。美國維持台海和平穩定的長期利益，使其必須出面阻斷這兩條會導向衝突的途徑。

美國對台政策在顯得有原則、平衡、有自信而且目的清晰時，才是最有效的。近來美國因為自身在台灣海峽的角色逐漸弱化而感到不安，故而在衝動之下採取積極行動，以致偏離了美國長期的政策立場，其中有不少的政策實驗並不明智，對美國長期的目標更是弊大於利。

舉例來說，美國國務卿蓬佩奧把對台灣的支持與對香港事件的不滿連結在一起，助長了台灣被華府視為一顆棋子、而非合作夥伴的不良論述。[33]公開美國高層與台灣官員私下的會談——像之前美國國家安全顧問波頓與台灣官員會談後的做法——迫使北京對台灣祭出顯而易見的懲罰措施，如果會談能像過去行之有年的例子一樣維持在檯面下，這樣情形就不至於發生。在美國正式的政府文件和聲明裡稱台灣為「國家」，是川普政府和拜登政府都曾出現的情況，這給外界的印象是，負責台灣政策的人若非經驗不足、對美國政策的歷史缺乏理解，就是別有用心，企圖利用台灣來打擊中國，或是意圖削弱美中的關係。不論是哪一種，都會讓人對美國資深官員的能力和觀感大打折扣。

美國國會發送對台灣「道義支持」的訊號，也對美國政策添加一些問題。這一類不具有約束力的決議案對美國政策的執行幾乎沒有影響，因為根據憲法，這是行政部門的職權。然而，這類的決議案的確會提高台灣對於美國支持的期待，同時也會升高台海的緊張，部分原因是北京沒有政府對等部門權力分立的經驗，無法精確理解該如何詮釋無約束力的條文。換句話說，從外交政策的角度來看，這類的決議製造了成本和風險，卻沒有實質的相對應好處。

在國防策畫的圈子裡，近來也出現一種想法，認為美國必須排除台灣落入北京手中的可能性。這套思維反映在柯伯吉（Elbridge Colby）的書《拒止戰略》（*The Strategy of Denial*）和其他一些地方，按照他們的邏輯，如果台灣真的與中國統一——不論是和平統一與否——那麼中國將可以利用台灣投射軍力，包抄日本與菲律賓、啟動骨牌效應，讓中國取得在亞洲獨占的勢力範圍，而美國則因此蒙受損失。換句話說，台灣就是瓶口上的軟木塞，阻止美國在世界舞台領導地位的鬆動崩塌。雖然說柯伯吉等人的預測，更進一步放大了美國過去既有的焦慮和不安全感，不過他們的觀點基本上是源自麥克阿瑟將軍在一九五〇年代初期的看法，麥克阿瑟主張台灣是戰略上的資產，是必須保留在美國這一邊，扮演「永不沉沒的航空母艦」。時過境遷，如今的軍力投射、國際體系的權力分配，以及國力的根源，跟一九五〇年代比起來都有了很大的變化。因此，在理解台灣對美國的利益時，也有必要作出改變。

美國方面明智的做法是，不要為了存於未來的假設性問題，而先發制人反對任何和平解決兩岸分歧的做法。美國在任何情況下都反對統一，恐怕會讓美國和中國走入無可轉圓的衝突道路。美國會釋放出一種訊息，似乎美國支持台灣，是出自一個毫不在意台灣人民觀點的戰略邏輯，也還會製造不必要的對立情緒，畢竟在台灣的政治環境下，透過和平談判處理兩岸歧見，原本就已經是困難重重。美國反對解決兩岸歧見的和平方案不僅不必要，整體來說對美國維護台海和平穩定的長期利益也沒有幫助。

當前台海局勢需要的是美國的堅定和穩健，而非驚慌。衝突的風險確實存在，華府、台北，還有其他國家政府，應當強化能力來抵禦北京以武力併吞台灣，但是他們同時也必須關注宏觀的戰略全局。

衝突並不是注定的必然。任何在台灣海峽的衝突必定會對參與的各方造成慘重傷害。中國如果發動侵略台灣，它無法確定美國會坐視不管，而一旦美國介入（這是很可能的），北京幾乎不可能控制衝突的升級程度或是地理範圍。

北京本身也有避戰的動機。北京在當前的情況下無法確保絕對的勝利，無法在短時間內達成完全統一的目標，將損及中國共產黨在國內的合法地位。衝突持續得越久，中國人民所受的損失和傷害就越大。為了統一台灣的目標，北京等於是把國家的長期願景拿去抵押。

美國的決策者必須清楚認識到，台海的緊張不僅是一場軍事的競爭，或者對強權意志的考驗。它也不是對於未來的假想。中國已經展開消磨台灣民心的政治作戰，這才是台灣未來之爭目前的重心所在。

如果美國的決策者想要支持台灣，他們需要做的不只是專注於軍事的威脅。在眾多待完成的工作中，加強對中國侵略的防禦只是個開始，而不是結束。美國官員還必須努力強化台灣的國際地位、經濟競爭力、公共衛生，以及堅信它在亞洲中心持續扮演有活力的民主政體典範的自信心。

致力於支持這些目標的達成，完全符合美國長期以來的戰略和政策，也符合美國在台灣海峽活動的主要焦點——為台北和北京保留空間，以找出台灣人民能接受的兩岸歧見解方。這個任務可能要花上好幾年、好幾十年，甚至更久的時間。美國的角色並不是去解決這些問題，而是維持一條開放的路徑，讓這些問題終能得到解決。

以下為附錄及註釋，請由書末翻閱。

國家圖書館出版品預行編目

步步為營：解讀美中台未來 7 種情境 / 何瑞恩(Ryan Hass), 葛來儀(Bonnie Glaser), 卜睿哲(Richard Bush)作 ; 陳佳瑜, 謝樹寬譯. -- 初版. -- 臺北市 : 聯利媒體股份有限公司, 2023.12
面； 公分
譯自：U.S.-Taiwan Relations：Will China's Challenge Lead to a Crisis?
ISBN 978-626-97507-2-6(平裝)

1.CST: 美中臺關係 2.CST: 兩岸關係
3.CST: 國際關係 4.CST: 國際政治

578.252 112017776

步步為營：解讀美中台未來7種情境

U.S.—Taiwan Relations: Will China's Challenge Lead to a Crisis?

作　　者　何瑞恩（Ryan Hass）、葛來儀（Bonnie Glaser）、卜睿哲（Richard Bush）
譯　　者　陳佳瑜、謝樹寬
文字編輯　尹懷君
封面設計　王嵩賀
圖文排版　黃莉珊

出版策劃　陳文琦、劉文硯、詹怡宜
聯利媒體股份有限公司（TVBS Media Inc.）
地址：114504台北市內湖區瑞光路451號
電話：02-2162-8168
傳真：02-2162-8877
http://www.tvbs.com.tw
總製作人　楊樺
總 校 對　范立達
T 閱 讀　林芳穎、俞璟瑤
國際事務　蔣翠芳、朱蕙蓮
品牌行銷　戴天易、葉怡妏、黃聖涵、高嘉甫
行政業務　吳孟黛、趙良維、蕭誌偉、鄭語昕、林承輝、高于晴、林子芸
法律顧問　TVBS 法律事務部
印製發行　秀威資訊科技股份有限公司
地址：114504台北市內湖區瑞光路76巷65號1樓
電話：02-2796-3638
http://www.showwe.tw
讀者服務信箱：service@showwe.tw
網路訂購／秀威網路書店：https://store.showwe.tw

2023 年 12 月 01 日 初版一刷
2024 年 03 月 初版三刷
定價 平裝新台幣 460 元（如有缺頁或破損，請寄回更換）

ISBN：978-626-97507-2-6

請由此翻閱 →

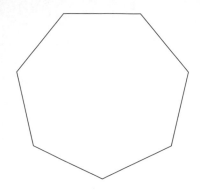

附錄 A　中美三個聯合公報

中華人民共和國和美利堅合眾國聯合公報（上海公報）[1]

一九七二年二月二十八日

應中華人民共和國總理周恩來的邀請，美利堅合眾國總統理查德・尼克松（理查・尼克森）自一九七二年二月二十一日至二月二十八日訪問了中華人民共和國。陪同總統的有尼克松夫人、美國國務卿威廉・羅傑斯（William Rogers）、總統助理亨利・基辛格（亨利・季辛吉）博士和其他美國官員。

尼克松總統於二月二十一日會見了中國共產黨主席毛澤東。兩位領導人就中美關係和國際事務認真、坦率地交換了意見。

訪問中，尼克松總統和周恩來總理就美利堅合眾國和中華人民共和國關係正常化以及雙方關心的其他問題進行了廣泛、認真和坦率的討論。此外，國務卿威廉・羅傑斯和外交部長姬鵬飛也以同樣精神進行了會談。

尼克松總統及其一行訪問了北京，參觀了文化、工業和農業項目，還訪問了杭州和上海，在那裡繼續同中國領導人進行討

[1] 編按：美中三公報中文版取自中華人民共和國駐美利堅合眾國大使館網站重要文件資料，文中譯名採用中國版本，若與台灣版本譯名有所不同，則於首次出現時標記台灣版本譯名。

論，並參觀了類似的項目。

中華人民共和國和美利堅合眾國領導人經過這麼多年一直沒有接觸之後，現在有機會坦率地互相介紹彼此對各種問題的觀點，對此，雙方認為是有益的。他們回顧了經歷著重大變化和巨大動盪的國際形勢，闡明了各自的立場和態度。

中國方面聲明：哪裡有壓迫，哪裡就有反抗。國家要獨立，民族要解放，人民要革命，已成為不可抗拒的歷史潮流。國家不分大小，應該一律平等，大國不應欺負小國，強國不應欺負弱國。中國絕不做超級大國，並且反對任何霸權主義和強權政治。中國方面表示：堅決支持一切被壓迫人民和被壓迫民族爭取自由、解放的鬥爭；各國人民有權按照自己的意願，選擇本國的社會制度，有權維護本國獨立、主權和領土完整，反對外來侵略、干涉、控制和顛覆。一切外國軍隊都應撤回本國去。中國方面表示：堅決支持越南、老撾（寮國）、柬埔寨三國人民為實現自己的目標所作的努力，堅決支持越南南方共和臨時革命政府的七點建議以及在今年二月對其中兩個關鍵問題的說明和印度支那人民最高級會議聯合聲明；堅決支持朝鮮民主主義人民共和國政府一九七一年四月十二日提出的朝鮮和平統一的八點方案和取消「聯合國韓國統一復興委員會」的主張；堅決反對日本軍國主義的復活和對外擴張，堅決支持日本人民要求建立一個獨立、民主、和平和中立的日本的願望；堅決主張印度和巴基斯坦按照聯合國關係印巴問題的決議，立即把自己的軍隊全部撤回到本國境內以及查謨和克什米爾（喀什米爾）停火線的各自一方，堅決支持巴基斯坦政府和人民維護獨立、主權的鬥爭以及查謨和克什米爾人民爭取自決權的鬥爭。

美國方面聲明：為了亞洲和世界的和平，需要對緩和當前的緊張局勢和消除衝突的基本原因作出努力。美國將致力於建立公正而穩定的和平。這種和平是公正的，因為它滿足各國人民和各國爭取自由和進步的願望。這種和平是穩定的，因為它消除外來侵略的危險。美國支持全世界各國人民在沒有外來壓力和干預的情況下取得個人自由和社會進步。美國相信，改善具有不同意識形態的國與國之間的聯繫，以便減少由於事故、錯誤估計或誤會而引起的對峙的危險，有助於緩和緊張局勢的努力。各國應該互相尊重並願進行和平競賽，讓行動作出最後判斷。任何國家都不應自稱一貫正確，各國都要準備為了共同的利益重新檢查自己的態度。美國強調：應該允許印度支那各國人民在不受外來干涉的情況下決定自己的命運；美國一貫的首要目標是談判解決；越南共和國和美國在一九七二年一月二十七日提出的八點建議提供了實現這個目標的基礎；在談判得不到解決時，美國預計在符合印度支那每個國家自決這一目標的情況下從這個地區最終撤出所有美國軍隊。美國將保持其與大韓民國的密切聯繫和對它的支持；美國將支持大韓民國為謀求在朝鮮半島緩和緊張局勢和增加聯繫的努力。美國最高度地珍視同日本的友好關係，並將繼續發展現存的緊密紐帶。按照一九七一年十二月二十一日聯合國安全理事會的決議，美國贊成印度和巴基斯坦之間的停火繼續下去，並把全部軍事力量撤至本國境內以及查謨和克什米爾停火線的各自一方；美國支持南亞各國人民和平地、不受軍事威脅地建設自己的未來的權利，而不使這個地區成為大國競爭的目標。

中美兩國的社會制度和對外政策有著本質的區別。但是，雙方同意，各國不論社會制度如何，都應根據尊重各國主權和領土

完整、不侵儿[2]別國、不干涉別國內政、平等互利、和平共處的原則來處理國與國之間的關係。國際爭端應在此基礎上予以解決，而不訴諸武力和武力威脅。美國和中華人民共和國準備在他們的相互關係中實行這些原則。

考慮到國際關係的上述這些原則，雙方聲明：

- 中美兩國關係走向正常化是符合所有國家的利益的；
- 雙方都希望減少國際軍事衝突的危險；
- 任何一方都不應該在亞洲－太平洋地區謀求霸權，每一方都反對任何其他國家或國家集團建立這種霸權的努力；
- 任何一方都不準備代表任何第三方進行談判，也不準備同對方達成針對其他國家的協議或諒解。

雙方都認為，任何大國與另一大國進行勾結反對其他國家，或者大國在世界上劃分利益範圍，那都是違背世界各國人民利益的。

雙方回顧了中美兩國之間長期存在的嚴重爭端。中國方面重申自己的立場：台灣問題是阻礙中美兩國關係正常化的關鍵問題；中華人民共和國政府是中國的唯一合法政府；台灣是中國的一個省，早已歸還祖國；解放台灣是中國內政，別國無權干涉；全部美國武裝力量和軍事設施必須從台灣撤走。中國政府堅決反對任何旨在製造「一中一台」、「一個中國、兩個政府」、「兩個中國」、「台灣獨立」和鼓吹「台灣地位未定」的活動。

美國方面聲明：美國認識到，在台灣海峽兩邊的所有中國人

---

2 編按：中華人民共和國駐美利堅合眾國大使館歷史文件資料中，此處為「侵入」，但美國在台協會歷史網站封存區標記原文為「侵儿」，此處照後者原文載入。

都認為只有一個中國，台灣是中國的一部分。美國政府對這一立場不提出異議。它重申它對由中國人自己和平解決台灣問題的關心。考慮到這一前景，它確認從台灣撤出全部美國武裝力量和軍事設施的最終目標。在此期間，它將隨著這個地區緊張局勢的緩和逐步減少它在台灣的武裝力量和軍事設施。

雙方同意，擴大兩國人民之間的瞭解是可取的。為此目的，他們就科學、技術、文化、體育和新聞等方面的具體領域進行了討論，在這些領域中進行人民之間的聯繫和交流將會是互相有利的。雙方各自承諾對進一步發展這種聯繫和交流提供便利。

雙方把雙邊貿易看作是另一個可以帶來互利的領域，並一致認為平等互利的經濟關係是符合兩國人民的利益的。他們同意為逐步發展兩國間的貿易提供便利。

雙方同意，他們將通過不同渠道保持接觸，包括不定期地派遣美國高級代表前來北京，就促進兩國關係正常化進行具體磋商並繼續就共同關心的問題交換意見。

雙方希望，這次訪問的成果將為兩國關係開闢新的前景。雙方相信，兩國關係正常化不僅符合中美兩國人民的利益，而且會對緩和亞洲及世界緊張局勢作出貢獻。

尼克松總統、尼克松夫人及美方一行對中華人民共和國政府和人民給予他們有禮貌的款待，表示感謝。

引述來源：美國在台協會歷史網站封存區

https://web-archive-2017.ait.org.tw/zh/us-joint-communique-1972.html

Joint Communiqué of the United States of America and the People's Republic of China (Shanghai Communiqué)

February 27, 1972

JOINT COMMUNIQUÉ

February 28, 1972

Shanghai, People's Republic of China

President Richard Nixon of the United States of America visited the People's Republic of China at the invitation of Premier Chou En-lai of the People's Republic of China from February 21 to February 28, 1972. Accompanying the President were Mrs. Nixon, US Secretary of State William Rogers, Assistant to the President Dr. Henry Kissinger, and other American officials.

President Nixon met with Chairman Mao Tse-tung of the Communist Party of China on February 21. The two leaders had a serious and frank exchange of views on Sino-US relations and world affairs.

During the visit, extensive, earnest and frank discussions were held between Presi- dent Nixon and Premier Chou En-lai on the normalization of relations between the United States of America and the People's Republic of China, as well as on other matters of interest to both sides. In addition, Secretary of State William Rogers and Foreign Minister Chi Peng-fei held talks in the same spirit.

President Nixon and his party visited Peking and viewed cultural, industrial and agricultural sites, and they also toured Hangchow and Shanghai where, continuing discussions with Chinese leaders, they viewed similar places of interest.

The leaders of the People's Republic of China and the United States of America found it beneficial to have this opportunity, after so many years without contact, to present candidly to one another their views on a variety of issues. They reviewed the international situation in which important changes and great upheavals are taking place and expounded their respective positions and attitudes.

The Chinese side stated: Wherever there is oppression, there is resistance. Countries want independence, nations want liberation and the people want revolution — this has become the irresistible trend of history. All nations, big or small, should be equal: big nations should not bully the small and strong nations should not bully the weak. China will never be a superpower and it opposes hegemony and power politics of any kind. The Chinese side stated that it firmly supports the struggles of all the oppressed people and nations for freedom and liberation and that the people of all countries have the right to choose their social systems according their own wishes and the right to safeguard the independence, sovereignty and territorial integrity of their own countries and oppose foreign aggression, interference, control and subversion. All foreign troops should be withdrawn to their own countries. The Chinese side expressed its firm support to the peoples of Viet Nam, Laos and Cambodia in their efforts for the attainment of their goal and its firm support to the seven-point proposal of

the Provisional Revolutionary Government of the Republic of South Viet Nam and the elaboration of February this year on the two key problems in the proposal, and to the Joint Declaration of the Summit Conference of the Indochinese Peoples. It firmly supports the eight-point program for the peaceful unification of Korea put forward by the Government of the Democratic People's Republic of Korea on April 12, 1971, and the stand for the abolition of the "UN Commission for the Unification and Rehabilitation of Korea". It firmly opposes the revival and outward expansion of Japanese militarism and firmly supports the Japanese people's desire to build an independent, democratic, peaceful and neutral Japan. It firmly maintains that India and Pakistan should, in accordance with the United Nations resolutions on the Indo-Pakistan question, immediately withdraw all their forces to their respective territories and to their own sides of the ceasefire line in Jammu and Kashmir and firmly supports the Pakistan Government and people in their struggle to preserve their independence and sovereignty and the people of Jammu and Kashmir in their struggle for the right of self-determination.

The US side stated: Peace in Asia and peace in the world requires efforts both to reduce immediate tensions and to eliminate the basic causes of conflict. The United States will work for a just and secure peace: just, because it fulfills the aspirations of peoples and nations for freedom and progress; secure, because it removes the danger of foreign aggression. The United States supports individual freedom and social progress for all the peoples of the world, free of outside pressure or intervention. The United States believes that the effort to reduce tensions is served by improving communication between countries that have different ideologies so as to lessen the risks

of confrontation through accident, miscalculation or misunderstanding. Countries should treat each other with mutual respect and be willing to compete peacefully, letting performance be the ultimate judge. No country should claim infallibility and each country should be prepared to reexamine its own attitudes for the common good. The United States stressed that the peoples of Indochina should be allowed to determine their destiny without outside intervention; its constant primary objective has been a negotiated solution; the eight-point proposal put forward by the Republic of Viet Nam and the United States on January 27, 1972 represents a basis for the attainment of that objective; in the absence of a negotiated settlement the United States envisages the ultimate withdrawal of all US forces from the region consistent with the aim of self-determination for each country of Indochina. The United States will maintain its close ties with and support for the Republic of Korea; the United States will support efforts of the Republic of Korea to seek a relaxation of tension and increased communication in the Korean peninsula. The United States places the highest value on its friendly relations with Japan; it will continue to develop the existing close bonds. Consistent with the United Nations Security Council Resolution of December 21, 1971, the United States favors the continuation of the ceasefire between India and Pakistan and the withdrawal of all military forces to within their own territories and to their own sides of the ceasefire line in Jammu and Kashmir; the United States supports the right of the peoples of South Asia to shape their own future in peace, free of military threat, and without having the area become the subject of great power rivalry.

There are essential differences between China and the United States in

their social systems and foreign policies. However, the two sides agreed that countries, regardless of their social systems, should conduct their relations on the principles of respect for the sovereignty and territorial integrity of all states, non-aggression against other states, non-interference in the internal affairs of other states, equality and mutual benefit, and peaceful coexistence. International disputes should be settled on this basis, without resorting to the use or threat of force. The United States and the People's Republic of China are prepared to apply these principles to their mutual relations.

With these principles of international relations in mind the two sides stated that:

— progress toward the normalization of relations between China and the United States is in the interests of all countries
— both wish to reduce the danger of international military conflict
— neither should seek hegemony in the Asia-Pacific region and each is opposed to efforts by any other country or group of countries to establish such hegemony
— neither is prepared to negotiate on behalf of any third party or to enter into agreements or understandings with the other directed at other states.

Both sides are of the view that it would be against the interests of the peoples of the world for any major country to collude with another against other countries, or for major countries to divide up the world into spheres of interest.

The two sides reviewed the long-standing serious disputes between China and the United States. The Chinese side reaffirmed its position: the Taiwan question is the crucial question obstructing the normalization of relations between China and the United States; the Government of the People's Republic of China is the sole legal government of China; Taiwan is a province of China which has long been returned to the motherland; the liberation of Taiwan is China's internal affair in which no other country has the right to interfere; and all US forces and military installations must be withdrawn from Taiwan. The Chinese Government firmly opposes any activities which aim at the creation of "one China, one Taiwan", "one China, two governments", "two Chinas", an "independent Taiwan" or advocate that "the status of Taiwan remains to be determined".

The US side declared: The United States acknowledges that all Chinese on either side of the Taiwan Strait maintain there is but one China and that Taiwan is a part of China. The United States Government does not challenge that position. It reaffirms its interest in a peaceful settlement of the Taiwan question by the Chinese themselves. With this prospect in mind, it affirms the ultimate objective of the withdrawal of all US forces and military installations from Taiwan. In the meantime, it will progressively reduce its forces and military installations on Taiwan as the tension in the area diminishes. The two sides agreed that it is desirable to broaden the understanding between the two peoples. To this end, they discussed specific areas in such fields as science, technology, culture, sports and journalism, in which people-to-people contacts and exchanges would be mutually beneficial. Each side undertakes to facilitate the further development of such contacts and exchanges.

Both sides view bilateral trade as another area from which mutual benefit can be derived, and agreed that economic relations based on equality and mutual benefit are in the interest of the peoples of the two countries. They agree to facilitate the progressive development of trade between their two countries.

The two sides agreed that they will stay in contact through various channels, including the sending of a senior US representative to Peking from time to time for concrete consultations to further the normalization of relations between the two countries and continue to exchange views on issues of common interest.

The two sides expressed the hope that the gains achieved during this visit would open up new prospects for the relations between the two countries. They believe that the normalization of relations between the two countries is not only in the interest of the Chinese and American peoples but also contributes to the relaxation of tension in Asia and the world.

President Nixon, Mrs. Nixon and the American party expressed their appreciation for the gracious hospitality shown them by the Government and people of the People's Republic of China.

Source: Public Papers: Nixon, 1972, pp. 376-79.

中華人民共和國和美利堅合眾國關於建立外交關係的聯合公報（中美建交公報）

中華人民共和國和美利堅合眾國商定自一九七九年一月一日起互相承認並建立外交關係。

美利堅合眾國承認中華人民共和國政府是中國的唯一合法政府。在此範圍內，美國人民將同台灣人民保持文化、商務和其他非官方關係。

中華人民共和國和美利堅合眾國重申上海公報中雙方一致同意的各項原則，並再次強調：

- 雙方都希望減少國際軍事衝突的危險。
- 任何一方都不應該在亞洲—太平洋地區以及世界上任何地區謀求霸權，每一方都反對任何其他國家或國家集團建立這種霸權的努力。
- 任何一方都不準備代表任何第三方進行談判，也不準備同對方達成針對其他國家的協議或諒解。
- 美利堅合眾國政府**承認**中國的立場，即只有一個中國，台灣是中國的一部分。[3]
- 雙方認為，中美關係正常化不僅符合中國人民和美國人民的利益，而且有助於亞洲和世界的和平事業。

[3] 編按：粗體為編輯所加。此即前文中討論，中文版本使用「承認」一詞，但卡特政府表示美國僅「尊重」中國的立場，而非承認與認同，故應以英文acknowledge為準的條文。

中華人民共和國和美利堅合眾國將於一九七九年三月一日互派大使並建立大使館。

引述來源：美國在台協會歷史網站封存區
https://web-archive-2017.ait.org.tw/zh/us-joint-communique-1979.html

JOINT COMMUNIQUÉ ON THE ESTABLISHMENT OF DIPLOMATIC RELATIONS BETWEEN THE UNITED STATES OF AMERICA AND THE PEOPLE'S REPUBLIC OF CHINA

Beijing, People's Republic of China

January 1, 1979

The United States of America and the People's Republic of China have agreed to recognize each other and to establish diplomatic relations as of January 1, 1979.

The United States of America recognizes the Government of the People's Republic of China as the sole legal Government of China. Within this context, the people of the United States will maintain cultural, commercial, and other unofficial relations with the people of Taiwan.

The United States of America and the People's Republic of China reaffirm the principles agreed on by the two sides in the Shanghai Communique and emphasize once again that:

— Both wish to reduce the danger of international military conflict.

— Neither should seek hegemony in the Asia-Pacific region or in any other region of the world and each is opposed to efforts by any other country or group of countries to establish such hegemony.

— Neither is prepared to negotiate on behalf of any third party or to

enter into agreements or understandings with the other directed at other states.

— The Government of the United States of America **acknowledges** the Chinese position that there is but one China and Taiwan is part of China.[4]

— Both believe that normalization of Sino-American relations is not only in the interest of the Chinese and American peoples but also contributes to the cause of peace in Asia and the world.

The United States of America and the People's Republic of China will exchange Ambassadors and establish Embassies on March 1, 1979.

Source: Public Papers: Carter, 1978, Book II, pp. 2264-2265.

---

4 編按：粗體為編輯所加。

中華人民共和國和美利堅合眾國聯合公報（八一七公報）

一九八二年八月十七日

1. 在中華人民共和國政府和美利堅合眾國政府發表的一九七九年一月一日建立外交關係的聯合公報中，美利堅合眾國承認中華人民共和國政府是中國的唯一合法政府，並**承認**[5]中國的立場，即只有一個中國，台灣是中國的一部分。在此範圍內，雙方同意，美國人民將同台灣人民繼續保持文化、商務和其他非官方關係。在此基礎上，中美兩國關係實現了正常化。
2. 美國向台灣出售武器的問題在兩國談判建交的過程中沒有得到解決。雙方的立場不一致，中方聲明在正常化以後將再次提出這個問題。雙方認識到這一問題將會嚴重妨礙中美關係的發展，因而在趙紫陽總理與羅納德・里根（隆納・雷根）總統以及黃華副總理兼外長與亞歷山大・黑格（亞歷山大・海格）國務卿於一九八一年十月會見時以及在此以後，雙方進一步就此進行了討論。
3. 互相尊重主權和領土完整、互不干涉內政是指導中美關係的根本原則。一九七二年二月二十八的上海公報確認了這些原則。一九七九年一月一日生效的建交公報又重申了這些原則。雙方強調聲明，這些原則仍是指導雙方關係所有方面的原則。

[5] 編按：此處英文版本條文的用詞也是 acknowledge（認知），而不是 recognize（承認）。

4. 中國政府重申，台灣問題是中國的內政。一九七九年一月一日中國發表的告台灣同胞書宣布了爭取和平統一祖國的大政方針。一九八一年九月三十日中國提出的九點方針是按照這一大政方針爭取和平解決台灣問題的進一步重大努力。
5. 美國政府非常重視它與中國的關係，並重申，它無意侵犯中國的主權和領土完整，無意干涉中國的內政，也無意執行「兩個中國」或「一中一台」政策。美國政府理解並欣賞一九七九年一月一日中國發表的告台灣同胞書和一九八一年九月三十日中國提出的九點方針中所表明的中國爭取和平解決台灣問題的政策。台灣問題上出現的新形勢也為解決中美兩國在美國售台武器問題上的分歧提供了有利的條件。
6. 考慮到雙方的上述聲明，美國政府聲明，它不尋求執行一項長期向台灣出售武器的政策，它向台灣出售的武器在性能和數量上將不超過中美建交後近幾年供應的水平，它準備逐步減少它對台灣的武器出售，並經過一段時間導致最後的解決。在作這樣的聲明時，美國承認中國關於徹底解決這一問題的一貫立場。
7. 為了使美國售台武器這個歷史遺留的問題，經過一段時間最終得到解決，兩國政府將盡一切努力，採取措施，創造條件，以利於徹底解決這個問題。
8. 中美關係的發展不僅符合兩國人民的利益，而且也有利於世界和平與穩定。雙方決心本著平等互利的原則，加強經濟、文化、教育、科技和其他方面的聯繫，為繼續發展中美兩國政府和人民之間的關係共同作出重大努力。

9. 為了使中美關係健康發展和維護世界和平、反對侵略擴張，兩國政府重申上海公報和建交公報中雙方一致同意的各項原則。雙方將就共同關心的雙邊問題和國際問題保持接觸並進行適當的磋商。

引述來源：美國在台協會歷史網站封存區
https://web-archive-2017.ait.org.tw/zh/us-joint-communique-1982.html

JOINT COMMUNIQUÉ ISSUED BY THE GOVERNMENTS OF THE UNITED STATES AND THE PEOPLE'S REPUBLIC OF CHINA (AUGUST 17, 1982)

1. In the Joint Communique on the Establishment of Diplomatic Relations on January 1, 1979, issued by the Government of the United States of America and the Government of the People's Republic of China, the United States of America recognized the Government of the People's Republic of China as the sole legal government of China, and it **acknowledged**[6] the Chinese position that there is but one China and Taiwan is part of China. Within that context, the two sides agreed that the people of the United States would continue to maintain cultural, commercial, and other unofficial relations with the people of Taiwan. On this basis, relations between the United States and China were normalized.
2. The question of United States arms sales to Taiwan was not settled in the course of negotiations between the two countries on establishing diplomatic relations. The two sides held differing positions, and the Chinese side stated that it would raise the issue again following normalization. Recognizing that this issue would seriously hamper the development of United States–China relations, they have held further discussions on it, during and since the meetings between President Ronald Reagan and Premier Zhao Ziyang and between Secretary of State

6 編按：粗體為編輯所加。

Alexander M. Haig, Jr., and Vice Premier and Foreign Minister Huang Hua in October 1981.

3. Respect for each other's sovereignty and territorial integrity and non-interference each other's internal affairs constitute the fundamental principles guiding United States–China relations. These principles were confirmed in the Shanghai Communique of February 28, 1972 and reaffirmed in the Joint Communique on the Establishment of Diplomatic Relations which came into effect on January 1, 1979. Both sides emphatically state that these principles continue to govern all aspects of their relations.
4. The Chinese government reiterates that the question of Taiwan is China's internal affair. The Message to the Compatriots in Taiwan issued by China on January 1, 1979, promulgated a fundamental policy of striving for Peaceful reunification of the Motherland. The Nine-Point Proposal put forward by China on September 30, 1981 represented a Further major effort under this fundamental policy to strive for a peaceful solution to the Taiwan question.
5. The United States Government attaches great importance to its relations with China, and reiterates that it has no intention of infringing on Chinese sovereignty and territorial integrity, or interfering in China's internal affairs, or pursuing a policy of "two Chinas" or "one China, one Taiwan." The United States Government understands and appreciates the Chinese policy of striving for a peaceful resolution of the Taiwan question as indicated in China's Message to Compatriots in Taiwan issued on January 1, 1979 and the Nine- Point Proposal put forward by China on September 30, 1981. The new situation which has emerged with regard to the Taiwan

question also provides favorable conditions for the settlement of United States–China differences over the question of United States arms sales to Taiwan.

6. Having in mind the foregoing statements of both sides, the United States Government states that it does not seek to carry out a long-term policy of arms sales to Taiwan, that its arms sales to Taiwan will not exceed, either in qualitative or in quantitative terms, the level of those supplied in recent years since the establishment of diplomatic relations between the United States and China, and that it intends to reduce gradually its sales of arms to Taiwan, leading over a period of time to a final resolution. In so stating, the United States acknowledges China's consistent position regarding the thorough settlement of this issue.
7. In order to bring about, over a period of time, a final settlement of the question of United States arms sales to Taiwan, which is an issue rooted in history, the two governments will make every effort to adopt measures and create conditions conducive to the thorough settlement of this issue.
8. The development of United States–China relations is not only in the interest of the two peoples but also conducive to peace and stability in the world. The two sides are determined, on the principle of equality and mutual benefit, to strengthen their ties to the economic, cultural, educational, scientific, technological and other fields and make strong joint efforts for the continued development of relations between the governments and peoples of the United States and China.
9. In order to bring about the healthy development of United States China relations, maintain world peace and oppose aggression and expansion, the

two governments reaffirm the principles agreed on by the two sides in the Shanghai Communique and the Joint Communique on the Establishment of Diplomatic Relations. The two sides will maintain contact and hold appropriate consultations on bilateral and international issues of common interest.

Source: Department of State, *American Foreign Policy: Current Documents, 1982* (Washington, DC: Government Printing Office, 1985), p. 1038.

附錄 B　台灣關係法

公共法　九六－八
第九十六次國會

法案

本法乃為協助維持西太平洋之和平、安全與穩定，並授權繼續維持美國人民與在台灣人民間之商業、文化及其他關係，以促進美國外交政策，並為其他目的。

Be it enacted by the Senate and House of Representatives of the United States of America in Congress assembled,

簡稱

第一條：本法律可稱為「台灣關係法」。

政策的判定及聲明

第二條：

1. 由於美國總統已終止美國和台灣統治當局（在一九七九年一月一日前美國承認其為中華民國）間的政府關係，美國國會認為有必要制定本法：

（1）有助於維持西太平洋地區的和平、安全及穩定；

（2）授權繼續維持美國人民及台灣人民間的商務、文化及其他各

種關係，以促進美國外交政策的推行。

2. 美國的政策如下：

（1）維持及促進美國人民與台灣之人民間廣泛、密切及友好的商務、文化及其他各種關係；並且維持及促進美國人民與中國大陸人民及其他西太平洋地區人民間的同種關係；

（2）表明西太平洋地區的和平及安定符合美國的政治、安全及經濟利益，而且是國際關切的事務；

（3）表明美國決定和「中華人民共和國」建立外交關係之舉，是基於台灣的前途將以和平方式決定這一期望；

（4）任何企圖以非和平方式來決定台灣的前途之舉——包括使用經濟抵制及禁運手段在內，將被視為對西太平洋地區和平及安定的威脅，而為美國所嚴重關切；

（5）提供防禦性武器給台灣人民；

（6）維持美國的能力，以抵抗任何訴諸武力、或使用其他方式高壓手段，而危及台灣人民安全及社會經濟制度的行動。

3. 本法律的任何條款不得違反美國對人權的關切，尤其是對於台灣地區一千八百萬名居民人權的關切。茲此重申維護及促進所有台灣人民的人權是美國的目標。

美國對台灣政策的實行

第三條：

1. 為了推行本法第二條所明訂的政策，美國將使台灣能夠獲得數量足以使其維持足夠的自衛能力的防衛物資及技術服務；

2. 美國總統和國會將依據他們對台灣防衛需要的判斷，遵照法定程序，來決定提供上述防衛物資及服務的種類及數量。對台灣防衛需要的判斷應包括美國軍事當局向總統及國會提供建議時的檢討報告。
3. 指示總統如遇台灣人民的安全或社會經濟制度遭受威脅，因而危及美國利益時，應迅速通知國會。總統和國會將依憲法程序，決定美國應付上述危險所應採取的適當行動。

法律的適用和國際協定

第四條：

1. 缺乏外交關係或承認將不影響美國法律對台灣的適用，美國法律將繼續對台灣適用，就像一九七九年一月一日之前，美國法律對台灣適用的情形一樣。
2. 前項所訂美國法律之適用，包括下述情形，但不限於下述情形：

（1）當美國法律中提及外國、外國政府或類似實體、或與之有關之時，這些字樣應包括台灣在內，而且這些法律應對台灣適用；

（2）依據美國法律授權規定，美國與外國、外國政府或類似實體所進行或實施各項方案、交往或其他關係，美國總統或美國政府機構獲准，依據本法第六條規定，遵照美國法律同樣與台灣人民進行或實施上述各項方案、交往或其他關係（包括和台灣的商業機構締約，為美國提供服務）。

（3）(A)美國對台灣缺乏外交關係或承認，並不消除、剝奪、修改、拒絕或影響以前或此後台灣依據美國法律所獲得的任何權利及義務（包括因契約、債務關係及財產權益而

發生的權利及義務）。

(B)為了各項法律目的，包括在美國法院的訴訟在內，美國承認「中華人民共和國」之舉，不應影響台灣統治當局在一九七八年十二月三十一日之前取得或特有的有體財產或無體財產的所有權，或其他權利和利益，也不影響台灣當局在該日之後所取得的財產。

（4）當適用美國法律需引據遵照台灣現行或舊有法律，則台灣人民所適用的法律應被引據遵照。

（5）不論本法律任何條款，或是美國總統給予「中華人民共和國」外交承認之舉、或是台灣人民和美國之間沒有外交關係、美國對台灣缺乏承認、以及此等相關情勢，均不得被美國政府各部門解釋為，依照一九五四年原子能法及一九七八年防止核子擴散法，在行政或司法程序中決定事實及適用法律時，得以拒絕對台灣的核子輸出申請，或是撤銷已核准的輸出許可證。

（6）至於移民及國籍法方面，應根據該法202項(b)款規定對待台灣。

（7）台灣依據美國法律在美國法院中起訴或應訴的能力，不應由於欠缺外交關係或承認，而被消除、剝奪、修改、拒絕或影響。

（8）美國法律中有關維持外交關係或承認的規定，不論明示或默示，均不應對台灣適用。

3. 為了各種目的，包括在美國法院中的訴訟在內，國會同意美國和（美國在一九七九年一月一日前承認為中華民國的）台灣當

局所締結的一切條約和國際協定（包括多國公約），至一九七八年十二月三十一日仍然有效者，將繼續維持效力，直至依法終止為止。

4. 本法律任何條款均不得被解釋為，美國贊成把台灣排除或驅逐出任何國際金融機構或其他國際組織。

美國海外私人投資保證公司

第五條：

1. 當本法律生效後三年之內，一九六一年援外法案231項第2段第2款所訂國民平均所得一千美元限制。將不限制美國海外私人投資保證公司活動，其可決定是否對美國私人在台投資計畫提供保險、再保險、貸款或保證。
2. 除了本條1項另有規定外，美國海外私人投資保證公司在對美國私人在台投資計畫提供保險、再保險、貸款或保證時，應適用對世界其他地區相同的標準。

美國在台協會

第六條：

1. 美國總統或美國政府各部門與台灣人民進行實施的各項方案、交往或其他關係，應在總統指示的方式或範圍內，經由或透過下述機構來進行實施：

（1）美國在台協會，這是一個依據哥倫比亞特區法律而成立的一個非營利法人；

（2）總統所指示成立，繼承上述協會的非政府機構。（以下將簡稱「美國在台協會」為「該協會」。）

2. 美國總統或美國政府各部門依據法律授權或要求，與台灣達成、進行或實施協定或交往安排時，此等協定或交往安排應依美國總統指示的方式或範圍，經由或透過該協會達成、進行或實施。
3. 該協會設立或執行業務所依據的哥倫比亞特區、各州或地方政治機構的法律、規章、命令，阻撓或妨礙該協會依據本法律執行業務時，此等法律、規章、命令的效力應次於本法律。

該協會對在台美國公民所提供的服務

第七條：

1. 該協會得授權在台雇員：

（1）執行美國法律所規定授權之公證人業務，以採錄證詞，並從事公證業務；

（2）擔任已故美國公民之遺產臨時保管人；

（3）根據美國總統指示，依照美國法律之規定，執行領事所獲授權執行之其他業務，以協助保護美國人民的利益。

2. 該協會雇員獲得授權執行之行為有效力，並在美國境內具有相同效力，如同其他人獲得授權執行此種行為一樣。

該協會的免稅地位

第八條：該協會、該協會的財產及收入，均免受美國聯邦、各州或地方稅務當局目前或嗣後一切課稅。

對該協會提供財產及服務、以及從該協會獲得之財產及服務

第九條：

1. 美國政府各部門可依總統所指定條件，出售、借貸或租賃財產（包括財產利益）給該協會，或提供行政和技術支援和服務，供該協會執行業務。此等機構提供上述服務之報酬，應列入各機構所獲預算之內。
2. 美國政府各部門得依總統指示的條件，獲得該協會的服務。當總統認為，為了實施本法律的宗旨有必要時，可由總統頒布行政命令，使政府各部門獲得上述服務，而不顧上述部門通常獲得上述服務時，所應適用的法律。
3. 依本法律提供經費給該協會的美國政府各部門，應和該協會達成安排，讓美國政府主計長得查閱該協會的帳冊記錄，並有機會查核該協會經費動用情形。

台灣機構

第十條：

1. 美國總統或美國政府各機構依據美國法律授權或要求，向台灣提供，或由台灣接受任何服務、聯絡、保證、承諾等事項，應在總統指定的方式及範圍內，向台灣設立的機構提供上述事項，或由這一機構接受上述事項。此一機構乃總統確定依台灣人民適用的法律而具有必需之權力者，可依據本法案代表台灣提供保證及採取其他行動者。
2. 要求總統給予台灣設立的機構相同數目的辨事處及規定的全體人數，這是指與一九七九年一月一日以前美國承認為中華民國

的台灣當局在美國設立的辦事處及人員相同而言。

3. 根據台灣給予美國在台協會及其適當人員的特權及豁免權，總統已獲授權給予台灣機構及其適當人員有效履行其功能所需的此種特權及豁免權（要視適當的情況及義務而定）。

公務人員離職受雇於協會

第十一條：

1. （1）依據總統可能指示的條件及情況，任何美國政府機構可在一特定時間內，使接受服務於美國在台協會的任何機構職員或雇員脫離政府職務。

（2）任何根據上述(1)節情況離開該機構而服務於該協會的任何職員或雇員，有權在終止於協會的服務時，以適當的地位重新為原機構（或接替的機構）雇用或復職，該職員或雇員並保有如果未在總統指示的期間及其他情況下離職所應獲得的附帶權利、特權及福利。

（3）在上述(2)項中有權重新被雇用或復職的職員或雇員，在繼續不斷為該協會服務期間，應可繼續參加未受雇於該協會之前所參加的任何福利計畫，其中包括因公殉職、負傷或患病的補償；衛生計畫及人壽保險；年度休假、病假、及其他例假計畫；美國法律下任何制度的退休安排。此種職員或雇員如果在為該協會服務期間，及重為原機構雇用或復職之前死亡或退休，應視為在公職上死亡或退休。

（4）任何美國政府機構的職員或雇員，在本法案生效前享准保留原職而停薪情況進入該協會者，在服務期間將獲受本條之下的各項福利。

2. 美國政府任何機構在台灣雇用外國人員者，可將此種人員調往該協會，要自然增加其津貼、福利及權利，並不得中斷其服務，以免影響退休及其他福利，其中包括繼續參加調往該協會前，法律規定的退休制度。
3. 該協會的雇用人員不是美國政府的雇用的人員，其在代表該協會時，免於受美國法典第18條207項之約束。
4. （1）依據一九五四年美國國內稅法911及913項，該協會所付予雇用人員之薪水將不視為薪資所得。該協會雇用人員所獲之薪水應予免稅，其程度與美國政府的文職人員情況同。
（2）除了前述1(3)所述範圍，受雇該協會所作的服務，將不構成社會安全法第二條所述之受雇目的。

有關報告之規定

第十二條：
1. 國務卿應將該協會為其中一造的任何協定內容全文送交國會。但是，如果總統認為立即公開透露協定內容會危及美國的國家安全，則此種協定不應送交國會，而應在適當的保密命令下，送交參院及眾院的外交委員會，僅於總統發出適當通知時才得解除機密。
2. 為了1段所述的目的，「協定」一詞包括：
（1）該協會與台灣的治理當局或台灣設立之機構所達成的任何協定；
（2）該協會與美國各機構達成的任何協定。

3. 經由該協會所達成的協定及交易，應接受同樣的國會批准、審查、及認可，如同這些協定是經由美國各機構達成一樣，該協會是代表美國政府行事。
4. 在本法案生效之日起的兩年期間，國務卿應每六個月向眾院議長及參院外交委員會提出一份報告，描述及檢討與台灣的經濟關係，尤其是對正常經濟關係的任何干預。

規則與章程

第十三條：授權總統規定適於執行本法案各項目的的規則與章程。在本法案生效之日起三年期間，此種規則與章程應立即送交眾院議長及參院外交委員會。然而，此種規則章程不得解除本法案所賦予該協會的責任。

國會監督

第十四條：

1. 眾院外交委員會，參院外交委員會及國會其他適當的委員會將監督：

（1）本法案各條款的執行；

（2）該協會的作業及程序；

（3）美國與台灣繼續維持關係的法律及技術事項；

（4）有關東亞安全及合作的美國政策的執行。

2. 這些委員會將適當地向參院或眾院報告監督的結果。

定義

第十五條：為本法案的目的：

1. 「美國法律」一詞，包括美國任何法規、規則、章程、法令、命令、美國及其政治分支機構的司法程序法；
2. 「台灣」一詞將視情況需要，包括台灣及澎湖列島，這些島上的人民、公司及根據適用於這些島嶼的法律而設立或組成的其他團體及機構，一九七九年一月一日以前美國承認為中華民國的台灣治理當局，以及任何接替的治理當局（包括政治分支機構、機構等）。

撥款之授權

第十六條：除了執行本法案各條款另外獲得的經費外，本法案授權國務卿在一九八〇會計年度撥用執行本法案所需的經費。此等經費已獲授權保留運用，直到用盡為止。

條款效力

第十七條：如果本法案的任何條款被視為無效，或條款對任何人或任何情況的適用性無效，則本法案的其他部分，以及此種條款適用於其他個人或情況的情形，並不受影響。

生效日期

第十八條：本法案應於一九七九年一月一日生效。

引述來源：美國在台協會歷史網站封存區
https://web-archive-2017.ait.org.tw/zh/taiwan-relations-act.html

Taiwan Relations Act

Public Law 96-8
96th Congress

An Act

To help maintain peace, security, and stability in the Western Pacific and to promote the foreign policy of the United States by authorizing the continuation of commercial, cultural, and other relations between the people of the United States and the people on Taiwan, and for other purposes.

Be it enacted by the Senate and House of Representatives of the United States of America in Congress assembled,

SHORT TITLE

SECTION 1. This Act may be cited as the "Taiwan Relations Act".

FINDINGS AND DECLARATION OF POLICY

SEC. 2. (a) The President—having terminated governmental relations between the United States and the governing authorities on Taiwan recognized by the United States as the Republic of China prior to January 1, 1979, the Congress finds that the enactment of this Act is necessary–

(1) to help maintain peace, security, and stability in the Western Pacific; and

(2) to promote the foreign policy of the United States by authorizing the continuation of commercial, cultural, and other relations between the people of the United States and the people on Taiwan.

(b) It is the policy of the United States–

(1) to preserve and promote extensive, close, and friendly commercial, cultural, and other relations between the people of the United States and the people on Taiwan, as well as the people on the China mainland and all other peoples of the Western Pacific area;

(2) to declare that peace and stability in the area are in the political, security, and eco- nomic interests of the United States, and are matters of international concern;

(3) to make clear that the United States decision to establish diplomatic relations with the People's Republic of China rests upon the expectation that the future of Taiwan will be determined by peaceful means;

(4) to consider any effort to determine the future of Taiwan by other than peaceful means, including by boycotts or embargoes, a threat to the peace and security of the Western Pacific area and of grave concern to the United States;

(5) to provide Taiwan with arms of a defensive character; and

(6) to maintain the capacity of the United States to resist any resort to force or other forms of coercion that would jeopardize the security, or the social or economic system, of the people on Taiwan.

(c) Nothing contained in this Act shall contravene the interest of the United States in human rights, especially with respect to the human rights of all the approximately eighteen million inhabitants of Taiwan. The preservation and enhancement of the human rights of all the people on Taiwan are hereby reaffirmed as objectives of the United States.

IMPLEMENTATION OF UNITED STATES POLICY WITH REGARD TO TAIWAN

SEC. 3. (a) In furtherance of the policy set forth in section 2 of this Act, the United States will make available to Taiwan such defense articles and defense services in such quantity as may be necessary to enable Taiwan to maintain a sufficient self-defense capability.

(b) The President and the Congress shall determine the nature and quan- tity of such defense articles and services based solely upon their judgment of the needs of Taiwan, in accordance with procedures established by law. Such determination of Taiwan's defense needs shall include review by United States

military authorities in connection with recommendations to the President and the Congress.

(c) The President is directed to inform the Congress promptly of any threat to the security or the social or economic system of the people on Taiwan and any danger to the interests of the United States arising therefrom. The President and the Congress shall determine, in accordance with constitutional processes, appropriate action by the United States in response to any such danger.

APPLICATION OF LAWS; INTERNATIONAL AGREEMENTS

SEC. 4. (a) The absence of diplomatic relations or recognition shall not affect the application of the laws of the United States with respect to Taiwan, and the laws of the United States shall apply with respect to Taiwan in the manner that the laws of the United States applied with respect to Taiwan prior to January 1, 1979.

(b) The application of subsection (a) of this section shall include, but shall not be limited to, the following:

(1) Whenever the laws of the United States refer or relate to foreign countries, nations, states, governments, or similar entities, such terms shall include and such laws shall apply with such respect to Taiwan.

(2) Whenever authorized by or pursuant to the laws of the United States to conduct or carry out programs, transactions, or other relations with respect to foreign countries, nations, states, governments, or similar entities, the President or any agency of the United States Government is authorized to conduct and carry out, in accordance with section 6 of this Act, such programs, transactions, and other relations with respect to Taiwan (including, but not limited to, the performance of services for the United States through contracts with commercial entities on Taiwan), in accordance with the applicable laws of the United States.

(3)(A)The absence of diplomatic relations and recognition with respect to Taiwan shall not abrogate, infringe, modify, deny, or otherwise affect in any way any rights or obligations (including but not limited to those involving contracts, debts, or property interests of any kind) under the laws of the United States heretofore or hereafter acquired by or with respect to Taiwan.

(B)For all purposes under the laws of the United States, including actions in any court in the United States, recognition of the People's Republic of China shall not affect in any way the ownership of or other rights or interests in properties, tangible and intangible, and other things of value, owned or held on or prior to December 31, 1978, or thereafter acquired or earned by the governing

authorities on Taiwan.

(4) Whenever the application of the laws of the United States depends upon the law that is or was applicable on Taiwan or compliance therewith, the law applied by the people on Taiwan shall be considered the applicable law for that purpose.

(5) Nothing in this Act, nor the facts of the President's action in extending diplomatic recognition to the People's Republic of China, the absence of diplomatic relations between the people on Taiwan and the United States, or the lack of recognition by the United States, and attendant circumstances thereto, shall be construed in any administrative or judicial proceeding as a basis for any United States Government agency, commission, or department to make a finding of fact or determination of law, under the Atomic Energy Act of 1954 and the Nuclear Non-Proliferation Act of 1978, to deny an export license application or to revoke an existing export license for nuclear exports to Taiwan.

(6) For purposes of the Immigration and Nationality Act, Taiwan may be treated in the manner specified in the first sentence of section 202(b) of that Act.

(7) The capacity of Taiwan to sue and be sued in courts in the United States, in accordance with the laws of the United States, shall not be abrogated, infringed, modified, denied, or otherwise affected in any way by the absence of diplomatic

relations or recognition.

(8) No requirement, whether expressed or implied, under the laws of the United States with respect to maintenance of diplomatic relations or recognition shall be applicable with respect to Taiwan.

(c) For all purposes, including actions in any court in the United States, the Congress approves the continuation in force of all treaties and other international agreements, including multilateral conventions, entered into by the United States and the governing authorities on Taiwan recognized by the United States as the Republic of China prior to January 1, 1979, and in force between them on December 31, 1978, unless and until terminated in accordance with law.

(d) Nothing in this Act may be construed as a basis for supporting the exclusion or expulsion of Taiwan from continued membership in any international financial institution or any other international organization.

OVERSEAS PRIVATE INVESTMENT CORPORATION

SEC. 5. (a) During the three-year period beginning on the date of enactment of this Act, the $1,000 per capita income restriction in insurance, clause (2) of the second undesignated paragraph of section 231 of the reinsurance, Foreign Assistance Act of 1961 shall

not restrict the activities of the Overseas Private Investment Corporation in determining whether to provide any insurance, reinsurance, loans, or guaranties with respect to investment projects on Taiwan.

(b) Except as provided in subsection (a) of this section, in issuing insurance, reinsurance, loans, or guaranties with respect to investment projects on Taiwan, the Overseas Private Insurance Corporation shall apply the same criteria as those appli- cable in other parts of the world.

THE AMERICAN INSTITUTE OF TAIWAN

SEC. 6. (a) Programs, transactions, and other relations conducted or carried out by the President or any agency of the United States Government with respect to Taiwan shall, in the manner and to the extent directed by the President, be conducted and carried out by or through–

(1) The American Institute in Taiwan, a nonprofit corporation incorporated under the laws of the District of Columbia, or

(2) such comparable successor nongovermental entity as the President may designate, (hereafter in this Act referred to as the "Institute").

(b) Whenever the President or any agency of the United States

Government is authorized or required by or pursuant to the laws of the United States to enter into, perform, enforce, or have in force an agreement or transaction relative to Taiwan, such agreement or transaction shall be entered into, performed, and enforced, in the manner and to the extent directed by the President, by or through the Institute.

(c) To the extent that any law, rule, regulation, or ordinance of the District of Columbia, or of any State or political subdivision thereof in which the Institute is incorporated or doing business, impedes or otherwise interferes with the performance of the functions of the Institute pursuant to this Act; such law, rule, regulation, or ordinance shall be deemed to be preempted by this Act.

SERVICES BY THE INSTITUTE TO UNITED STATES CITIZENS ON TAIWAN

SEC. 7. (a) The Institute may authorize any of its employees on Taiwan–

(1) to administer to or take from any person an oath, affirmation, affidavit, or deposition, and to perform any notarial act which any notary public is required or authorized by law to perform within the United States;

(2) To act as provisional conservator of the personal estates of deceased United States citizens; and

(3) to assist and protect the interests of United States persons by performing other acts such as are authorized to be performed outside the United States for consular purposes by such laws of the United States as the President may specify.

(b) Acts performed by authorized employees of the Institute under this section shall be valid, and of like force and effect within the United States, as if performed by any other person authorized under the laws of the United States to perform such acts.

TAX EXEMPT STATUS OF THE INSTITUTE

SEC. 8. (a) The Institute, its property, and its income are exempt from all taxation now or hereafter imposed by the United States (except to the extent that section 11(a)

(3) of this Act requires the imposition of taxes imposed under chapter 21 of the Internal Revenue Code of 1954, relating to the Federal Insurance Contributions Act) or by State or local taxing authority of the United States.

(b) For purposes of the Internal Revenue Code of 1954, the Institute shall be treated as an organization described in sections 170(b)(1)(A), 170(c), 2055(a), 2106(a)(2)(A), 2522(a), and 2522(b).

FURNISHING PROPERTY AND SERVICES TO AND OBTAINING SERVICES FROM THE INSTITUTE

SEC. 9. (a) Any agency of the United States Government is authorized to sell, loan, or lease property (including interests therein) to, and to perform administrative and technical support functions and services for the operations of, the Institute upon such terms and conditions as the President may direct. Reimbursements to agencies under this subsection shall be credited to the current applicable appropriation of the agency concerned.

(b) Any agency of the United States Government is authorized to acquire and accept services from the Institute upon such terms and conditions as the President may direct. Whenever the President determines it to be in furtherance of the purposes of this Act, the procurement of services by such agencies from the Institute may be effected without regard to such laws of the United States normally applicable to the acquisition of services by such agencies as the President may specify by Executive order.

(c) Any agency of the United States Government making funds available to the Institute in accordance with this Act shall make arrangements with the Institute for the Comptroller General of the United States to have access to the books and records of the Institute and the opportunity to audit the operations of the Institute.

TAIWAN INSTRUMENTALITY

SEC. 10. (a) Whenever the President or any agency of the United States Government is authorized or required by or pursuant to the laws of the United States to render or provide to or to receive or accept from Taiwan, any performance, communication, assurance, undertaking, or other action, such action shall, in the manner and to the extent directed by the President, be rendered or provided to, or received or accepted from, an instrumentality established by Taiwan which the President determines has the necessary authority under the laws applied by the people on Taiwan to provide assurances and take other actions on behalf of Taiwan in accordance with this Act.

(b) The President is requested to extend to the instrumentality established by Taiwan the same number of offices and complement of personnel as were previously operated in the United States by the governing authorities on Taiwan recognized as the Republic of China prior to January 1, 1979.

(c) Upon the granting by Taiwan of comparable privileges and immunities with respect to the Institute and its appropriate personnel, the President is authorized to extend with respect to the Taiwan instrumentality and its appropriate personnel, such privileges and immunities (subject to appropriate conditions and obligations) as may be necessary for the effective performance of their functions.

SEPARATION OF GOVERNMENT PERSONNEL FOR EMPLOYMENT WITH THE INSTITUTE

SEC. 11. (a)(1) Under such terms and conditions as the President may direct, any agency of the United States Government may separate from Government service for a specified period any officer or employee of that agency who accepts employment with the Institute.

(2) An officer or employee separated by an agency under paragraph (1) of this subsection for employment with the Institute shall be entitled upon termination of such employment to reemployment or reinstatement with such agency (or a successor agency) in an appropriate position with the attendant rights, privileges, and benefits the officer or employee would have had or acquired had he or she not been so separated, subject to such time period and other conditions as the President may prescribe.

(3) An officer or employee entitled to reemployment or reinstatement rights under paragraph (2) of this subsection shall, while continuously employed by the Institute with no break in continuity of service, continue to participate in any benefit pro- gram in which such officer or employee was participating prior to employment by the Institute,

including programs for compensation for job-related death, injury, or illness; programs for health and life insurance; programs for annual, sick, and other statutory leave; and programs for retirement under any system established by the laws of the United States; except that employment with the Institute shall be the basis for participation in such programs only to the extent that employee deductions and employer contributions, as required, in payment for such participation for the period of employment with the Institute, are currently deposited in the program's or system's fund or depository. Death or retirement of any such officer or employee during approved service with the Institute and prior to reemployment or reinstatement shall be considered a death in or retirement from Government service for purposes of any employee or survivor benefits acquired by reason of service with an agency of the United States Government.

(4) Any officer or employee of an agency of the United States Government who entered into service with the Institute on approved leave of absence without pay prior to the enactment of this Act shall receive the benefits of this section for the period of such service.

(b) Any agency of the United States Government employing alien personnel on Taiwan may transfer such personnel, with accrued allowances, benefits, and rights, to the Institute without a break

in service for purposes of retirement and other benefits, including continued participation in any system established by the laws of the United States for the retirement of employees in which the alien was participating prior to the transfer to the Institute, except that employment with the Institute shall be creditable for retirement purposes only to the extent that employee deductions and employer contributions as required, in payment for such participation for the period of employment with the Institute, are currently deposited in the system's fund or depository.

(c) Employees of the Institute shall not be employees of the United States and, in representing the Institute, shall be exempt from section 207 of title 18, United States Code.

(d)(1)For purposes of sections 911 and 913 of the Internal Revenue Code of 1954, amounts paid by the Institute to its employees shall not be treated as earned income. Amounts received by employees of the Institute shall not be included in gross income, and shall be exempt from taxation, to the extent that they are equivalent to amounts received by civilian officers and employees of the Government of the United States as allowances and benefits which are exempt from taxation under section 912 of such Code.

(2)Except to the extent required by subsection (a)(3) of this section, service per- formed in the employ of the Institute shall not constitute employment for purposes of chapter 21 of such Code and title II of the Social Security Act.

REPORTING REQUIREMENT

SEC. 12. (a) The Secretary of State shall transmit to the Congress the text of any agreement to which the Institute is a party. However, any such agreement the immediate public disclosure of which would, in the opinion of the President, be prejudicial to the national security of the United States shall not be so transmitted to the Congress but shall be transmitted to the Committee on Foreign Relations of the Senate and the Committee on Foreign Affairs of the House of Representatives under an appropriate injunction of secrecy to be removed only upon due notice from the President.

(b) For purposes of subsection (a), the term "agreement" includes-

(1) any agreement entered into between the Institute and the governing authorities on Taiwan or the instrumentality established by Taiwan; and

(2) any agreement entered into between the Institute and an agency of the United States Government.

(c) Agreements and transactions made or to be made by or through the Insti- tute shall be subject to the same congressional notification, review, and approval requirements and procedures as if such agreements and transactions were made by or through the agency of the United States Government on behalf of which

the Institute is acting.

(d) During the two-year period beginning on the effective date of this Act, the Secretary of State shall transmit to the Speaker of the House and Senate House of Representatives and the Committee on Foreign Relations of the Senate, every six months, a report describing and reviewing economic relations between the United States and Taiwan, noting any interference with normal commercial relations.

RULES AND REGULATIONS

SEC. 13. The President is authorized to prescribe such rules and regulations as he may deem appropriate to carry out the purposes of this Act. During the three-year period beginning on the effective date of this Act, such rules and regulations shall be transmitted promptly to the Speaker of the House of Representatives and to the Committee on Foreign Relations of the Senate. Such action shall not, however, relieve the Institute of the responsibilities placed upon it by this Act.

CONGRESSIONAL OVERSIGHT

SEC. 14. (a) The Committee on Foreign Affairs of the House of Representatives, the Committee on Foreign Relations of the Senate, and other appropriate committees of the Congress shall monitor-

(1) the implementation of the provisions of this Act;
(2) the operation and procedures of the Institute;
(3) the legal and technical aspects of the continuing relationship between the United States and Taiwan; and
(4) the implementation of the policies of the United States concerning security and cooperation in East Asia.

(b) Such committees shall report, as appropriate, to their respective Houses on the results of their monitoring.

DEFINITIONS

SEC. 15. For purposes of this Act-

(1) the term "laws of the United States" includes any statute, rule, regulation, ordinance, order, or judicial rule of decision of the United States or any political subdivision thereof; and
(2) the term "Taiwan" includes, as the context may require, the islands of Taiwan and the Pescadores, the people on those islands, corporations and other entities and associations created or organized under the laws applied on those islands, and the governing authorities on Taiwan recognized by the United States as the Republic of China prior to January 1, 1979, and any successor governing authorities (including political subdivisions, agencies, and instrumentalities thereof).

AUTHORIZATION OF APPROPRIATIONS

SEC. 16. In addition to funds otherwise available to carry out the provisions of this Act, there are authorized to be appropriated to the Secretary of State for the fiscal year 1980 such funds as may be necessary to carry out such provisions. Such funds are authorized to remain available until expended.

SEVERABILITY OF PROVISIONS

SEC. 17. If any provision of this Act or the application thereof to any person or circumstance is held invalid, the remainder of the Act and the application of such provision to any other person or circumstance shall not be affected thereby.

EFFECTIVE DATE

SEC. 18. This Act shall be effective as of January 1, 1979.

Approved April 10, 1979.

Source: United States. Congress. Conference Committees 1979. Taiwan Relations Act: Conference Report to Accompany H.R. 2479. (Washington, DC: U.S. Government Printing Office), 1979.

附錄 C　六項保證（一九八二）

電報：對台各項保證
草擬日期：一九八二年八月十七日
由時任美國國務卿喬治‧舒茲
發送給時任美國在台協會處長李潔明

關於台灣要求公開雷根總統的各項保證，

—請敦促錢[復]
—在他們的公開聲明中表明，根據透過適當管道所取得的資訊，他們的理解是，美方：
—未同意設定終止對台軍售的日期
—未同意就對台軍售議題向中華人民共和國徵詢意見
—不會在台北與北京之間擔任斡旋角色
—未同意修訂《台灣關係法》
—未改變關於台灣主權的立場。參考資訊：若被問及我們為何修改了關於主權的聲明，請說明我們一貫在公開聲明中使用該用語。
—不會對台施壓，要求台灣與中華人民共和國進行談判。

在他們的聲明中，理當不應出現任何與雷根總統的關聯性。

請告知錢[復]，美方亦將於明天（星期二）於何志立（John Holdridge）在參議院外交委員會的公開證詞中，提出上述立場。

引述來源：美國在台協會網站，
https://www.ait.org.tw/zhtw/six-assurances-1982-zh/

The Text of the Six Assurances from the U.S. to Taiwan (1982)

Cable: Assurances for Taiwan
Drafted August 17, 1982
From: Secretary of State George Shultz
To: American Institute of Taiwan Director James Lilley

Concerning Taiwan's request to make public President Reagan's assurances,

—You should urge Chien
—to say in their public statement that, based on information received through appropriate channels, it is their understanding that the U.S. side:
—Has not agreed to set a date for ending arms sales to Taiwan
—Has not agreed to consult with the PRC on arms sales to Taiwan
—Will not play mediation role between Taipei and Beijing
—Has not agreed to revise the Taiwan Relations Act
—Has not altered its position regarding sovereignty over Taiwan. FYI: If asked why we have modified the statement on sovereignty, you should explain that we have consistently used this terminology in our public statements.
—Will not exert pressure on Taiwan to enter into negotiations with the PRC.

In their statement, there should of course be no linkage to President Reagan.

You should tell Chien that we will also make these points in John Holdridge's public testimony tomorrow (Tuesday) before the SFRC.

Source: Declassified Cables: Taiwan Arms Sales & Six Assurances (1982), American Institute in Taiwan.

附錄 D　台灣與美國、中華人民共和國的貿易（二〇〇〇－二〇二一）

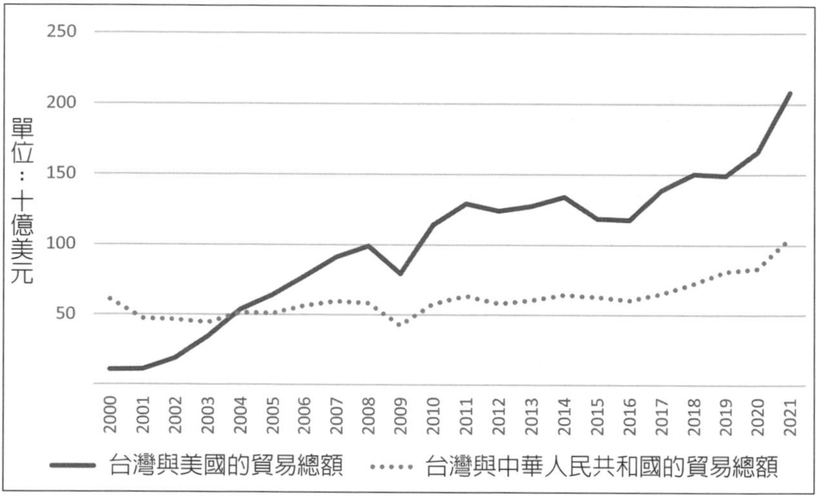

圖D.1台灣與美國及中華人民共和國的貿易總額

資料來源：中華民國財政部

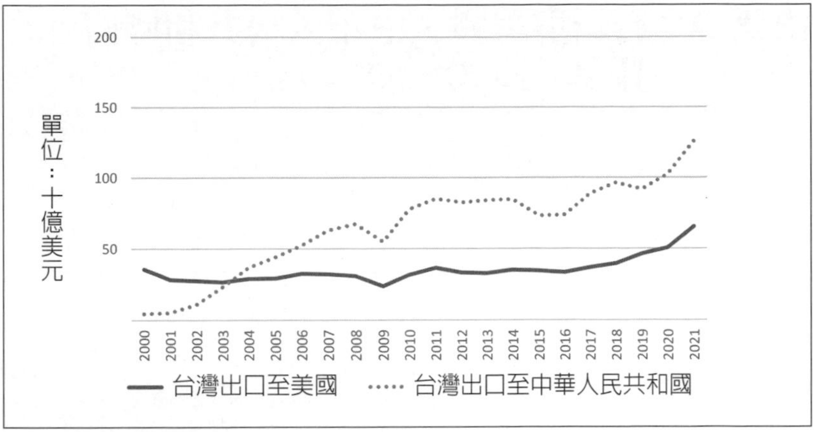

圖D.2台灣出口至美國及中華人民共和國

資料來源：中華民國財政部

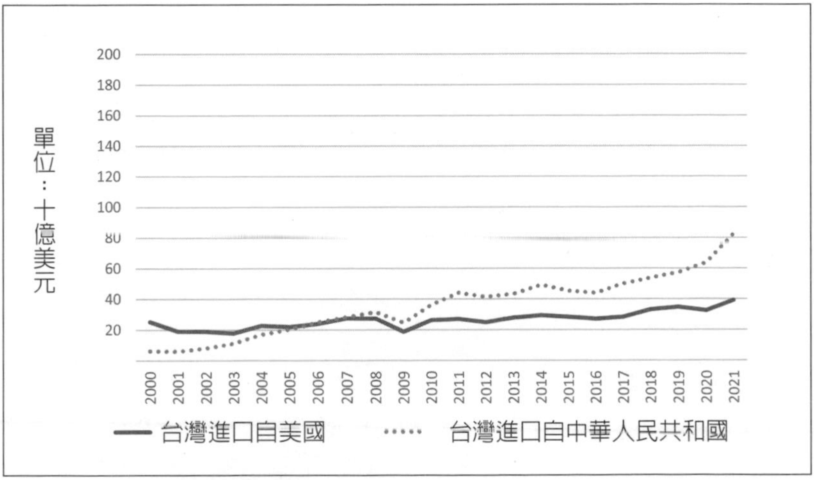

圖D.3台灣進口自美國及中華人民共和國

資料來源：中華民國財政部

附錄 E　GCTF 工作坊

2015

8/12-14

「MERS檢驗診斷」國際研習營

12/7-8

登革熱國際研討會暨國際諮詢專家會議

2016

3/11

「為亞太地區女性締造繁榮與機會」趨勢研習營

4/13-15

茲卡病毒檢驗診斷國際研習營

6/16-17

亞洲地區能源效率研討會

10/5-11

電子商務促進研習班

2017

4/25-28

登革熱、茲卡、屈公病檢驗診斷國際研習營

7/5-7

人道援助及災害防救國際研習營

11/14-16

打造女性科技創業新未來工作坊

12/4-8

提升亞太寬頻普及率及縮短數位落差研習營

2018

4/23-26

腸病毒檢驗診斷國際研習營

8/14-15

打擊跨境犯罪及美鈔、護照鑑識國際研習營

10/18-19

「培養媒體識讀以捍衛民主」國際工作坊

12/10-12

邁向平等：印太女性領導人培力工作坊

12/14

人道援助及災害防救國際研習營

2019

3/26-28

打擊公私部門貪瀆國際研習營（與日本共同舉辦）

4/16-18

女力經濟賦權國際研習營（與日本共同辦理）

4/30-5/4

抗藥性結核病計畫管理國際研習營（與日本共同辦理）

5/28-31

網路安全與新興科技國際研習營（與日本共同辦理）

9/10-11

「培養媒體識讀以捍衛民主（二）」工作坊（與日本及瑞典共同辦理）

9/29-10/2

南島語言復振國際論壇（移師帛琉；與日本共同辦理）

11/20-22

印太區域良善能源治理研討會（與日本及澳洲共同辦理）

2020

4/29

「反制新型冠狀病毒疫情假訊息」線上工作坊（與日本共同辦理）

6/24

「新型冠狀病毒疫情：防範第二波疫情」線上工作坊（與日本共同辦理）

9/9

「武漢肺炎科技防疫」線上國際研討會（與日本及瓜地馬拉共同辦理）

9/29

「透過公私夥伴關係促進國際發展」視訊工作坊

10/15-16

「營業祕密保護及數位侵權防治」視訊研討會

10/28

「新冠肺炎相關犯罪防制」國際研習營（與日本及澳洲共同辦理）

11/3-10

「運用循環經濟模式處理海洋廢棄物」線上研習營（與日本及荷蘭共同辦理）

12/15

二〇二〇年GCTF聯合委員會聯合聲明（與日本共同辦理）

2021

3/10

「強化各國及社區防災韌性」國際研討會（與日本及英國共同辦理）

4/14

「供應鏈重組暨中小企業金融」線上國際研討會（與日本及歐盟共同辦理）

5/18

「公共衛生─疫苗接種的經驗與挑戰」線上國際研討會（與日本、英國及澳洲共同辦理）

5/26

洗錢防制國際研習營（與日本及澳洲共同辦理）

6/17-18

「智慧財產權保護及打擊數位侵權之新發展」線上國際研討會

8/12

「綠能：開創潔淨及永續發展的地球」線上國際研討會

9/9-10

「後疫情時期經濟復甦之『未來工作』」線上國際研討會

9/24

「強化全球及國家層級防災韌性」線上國際研討會（與日本、澳洲及英國共同辦理）

9/29

「以科技力建構韌性及加速落實永續發展目標」線上國際研討會

10/6

「打擊網路犯罪與強化國際執法合作」線上國際研討會

10/27

「邁向平等之路：落實女性公共參與權」線上國際研討會（與日本、澳洲及加拿大共同辦理）

11/4-5

「身心障礙人權實踐」線上國際研討會（與日本、澳洲及以色列共同辦理）

11/9-10

「培養媒體識讀以捍衛民主（三）」線上國際研討會（與日本、英國及斯洛伐克共同辦理）

11/19

「氣候智慧農業：建構農業之韌性及永續性」研討會（由台灣、美國與聖克里斯多福及尼維斯共同在加勒比地區辦理）

12/3

「婦女賦權：女性經濟自主」國際研討會（與美國駐史瓦帝尼王國大使館共同辦理）

12/17

二〇二一年GCTF聯合委員會會議（與美國、日本及澳洲共同辦理）

2022

2/25

數位醫療協作國際工作坊（海外活動首次在印度次大陸舉辦；與美國駐印度大使館及印度醫療非政府組織「醫療之聲」共同辦理）

3/22

數位犯罪防制線上國際研習營（與外交部、法務部調查局、美國在台協會、日本台灣交流協會、澳洲辦事處及斯洛伐克經濟文化辦事處共同辦理）

3/24-25

終止性別暴力國際研討會（與行政院性別平等處、外交部、美國在台協會、日本台灣交流協會、澳洲辦事處、英國在台辦事處、加拿大駐台北貿易辦事處、歐洲經貿辦事處及駐台北以色列經濟文化辦事處共同辦理）

6/17

「推動消除C型肝炎的努力與進展」線上國際研習營（與美國在台協會、外交部、衛生福利部、日本台灣交流協會及澳洲辦事處共同辦理）

8/26

「邁向更包容與性別平等復甦：強化後疫情時代婦女賦權」國際工作坊（與美國及聖露西亞共同辦理）

9/27-28

「智慧農業產業化的挑戰與策略」國際研習營（與外交部、美國在台協會、日本台灣交流協會、澳洲辦事處、駐台北以色列經濟文化辦事處、荷蘭在台辦事處共同辦理）

9/29

「透過創新夥伴關係機制尋求變革性解決方案」國際研討會（與外交部、美國在台協會、日本台灣交流協會、澳洲辦事處共同辦理）

9/30

「建構安全與綠色之永續發展航空系統」（於第四十一屆ICAO大會開議期間在加拿大蒙特婁舉辦）

10/26

「法治原則下之永續海洋」國際研習營（與美國在台協會、外交部、海洋委員會、日本台灣交流協會及澳洲辦事處共同辦理）

11/21

「數位經濟趨勢下的機會及政策建議」
國際工作坊

資料來源：GCTF全球合作暨訓練架構網站，https://www.gctf.tw/tw/。

附錄 F　美國對台軍售清單（二〇〇八－二〇二二）

單位：十億美元

2008

10/3

$6.4

- 330枚愛國者三型防空飛彈
- 32枚UGM-84L潛射型魚叉反艦飛彈
- F-5E/F戰機、C-130H運輸機、F-16A/B戰機、經國號戰機備件
- 182枚標槍反裝甲飛彈
- 4架空中預警機升級（鷹眼2000構型）
- 30架AH-64D阿帕契長弓攻擊直升機

2010

1/29

$6.4

- 114枚愛國者三型防空飛彈
- 60架UH-60M黑鷹通用直升機
- 12枚魚叉Block二型反艦遙測（訓練）飛彈
- 60套多功能資訊分配系統（MIDS）（「博勝案」C4系統的後續技術支援）
- 2艘鶚級獵雷艦

2011

9/21

$5.9

- 改裝145架F-16A/B戰機，包括176組主動電子掃描相位陣列雷達（AESA radar）和聯合直接攻擊彈藥（JDAM）等等
- 續約F-16戰機飛行員在路克空軍基地受訓
- F-16A/B戰機、F-5E/F戰機、C-130H運輸機、經國號戰機零附件

2015

12/16

$1.7

- 208枚標槍飛彈
- 36輛兩棲突擊車
- 台灣先進戰術資料鏈系統（TATDLS）與Link-11資料鏈整合
- 後續的生命週期支援，以維護先前採購的多功能資訊發布系統低容量終端（MIDS/LVT-1）和聯合戰術資訊發布系統（JTIDS）
- 2艘派里級巡防艦和相關武器系統的購買、翻修和升級
- 13套MK15方陣近迫武器系統（CIWS）火炮，升級套件、彈藥與支援
- 769枚BGM-71F型拖式飛彈
- 250枚人員攜行式刺針防空飛彈

2017

6/29

$1.4

- 偵蒐雷達（SRP）操作與維修支援
- 50枚AGM-88B高速反輻射飛彈與10枚AGM-88B高速反輻射訓練飛彈
- 16枚標準二型飛彈全開彈（AUR）和組件
- 46枚MK48重型魚雷（HWT）和相關支援
- 168個MK54輕型魚雷（LWT）轉換套件
- 56枚AGM-154C聯合拒外武器（JSOW）空對地飛彈
- 四艘前紀德級驅逐艦（如今的基隆級驅逐艦）的電戰系統支援

2018

9/24

$0.3

- 支援F-16戰機、C-130運輸機、F-5戰機經國號戰機和所有其他飛機系統和子系統標準零附件

補充、和備件維修／替換的總括式訂單

2019

4/15

$0.5

- F-16戰機的飛行訓練計畫和維修與後勤支援之續約

7/8

$2.2

- 108輛M1A2T艾布蘭戰車和相關裝備與支援
- 250枚Block I-92人員攜行式刺針防空飛彈與相關裝備和支援

8/20

$8.0

- 66架F-16C/D Block 70型戰機與相關裝備

2020

5/20

$0.2

- 18枚MK-48 Mod6先進科技（AT）重型魚雷（HWT）與相關裝備

7/9

$0.6

- 愛國者三型飛彈更換、維修、升級

10/21

$0.4

- 11套M142海馬斯多管火箭系統（HIMARS）發射器

· 64枚陸軍戰術飛彈系統（ATACMS）M57單體飛彈
· 7部M1152AI高機動性多用途輪式車輛（HMMWV）
· 11部M240B7.62釐米機槍
· 17套國際野戰炮兵戰術數據系統（IFATDS）

10/21

$1.0

· 135枚AGM-84H增程型距外陸攻飛彈（SLAM-ER）
· 4枚ATM-84H SLAM-ER遙測飛彈
· 12枚CATM-84H空中訓練飛彈

10/21

$0.4

· 6套MS-110偵照莢艙與相關裝備
· 3座移動式地面站
· 1座固定式地面站

10/26

$2.4

· 100套魚叉海岸防禦系統（HCDS），包括最多達400枚地面發射的魚叉Block二型飛彈和相關裝備
· 4枚RTM-84L-4魚叉二型演習飛彈

11/3

$0.6

· 4架可攜武器MQ-98無人機
· 2座固定式地面控制站

・2座移動式地面控制站
・14套配備選擇性有效反欺騙模組（SAASM）的嵌入式全球定位系統／慣性導航系統（EGI）

12/7

$0.3

・野戰資訊通訊系統（FICS）

2021

8/4

$0.8

・40門155釐米M109A6自走炮155mm
・20輛M992A2野戰炮兵彈藥支援車（FAASV）
・1套先進野戰炮兵戰術數據系統（AFATDS）
・5部M88A2裝甲救濟車
・5架M2.50口徑機槍
・1698個多選項精準導引套件（PGK）

2022

2/7

$0.1

・40門155釐米M109A6自走炮
・20輛M992A2野戰炮兵彈藥支援車（FAASV）
・1套先進野戰炮兵戰術數據系統（AFATDS）
・5部M88A2裝甲救濟車
・5架M2.50口徑機槍

4/5

$0.1

・愛國者國際工程服務專案與現場監督專案

6/8

$0.1

- 愛國者合約商技術協助

7/15

$0.1

- 合約商技術協助支援

9/2

$1.1

- 偵蒐雷達專案的合約後勤支援
- 60枚AGM-84L-1魚叉Block二型飛彈
- 4枚ATM-84L-1魚叉Block二型演習飛彈
- 100枚AIM-9X Block二型響尾蛇戰術飛彈
- 4套AIM-9X Block二型戰術導引單位

12/6

$0.3

- 為F-16戰鬥機、C-130運輸機、經國號戰鬥機，以及其他美國生產的飛機、系統或子系統的標準備件、耗材、零附件的庫存補充供應和維修、更換提供支援

12/6

$0.1

- 為航空器非標準備件和相關裝備庫存補充供應

12/6

$0.9

- 100枚愛國者三型增程型飛彈（MSE）

· 雷達和支援裝備

12/28

$0.2

· 火山（車載）反坦克布雷系統、M977A410噸重型增程機動戰術卡車（HEMTT）、M87A1反坦克布雷罐、M88罐裝訓練彈藥（訓練用啞彈）、M89訓練彈藥（測試用彈藥）、美軍倉庫建制下永久架設在HEMTT卡車上的火山系統、後勤支援項目，包括零備件、備用二級組建、工具包和測試裝備、技術手冊、建制下的倉庫生產、整合與測試、操作和維修訓練、後勤和實地支援、美國政府在美國本土和美國海外的技術協助，包括工程服務、專案管理、現場調查、設備、後勤和維修評估、品管保證和解處理（de-processing）小組、現場服務代表、修復和回收服務、執行專案的任何運輸費用、以及後勤與專案支援的所有相關元素

Source: "Major Arms Sales," Defense Security Cooperation Agency, https://www.dsca.mil/press-media/major-arms-sales?page=2; and Shirley Kan, "Taiwan: Major U.S. Arms Sales Since 1990, CRS Report No. RL30957" (Washington, D.C.: Congressional Research Service, 2014), https://fas.org/sgp/crs/weapons/RL30957.pdf. Information current as of December 31, 2022.

附錄G　台灣在亞洲第一島鏈的位置地圖

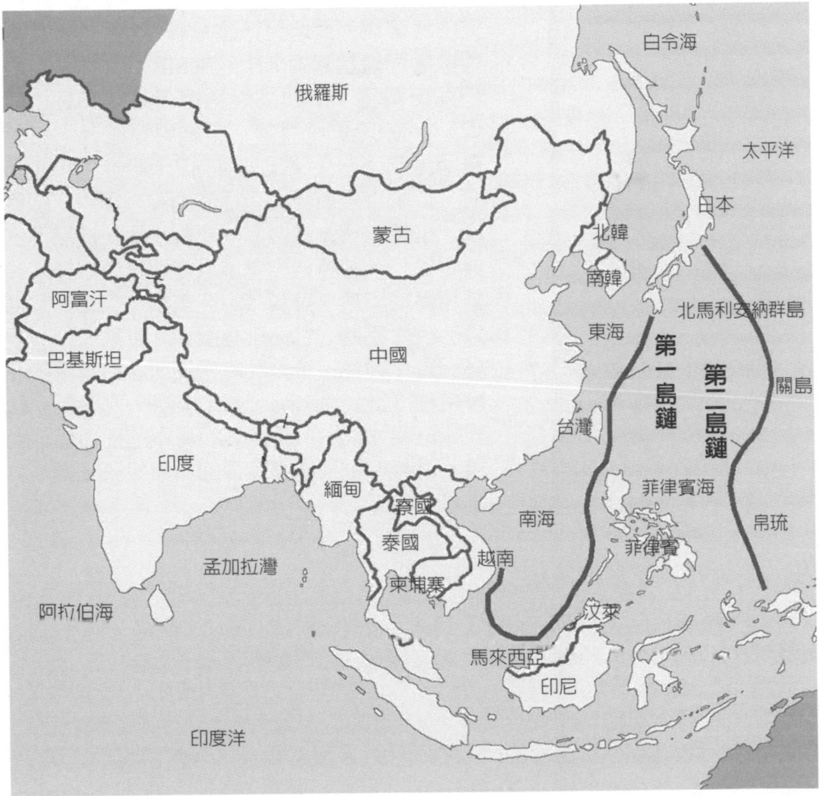

台灣在亞洲第一島鏈的位置地圖

引用來源：WIKICOMMONS, https://commons.wikimedia.org/wiki/File:Guatemala_Taiwan_Locator.svg

註釋

引言

[1] 譯注：也就是台灣民選總統。

[2] 譯注：外部專家就是非任職於政府單位的專家，也就是來自學術界、智庫或其他組織的專業人士。

[3] 在本書中使用「台灣人民」（Taiwan people）來指稱居住在台灣的人。「台灣人」（Taiwanese）通常只限於指稱那些本土台灣的居民，且其先祖於二十世紀之前就抵達台灣。「台灣人」通常可對比於「外省人」（mainlanders），後者指的是一九四五年之後隨同國民黨逃抵台灣的人。隨著時間過去，以往「台灣人」與「外省人」之間的衝突早已緩和，但兩者的區別仍然明顯。因此本書中提到台灣的居民時，統稱之為「台灣人民」。

[4] 編按：此處指的是原英文版書稿。

[5] "China Wants to Take Taiwan Peacefully but Is Preparing Militarily-U.S. Intel- ligence Officials," *Reuters*, May 10, 2022, https://www.reuters.com/world/asia-pacific/china-wants-take-taiwan-peacefully-is-preparing-militarily-us-intelligence-2022-05-10/.

[6] Dina Smeltz and Craig Kafura, "For First Time, Half of Americans Favor Defending Taiwan If China Invades," *The Chicago Council*, August 26, 2021, https://globalaffairs.org/research/public-opinion-survey/first-time-half-americans-favor-defending-taiwan-if-china-invades.

[7] 譯注：意指涉及多個層面的挑戰，受到挑戰的一方必須採取長期和多方面的措施來因應。

[8] 譯注：「拒絕性威懾」是透過強化台灣自身的防禦能力和安全合作，使中國明確意識到試圖攻擊台灣可能會失敗或付出過高的代價，藉此嚇阻中國對台灣採取行動；「懲罰性威懾」是透過對中國實施嚴厲的制裁和懲罰，使中國明確意識到對台灣使用武力會使自己國家在經濟或外交等其他方面損失慘重，藉此打消中國併吞台灣的野心。

第一章

[1] 一九六〇年代以前，台灣在西方是以福爾摩沙（Formosa）之名而為人所知。

[2] 編按：即明鄭政權。

[3] 編按：即「台灣民主國」。

[4] Harry J. Lamley, "Taiwan under Japanese Rule, 1895-1945: The Vicissitudes of Colonialism," in *Taiwan: A New History*, ed. Murray A. Rubenstein (Armonk, NY: M. E. Sharpe, 1999), 201-60.

[5] 如今有些中華人民共和國的戰略家看待台灣的角度和蔣介石很類似。

[6] Harry S. Truman, "Statement by the President, Truman on Korea," Wilson Center Digital Archive, June 27, 1950, https://digitalarchive.wilsoncenter.org/document/116192.

[7] 大陸地區選出的立委，在「淪陷地區無法進行補選」這個不成立的因素下，長年持續擔任立委。有些大陸地區選出的立委因年歲而凋零，空出來的席位則由原選區得票次高者遞補擔任立委。

[8] 十二月十五／十六這個日期，意味著雙方同步在華府時間十二月十五日宣布關係正常化，但此時已經是北京的十二月十六日上午了。

[9] 此外，「中國立場」也被刻意模糊化。所謂「中國立場」也可能被解讀為包括了台灣政府和人民的立場，而且由於不同人或團體對於台灣的看法不斷在改變，因此更難確切推斷「中國立場」的真正含意。

譯注：英文聲明中以「acknowledge」而非「recognize」來表示美國對中方立場的態度，而acknowledge有可能只是認知某個事物或觀點的存在，不一定表示同意或接受，但中文版本將此字譯為「承認」，這一詞代表「同意或接受某事物或觀點」，意義上比較接近英文的recognize，因此卡特政府認為中英兩個版本的聲明表達的意思不盡相同，應該以英文版本為主。

[10] "Taiwan Relations Act," American Institute in Taiwan, April 10, 1979, www.ait.org.tw/our-relationship/policy-history/key-u-s-foreign-policy-documents-region/taiwan-relations-act/.

[11] 因為中華人民共和國在文化大革命期間取消了國家元首職位，而且此時尚未恢復該職位，所以由全國人大的主席擔任國家元首。

[12] "Chairman Ye Jianying's Elaboration on Policy Concerning Return of Taiwan to Motherland and Peaceful Unification," September 30, 1981, www.china.org.cn/english/7945.htm.

[13] 雷根備忘錄於二〇一八年解密。參見President Ronald Reagan to Sec- retary of State George P. Shultz and Secretary of Defense Caspar W. Weinberger, "Arms Sales to Taiwan," American Institute in Taiwan, August 17, 1982, www.ait.org.tw/wp-content/uploads/sites/269/08171982-Reagan-Memo-DECLASSIFIED.pdf.

[14] Alan D. Romberg, *Rein in at the Brink of the Precipice: American Policy toward Taiwan and U.S.-PRC Relations* (Washington, D.C.: Henry L. Stimson Center, 2003), 134-37.

[15] International Monetary Fund, "Taiwan Province of China: GDP Per Capita, Current Prices (PPP)," *World Economic Outlook*, October 2021, www.imf.org/external/datamapper/ PPPPC@WEO/TWN?zoom=TWN&highlight=TWN.

[16] Cited in Jay Taylor, *The Generalissimo's Son: Chiang Ching-kuo and the Revolutions in China and Taiwan* (Cambridge, MA: Harvard University Press, 2000), 414.

[17] James R. Lilley and Jeffrey Lilley, *China Hands: Nine Decades of Adventure, Espionage, and Diplomacy in Asia* (New York: Public Affairs, 2005), 257.

18 譯注：因此出現從一九四九到一九九一任期長達四十三年的第一屆中央民意代表，後來被戲稱為萬年國會。

19 Stephen J. Solarz, "Democracy and the Future of Taiwan," *Freedom at Issue* 77 (March-April 1984): 18-21.

20 編按：此即「江南案」。

21 Richard C. Bush, *Difficult Choices: Taiwan's Quest for Security and the Good Life* (Washington, DC: Brookings Institution Press, 2020), 198-99.

22 在以下時間點，此情況都曾發生過。首先是一九四二到一九四三年，當時決定將台灣歸還中國；接著是一九五〇年代初期杜魯門政府決定，若共黨入侵台灣，美國將不協助防禦；另外是一九七二年間尼克森訪中的時候針對台灣問題作出的承諾；以及一九七八年中美關係正常化公報當中關於台灣的條款；最後則是一九八二年雷根政府與北京達成正式協議，逐年減少對台軍售。

23 譯注：「低層次溝通」的特色為參與溝通者的政治層級較低、溝通的場合比較不正式、溝通的主題往往也不是很具體或很重要。相對於高層次的正式外交或政治對話，低層次溝通往往不涉及涵蓋全面政策的重大決策或協議。

24 要針對文書驗證制定協議的其中一個原因是台灣使用民國紀年（以一九一二年為民國元年），而中國則是採用西元紀年，連日期都帶有政治意涵。

25 更大的分歧在於兩岸對於台灣**如何**成為統一的中國的一部分完全沒有共識。

26 譯注：所謂買方市場，是指供給大於需求、商品價格有下降趨勢、買方在交易上處於有利地位的市場。

27 譯注：德州是美國F-16戰鬥機的生產地之一，而美國總統選舉通常會受到各州的政治利益和選民意願的影響。因此，這句話暗示生產F-16 戰機的州郡在總統大選中可能會發揮一定的影響力，從而影響美國政府是否決定向台灣出售F-16戰鬥機。

28 至少有一位老布希政府高層官員的個人願望是「打破一九八二年八月的公報」。

29 依據當時的指引，台灣總統及其他三個高階官員只能在前往他國途中低調過境美國，且不能專程訪問美國。

30 Warren Christopher, "American Interests and the U.S.-China Relationship," speech, New York, May 17, 1996), U.S. Department of State, https://1997-2001.state.gov/current/ debate/96517qa.html.

31 譯注：這是中華民國於世界貿易組織之會籍完整名稱，簡稱台澎金馬個別關稅領域。

32 Richard C. Bush, *One-China Policy Primer*, Brookings Institution, March 2017, www.brookings.edu/research/a-one-china-policy-primer/, pp. 4-5; Bill Clinton, "Full Text of Clinton's Speech on China Trade Bill," speech, Washington, D.C., March 9, 2000, Johns Hopkins University, https://www.iatp.org/sites/default/files/Full_Text_of_Clintons_Speech_on_China_Trade_Bi.htm.

33 Lee Teng-hui, interview by *Deutsche Welle* radio, July 9, 1999, New Taiwan, Ilha Formosa, https://www.taiwandc.org/nws-9926.htm.

34 這是一個在台灣對外聲明的政策中長期存在卻經常被誤解的要素。以國際法的角度來看，該論述旨在強調中華民國不隸屬於任何其他國家（而中華人民共和國則擁有中國的管轄權）；就政治上來說，該論述中的「獨立」一詞是為了減輕台灣某些人要求宣布台

灣獨立的壓力。李登輝和其他台灣領導人都說「我們已經是個獨立的國家，所以沒必要再宣布獨立」。

35 "Montevideo Convention on the Rights and Duties of States," International Law Students Association, signed December 26, 1933, entered into force December 26, 1934, www.ilsa.org/Jessup/Jessup15/Montevideo%20Convention.pdf.

36 請注意李登輝對選舉的重視，意味著他認為國家形成的基礎是人民主權。

37 Su Chi, *Taiwan's Relations with Mainland China: A Tail Wagging Two Dogs* (New York: Routledge, 2008), 61-62.

38 二〇〇五年國民大會終止運作後，領土變更的程序隨之改變。現在，領土變更程序的第二階段舉辦公投，而且必須獲得超過五成的選民支持才能生效。然而，由於國民黨和民進黨對領土變更議題仍缺乏共識，所以就政治層面來說，要變更領土定義幾乎是不可能的。

39 Warren Christopher, "American Interests and the U.S.-China Relationship," speech, New York, May 17, 1996), U.S. Department of State, https://1997-2001.state.gov/current/ debate/96517qa.html.

40 譯注：這種政治語言的轉變可能是為了避免在關鍵時刻與中國對抗，同時又能吸引更多選民支持，畢竟當時很多人難以接受追求台灣獨立的激進立場。

41 一九九九年美國保守派人士發表的一份聲明中便稱「對於台灣議題，美國無論在戰略上還是道義上都不該再『模稜兩可』」，參見Richard C. Bush, *Untying the Knot: Making Peace in the Taiwan Strait* (Washington, D.C.: Brookings Institution Press, 2005), 129.

42 David E. Sanger, "U.S. Would Defend Taiwan, Bush Says," *New York Times*, April 26, 2001, www.nytimes.com/2001/04/26/world/us-would-defend-taiwan-bush-says.html.

43 譯注：雖然在選舉中拿到最高票但並未超過總票數的一半。

44 設定這些先決條件並要求對手「表態」是中共常用的伎倆。北京當局很可能早就知道陳水扁在政治上不可能接受中華人民共和國的一中原則，因為該原則的基礎是臺灣屬於「中國」領土。民進黨內的戰略家知道如果為了和北京當局展開對話就接受了中國的一中原則，那麼他們未來在與中國的談判中將永遠處於劣勢。

45 譯注：公投法第十七條規定：「當國家遭受外力威脅，致國家主權有改變之虞，總統得經行政院院會之決議，就攸關國家安全事項，交付公民投票。」

46 其中一項公投的議題是：「台灣人民堅持台海問題應該和平解決。如果中共不撤除瞄準台灣的飛彈、不放棄對台灣使用武力，您是否贊成政府增加購置反飛彈裝備，以強化台灣自我防衛能力？」另一項議題則是：「您是否同意政府與中共展開協商，推動建立兩岸和平穩定的互動架構，以謀求兩岸的共識與人民的福祉？」

47 Brian Knowlton, "Bush Warns Taiwan to Keep Status Quo: China Welcomes U.S. Stance," *New York Times*, December 10, 2003, www.nytimes.com/2003/12/10/news/bush-warns-taiwan-to-keep-status-quo-china-welcomes-us-stance.html.

48 James A. Kelly, "Overview of U.S. Policy Toward Taiwan," Testimony before the House International Relations Committee, 108th Cong., 1st sess., April 21, 2004, https://2001-2009.state.gov/p/eap/rls/

rm/2004/31649.htm.

49 "Anti-Secession Law," Embassy of the People's Republic of China in the United States of America, March 15, 2005, www.mfa.gov.cn/ce/ceus/eng/zt/999999999/t187406.htm.

50 兩岸的對話自一九九九年七月李登輝「特殊的國與國關係」發言後已然中斷。

51 Ma Ying-jeou, "Taiwan's Role in Peace and Stability in East Asia: A Discussion with Dr. Ma Ying-jeou," remarks, Brookings Institution, March 23, 2006, www.brookings.edu/events/taiwans-role-in-peace-and-stability-in-east-asia-a-discussion-with-dr-ma-ying-jeou/.

52 粗體為作者所加。Thomas J. Christensen, "A Strong and Moderate Taiwan," speech, U.S.-Taiwan Business Council Defense Industry Conference, Annapolis, Maryland, September 11, 2007, U.S. Department of State, https://2001-2009.state.gov/p/eap/rls/rm/2007/91979.htm.

53 Hu Jintao, "Let Us Join Hands to Promote the Peaceful Development of Cross- Straits Relations and Strive with a United Resolve for the Great Rejuvenation of the Chinese Nation," speech, USC US-China Institute, December 31, 2008, USC, https://china.usc.edu/hu-jintao-let-us-join-hands-promote-peaceful-development-cross-straits-relations-and-strive-united. Italics added.

54 Both statements cited in Richard C. Bush, *Uncharted Strait: The Future of China- Taiwan Relations* (Washington, D.C.: Brookings Institution Press, 2013), 2.

55 Shelley Rigger, *The Tiger Leading the Dragon: How Taiwan Propelled China's Economic Rise* (Lanham, MD: Rowman & Littlefield, 2021), 92.

第二章

1 候選人只要不是現任總統、副總統、行政院長及行政院副院長，皆可訪問美國。具有上述職位身分的個人，則可在前往其他國家途中，過境訪問美國。

2 Tsai Ing-wen, "Tsai Ing-wen 2016: Taiwan Faces the Future," speech, Washington, D.C., June 3, 2015, CSIS, www.csis.org/events/tsai-ing-wen-2016-taiwan-faces-future.

3 Tsai Ing-wen, "Inaugural Address of ROC 14th-Term President Tsai Ing-wen," speech, Taipei, Taiwan, May 20, 2016, Office of the President, Republic of China (Taiwan), https://english.president.gov.tw/News/4893.

4 Xinhua [新華社], "Setting the Tone for Cross-Strait Relations and Showing Sincerity and Goodwill-Taiwan Public Opinion Hotly Discusses General Secretary Xi Jinping's Latest Speech to Taiwan [定調兩岸關係　展現真情善意—　臺灣輿論熱議習近平總書記最新對臺講話]," Embassy of the People's Republic of China in the United States of America, March 6, 2015, www.mfa.gov.cn/ce/ceus//chn/zt/twwt/ t1243153.htm.

5 Richard C. Bush, *Difficult Choices: Taiwan's Quest for Security and the Good Life* (Washington, D.C.: Brookings Institution Press, 2021), 329.

6 Tsai Ing-wen, "Inaugural Address of ROC," 14th-term President Tsai Ing-wen, speech, Taipei, Taiwan,

May 20, 2016, Office of the President, Republic of China (Taiwan), https://english.president.gov.tw/News/4893.

7 Tsai Ing-wen, "President Tsai's 2016 National Day Address," speech, Taipei, Taiwan, October 10, 2016, Office of the President, Republic of China (Taiwan), https://english.president.gov.tw/News/4997.

8 Tsai Ing-wen, "President Tsai Delivers 2017 National Day Address," speech, Taipei, Taiwan, October 10, 2017, Office of the President, Republic of China (Taiwan), https://english.president.gov.tw/News/5231.

9 Tsai Ing-wen, "President Tsai Delivers 2018 National Day Address," speech, Taipei, Taiwan, October 10, 2018, Office of the President, Republic of China (Taiwan), https://english.president.gov.tw/News/5548.

10 Tsai Ing-wen, "President Tsai's New Year's Talk for 2019," speech, Taipei, Taiwan, January 1, 2019, Office of the President, Republic of China (Taiwan), https://english.president.gov.tw/News/5618.

11 Tsai Ing-wen, "Inaugural Address of ROC 15th-Term President Tsai Ing-wen," speech, Taipei, Taiwan, June 20, 2020, Office of the President, Republic of China (Taiwan), https://english.president.gov.tw/News/6004.

12 Tsai Ing-wen, "President Tsai Delivers 2021 National Day Address," speech, Taipei, Taiwan, October 10, 2021, Office of the President, Republic of China (Taiwan), https://english.president.gov.tw/News/6175.

13 Tsai Ing-wen, "President Tsai Delivers 2022 New Year's Address," speech, Taipei, Taiwan, January 1, 2022, Office of the President, Republic of China (Taiwan), https://english.president.gov.tw/News/6209.

14 Tsai Ing-wen, "President Tsai Delivers 2022 National Day Address," speech, Taipei, Taiwan, October 10, 2022, Office of the President, Republic of China (Taiwan), https://english.president.gov.tw/News/6348.

15 "Xi Urges Chinese Province to Deepen Ties with Democratic Taiwan," *Bloomberg*, March 25, 2021, www.bloomberg.com/news/articles/2021-03-25/xi-urges-chinese-province-to-deepen-ties-with-democratic-taiwan?sref=e0X6oOeR.

16 編按：時任發言人為朱鳳蓮。

17 Lawrence Chung, "Fines on Taiwan's Far Eastern Group Fan Fears of More Retaliation by Beijing over Political Donations," *SCMP*, November 24, 2021, www.scmp.com/news/china/politics/article/3157108/fines-taiwans-far-eastern-group-fan-fears-more-retaliation.

18 編按：即林奏延。

19 Jessica Drun and Bonnie S. Glaser, "The Distortion of UN Resolution 2758 to Limit Taiwan's Access to the United Nations," German Marshall Fund, March 2022, https://www.gmfus.org/sites/default/files/2022-03/Drun%26Glaser-distortion-un-resolution-2758-limit-taiwans-access.pdf.

20 編按：這段期間與台灣斷交的九個國家為：北馬其頓、諾魯、賴比瑞亞、多米尼克、格瑞那達、塞內加爾、查德、哥斯大黎加、馬拉威；另有吉里巴斯與台灣建交；諾魯、聖

露西亞兩國則與台灣復交。

21 Office of the Secretary of Defense, *Military and Security Developments Involving the People's Republic of China*, U.S. Department of Defense, 2021, https://media.defense.gov/2021/Nov/03/2002885874/-1/-1/0/2021-CMPR-FINAL.PDF.

22 Paul Huang, "Chinese Cyber-Operatives Boosted Taiwan's Insurgent Candi- date," *Foreign Policy*, June 26, 2019, https://foreignpolicy.com/2019/06/26/chinese-cyber-operatives-boosted-taiwans-insurgent-candidate/.

23 Katherin Hille, "Taiwan Primaries Highlight Fears over China's Political Influence," *Financial Times*, July 16, 2019, https://www.ft.com/content/036b609a-a768-11e9-984c-fac8325aaa04.

24 Hille, "Taiwan Primaries Highlight Fears."

25 Vincent W. F. Chen, "Republic of China, Taiwan's Unique Status Shall Not Perish: CCP's Influence Operations against Taiwan," presentation, Jamestown Foundation's Ninth Annual China Defense and Security Conference, Carnegie Endowment for International Peace, Washington, D.C., October 15, 2019, https://www.youtube.com/watch?v=yVvOhJ2P6n0.

26 "Gray Zone Project," CSIS, www.csis.org/programs/gray-zone-project.

27 Chen Yufu and Jonathan Chin, "Public Perception of Chinese Hostility Soars," *Taipei Times*, August 19, 2022, https://www.taipeitimes.com/News/taiwan/archives/2022/08/19/2003783794.

28 "China's Xi Says Political Solution for Taiwan Can't Wait Forever," Reuters, October 6, 2013, www.reuters.com/article/us-asia-apec-china-taiwan/chinas-xi-says-political-solution-for-taiwan-cant-wait-forever-idUSBRE99503Q20131006.

29 "President Xi Jinping Had a Virtual Meeting with US President Joe Biden," Ministry of Foreign Affairs of the People's Republic of China, November 16, 2021, www.fmprc.gov.cn/mfa_eng/zxxx_662805/202111/t20211116_10448843.html.

30 "President Xi Jinping Meets with U.S. President Joe Biden in Bali," Ministry of Foreign Affairs of the People's Republic of China, November 14, 2022, https://www.fmprc.gov.cn/mfa_eng/zxxx_662805/202211/t20221114_10974686.html.

31 Xi Jinping, "Working Together to Realize Rejuvenation of the Chinese Nation and Advance China's Peaceful Reunification," speech, Beijing, China, January 2, 2019, Taiwan Affairs Office, www.gwytb.gov.cn/wyly/201904/t20190412_12155687.htm.

32 "The Taiwan Question and China's Reunification in the New Era," The Taiwan Affairs Office of the State Council and The State Council Information Office, The People's Republic of China, August 2022, https://english.news.cn/20220810/df9d3b8702154b34bbf1d451b99bf64a/c.html.

33 編按：習近平曾在二十大報告中提出二〇四九年（即中共建國百年）將「以中國式現代化全面推進中華民族偉大復興」。

34 "Full Text of the Chinese Communist Party's New Resolution on History," *Nikkei Asia*, November 19, 2021, https://asia.nikkei.com/Politics/Full-text-of-the-Chinese-Communist-Party-s-new-resolution-on-history.

35 編按：即前文提及《中共中央關於黨的百年奮鬥重大成就和歷史經驗的決議》。

36 "'One China' Principle Is Non-Negotiable: Beijing," *Reuters*, January 14, 2017, www.reuters.com/article/us-usa-trump-china/one-china-principle-is-non-negotiable-beijing-idUSKBN14Y0N4.

37 Mark Lander and Michael Forsythe, "Trump Tells Xi Jinping U.S. Will Honor 'One China' Policy," *New York Times*, February 9, 2017, www.nytimes.com/2017/02/09/world/asia/donald-trump-china-xi-jinping-letter.html.

38 Jeff Mason, Stephen J. Adler, and Steve Holland, "Exclusive: Trump Spurns Taiwan President's Suggestion of Another Phone Call," Reuters, April 28, 2017, www.reuters.com/article/us-usa-trump-taiwan-exclusive/exclusive-trump-spurns-taiwan-presidents-suggestion-of-another-phone-call-idUSKBN17U05I.

39 Alex Wong, "Remarks by Deputy Assistant Secretary of State Alex Wong at the American Chamber of Commerce in Taipei Hsieh Nien Fan," speech, Taipei, Taiwan, March 21, 2018, American Institute in Taiwan, www.ait.org.tw/remarks-deputy-assistant-secretary-state-alex-wong-american-chamber-commerce-taipei-hsieh-nien-fan/.

40 "American Institute in Taiwan Inaugurates New Office Complex in Taipei," Ministry of Foreign Affairs, Republic of China, Taiwan, June 13, 2018, https://nspp.mofa.gov.tw/nsppe/news.php?post=136061&unit=376.

41 編按：J2為美軍情報聯參部門的代稱，性質類似於我國防部參謀本部的「聯二」，負責國內外軍事情報的蒐整、辨識與分析。

42 W. Brent Christensen, "Opening Remarks by AIT Director W. Brent Christensen at the U.S.-Taiwan Consultations on Democratic Governance in the Indo-Pacific Region," speech, Taipei, Taiwan, September 12, 2019, American Institute in Taiwan, www.ait.org.tw/opening-remarks-by-ait-director-w-brent-christensen-at-the-u-s-taiwan-consultations-on-democratic-governance-in-the-indo-pacific-region/.

43 "The Department of Defense Indo-Pacific Strategy Report: Preparedness, Partnerships, and Promoting a Networked Region," U.S. Department of Defense, June 1, 2019, https://media.defense.gov/2019/Jul/01/2002152311/-1/-1/1/DEPARTMENT-OF-DEFENSE-INDO-PACIFIC-STRATEGY-REPORT-2019.PDF.

44 Joseph Trevithick, "Army Releases Ultra Rare Video Showing Green Berets Training in Taiwan," *The Drive*, June 29, 2020, www.thedrive.com/the-war-zone/34474/army-releases-ultra-rare-video-showing-green-berets-training-in-taiwan.

45 "Taiwan's Ministry of Defense Confirms U.S. Military in Taiwan to Assist in Training [台國防部證實美軍在台協助訓練]" *Lianhe Zaobao* [聯合早報], June 29, 2020, www.zaobao.com.sg/realtime/china/story20200629-1064895.

46 Gordon Lubold, "U.S. Troops Have Been Deployed in Taiwan for at Least a Year," *Wall Street Journal*, October 7, 2021, www.wsj.com/articles/u-s-troops-have-been-deployed-in-taiwan-for-at-least-a-year-11633614043.

47 John Power, "US Warships Made 92 Trips through the Taiwan Strait since 2007," *SCMP*, May 3, 2019, www.scmp.com/week-asia/geopolitics/article/3008621/us-warships-made-92-trips-through-taiwan-

strait-2007.

[48] Edward Wong, "U.S. Recalls Top Diplomats from Latin America as Worries Rise over China's Influence," *New York Times*, September 8, 2018, www.nytimes.com/2018/09/08/us/politics/us-latin-america-china.html.

[49] Gardiner Harris, "U.S. Weighed Penalizing El Salvador over Support for China, Then Backed Off," *New York Times*, September 29, 2018, https://www.nytimes.com/2018/09/29/world/americas/trump-china-taiwan-el-salvador.html.

[50] 譯注：這一詞源自寫出《一九八四》（*Nineteen Eighty-Four*）和《動物農莊》（*Animal Farm*）的名作家喬治・歐威爾（George Orwell），由於他寫的這兩本超級名著都與極權主義、壓制自由有關，因此「歐威爾式」一詞有「反對自由開放」、「（當權者）試圖洗腦並控制他人思想」的意思。

[51] "Statement from the Press Secretary on China's Political Correctness," Trump White House archive, May 5, 2018, https://trumpwhitehouse.archives.gov/briefings-statements/ statement-press-secretary-chinas-political-correctness/.

[52] Michael R. Pompeo, "Secretary Michael R. Pompeo at a Press Availability," U.S. Department of State (archived, 2017-2021), May 6, 2020, https://2017-2021.state.gov/ secretary-michael-r-pompeo-at-a-press-availability-5/index.html.

[53] Colum Lynch, "WHO Becomes Battleground as Trump Chooses Pandemic Confrontation Over Cooperation," *Foreign Policy*, April 29, 2020, https://foreignpolicy.com/2020/04/29/world-health-organization-who-battleground-trump-taiwan-china/.

[54] Michael R. Pompeo, "Taiwan's Inauguration of President Tsai Ing-wen," U.S. Department of State (archived 2017-2021), May 19, 2020, https://2017-2021.state.gov/ taiwans-inauguration-of-president-tsai-ing-wen/index.html.

[55] 譯注：解密是指解除文件的保密狀態，讓公眾可以瀏覽查閱。

[56] President Ronald Reagan to Secretary of State George P. Shultz and Secretary of Defense Caspar W. Weinberger, "Arms Sales to Taiwan," American Institute in Taiwan, August 17, 1982, www.ait.org.tw/wp-content/uploads/sites/269/08171982-Reagan-Memo-DECLASSIFIED.pdf.

[57] 譯注：兩國軍艦或軍用船互訪港口是一種進行國際軍事交流和外交互動的方式。例如，美國允許台灣軍艦在美國的港口停留，而台灣也允許美國的軍艦在台灣的港口停留。這種相互訪問有助於促進軍事合作、增進雙方關係。

[58] "National Defense Authorization Act for Fiscal Year 2021," H.R. 6395, 116th Cong., (December 2020), www.govtrack.us/congress/bills/116/hr6395/text.

[59] Michael R. Pompeo, "Lifting Self-Imposed Restrictions on the U.S.-Taiwan Relationship," U.S. Department of State (archived, 2017-2021), January 9, 2021, https://2017-2021.state.gov/lifting-self-imposed-restrictions-on-the-u-s-taiwan-relationship/index.html.

[60] Michael R. Pompeo, "On the Mass Arrests of Democracy Advocates in Hong Kong," U.S. Department of State (archived, 2017-2021), January 6, 2021, https://2017-2021.state.gov/on-the-mass-arrests-of-democracy-advocates-in-hong-kong/index.html.

[61] David Spencer, "Taiwan Needs a Strategy to Counter China's Grey-Zone Tactics," *Taiwan News*, December 26, 2020, www.taiwannews.com.tw/en/news/4084689.

[62] Lavanya Ramanathan and Simon Denyer, "Taiwan's Leader Says Call with Trump Didn't Reflect U.S. Policy Change," *Washington Post*, December 6, 2016, www.washington-post.com/world/taiwans-leader-says-trumps-phone-call-is-not-a-policy-change/2016/12/06/c7ffd012-bb7f-11e6-817f-e3b588251d1e_story.html.

[63] "America's Affirmation of the One-China Policy Pleased Taiwan, Too," *The Economist*, February 18, 2017, www.economist.com/asia/2017/02/16/americas-affirmation-of-the-one-china-policy-pleased-taiwan-too.

[64] Judy Lin, "Taiwan Govt Voices Concerns over Rumors of U.S.-China Signing 4th Communiqué," *Taiwan News*, March 23, 2017, www.taiwannews.com.tw/en/news/3123758.

[65] Gerry Shih, "Taiwan Frets Over How a Biden Administration Would Deal with China," *The Washington Post*, October 30, 2020, www.washingtonpost.com/world/asia_pacific/biden-china-election-taiwan-obama/2020/10/30/44e55488-0868-11eb-8719-0df159d14794_story.html.

[66] "Biden's Letter to the United Daily News Will Deepen Relations with Taiwan [拜登投書聯合報系　當選將深化與台灣關係]," *United Daily News* [聯合報], October 22, 2020, https://udn.com/news/story/121687/4955258?from=udn_ch2_menu_v2_main_index.《世界日報》隸屬聯合報系旗下。

[67] Jonathan Swan, "Exclusive: Trump Held Off on Xinjiang Sanctions for China Trade Deal," *Axios*, June 21, 2020, www.axios.com/trump-uighur-muslims-sanctions-d4dc86fc-17f4-42bd-bdbd-c30f4d2ffa21.html.

[68] Zachary Basu, "Biden Campaign Says China's Treatment of Uighur Muslims Is 'Genocide,'" *Axios*, August 25, 2020, www.axios.com/biden-campaign-china-uighur-genocide-3ad857a7-abfe-4b16-813d-7f074a8a04ba.html.

[69] Wang Yi, "Reorient and Steer Clear of Disruptions: For a Smooth Sailing of China-U.S. Relations," speech, Asia Society, New York, December 19, 2020, Ministry of Foreign Affairs of the People's Republic of China, www.fmprc.gov.cn/mfa_eng/wjb_663304/wjbz_663308/2461_663310/202012/t20201219_468835.html.

[70] "China Says Military Drills Near Taiwan Were a 'Necessary Action,'" Reuters, September 15, 2020 www.reuters.com/article/us-china-politics-taiwan/china-says-military-drills-near-taiwan-were-a-necessary-action-idUSKBN2670DG.

[71] T. Y. Wang, "Hong Kong National Security Law: The View From Taiwan," *The Diplomat*, July 2, 2020, https://thediplomat.com/2020/07/hong-kong-national-security-law-the-view-from-taiwan/.

[72] Thomas L. Friedman, "Biden Made Sure 'Trump Is Not Going to Be President for Four More Years,'" *New York Times*, December 2, 2020, www.nytimes.com/2020/12/02/ opinion/biden-interview-mcconnell-china-iran.html.

[73] Antony Blinken, "Nomination of Hon. Antony J. Blinken to Be U.S. Secretary of State-Part I," Testimony before the Senate Committee on Foreign Relations, 117th Cong., 1st sess., January 19,

2021, www.govinfo.gov/content/pkg/CHRG-117shrg43890/html/ CHRG-117shrg43890.htm.

74 Austin Lloyd, "To Conduct a Confirmation Hearing on the Expected Nomination of: Lloyd J. Austin III to Be Secretary of Defense," Testimony before the Senate Committee on Armed Services, 117th Cong., 1st sess., January 19, 2021, www.armed-services.senate.gov/download/transcript-1192021.

75 Ned Price, "PRC Military Pressure against Taiwan Threatens Regional Peace and Stability," U.S. Department of State, January 23, 2021, www.state.gov/prc-military-pressure-against-taiwan-threatens-regional-peace-and-stability/.

76 早在美國總統交接之際，就預示了這個政策的轉變。一位拜登總統的交接官員對《金融時報》表示：「拜登上任後，將持續支持兩岸問題在符合台灣人民的願望與最佳利益下的和平解決方案」。參見Katrina Manson, "US Risks Enraging China by Easing Limits on Taiwan Relations," *Financial Times*, January 9, 2021, www.ft.com/content/debd932f-48f7-4933-a596-a4663b442002.

77 柯林頓說，美國應該「絕對明確（表示）北京與台灣的問題，必須在台灣人民同意下和平解決」。參見"Full Text of Clinton's Speech on China Trade Bill," *New York Times*, March 9, 2000 (archived), https://archive.nytimes.com/www.nytimes.com/library/world/asia/030900clinton-china-text.html.

78 "Readout of President Joseph R. Biden, Jr. Call with President Xi Jinping of China," The White House, February 10, 2021, www.whitehouse.gov/briefing-room/statements-releases/2021/02/10/readout-of-president-joseph-r-biden-jr-call-with-president-xi-jinping-of-china/.

79 "White House Says China's Moves around Taiwan 'Potentially Destabilizing,'" Reuters, April 9, 2021, www.reuters.com/world/china/white-house-says-chinas-moves-around-taiwan-potentially-destabilizing-2021-04-09/.

80 "Blinken Warns of China's 'Increasingly Aggressive Actions' against Taiwan," Reuters, April 11, 2021, www.reuters.com/world/china/blinken-warns-chinas-increasingly-aggressive-actions-against-taiwan-2021-04-11/.

81 "Interim National Security Strategic Guidance," The White House, March 3, 2021, www.whitehouse.gov/briefing-room/statements-releases/2021/03/03/interim-national-security-strategic-guidance/.

82 David Brunnstrom and Michael Martina, "Biden Sends Unofficial Delegation to Taiwan in 'Personal Signal,'" Reuters, April 13, 2021, www.reuters.com/world/china/biden-sends-unofficial-delegation-taiwan-underscore-commitment-white-house-2021-04-13/.

83 Ned Price, "New Guidelines for U.S. Government Interactions with Taiwan Counterparts," U.S. Department of State, April 9, 2021, www.state.gov/new-guidelines-for-u-s-government-interactions-with-taiwan-counterparts/.

84 譯注：意指由高級政府官員進行貿易方面的討論或談判。

85 "United States and Taiwan Hold Dialogue on Trade and Investment Priorities," Office of the United States Trade Representative, June 30, 2021, https://ustr.gov/about-us/policy-offices/press-office/press-releases/2021/june/united-states-and-taiwan-hold-dialogue-trade-and-investment-priorities.

86 "United States and Taiwan Announce the Launch of the U.S.-Taiwan Initiative on 21st-Century

Trade," Office of the United States Trade Representative, June 1, 2022, https://ustr.gov/about-us/policy-offices/press-office/press-releases/2022/june/united-states-and-taiwan-announce-launch-us-taiwan-initiative-21st-century-trade.

87 譯注：北京版本的「一中原則」主張既然中華人民共和國是中國的唯一合法代表，台灣地區就不該被承認為一個獨立的國家，而是中國的一部分，因此無權越過中國參與聯合國的各種組織。

88 譯注：所謂實質參與，意指雖然不成為正式成員，但仍會實際參與組織裡的各種會議和活動。

89 Antony Blinken, "Supporting Taiwan's Participation in the UN System," U.S. Department of State, October 26, 2021, www.state.gov/supporting-taiwans-participation-in-the-un-system/.

90 The German Marshall Fund of the United States, "UN Resolution 2758 Turns 50: Implications for Taiwan," YouTube Video, 8:18, October 21, 2021, www.youtube.com/watch?v=G0rqjDd8npA&t=498s.

91 "G7 Foreign and Development Ministers' Meeting: Communiqué, London, 5 May 2021," UK Foreign, Commonwealth and Development Office, May 5, 2021, www.gov.uk/government/publications/g7-foreign-and-development-ministers-meeting-may-2021-communique/g7-for-eign-and-development-ministers-meeting-communique-london-5-may-2021.

92 譯注：後來宏都拉斯還是於二〇二三年三月二十六日與中華民國斷交，與中華人民共和國建交。

93 編按：桑定民族解放陣線是尼加拉瓜目前的執政黨。尼加拉瓜與中華民國於一九三〇年首次建交，且一九四九年中華人民共和國建國後仍維持與中華民國的外交關係。不過現任總統奧蒂嘉（José Daniel Ortega Saavedra）代表左翼政府在一九八〇年代首度當選民選總統時曾與中華民國斷交、與中華人民共和國建交，爾後一九九〇年代右翼上台又與中華人民共和國斷交、與中華民國復交。二〇二一年，政權重回奧蒂嘉手中十五年後，尼加拉瓜與中華民國斷交、與中華人民共和國復交。

94 "Carbis Bay G7 Summit Communiqué," The White House, June 13, 2021, www.white-house.gov/briefing-room/statements-releases/2021/06/13/carbis-bay-g7-summit-communique/.

95 "U.S.-EU Summit Statement," The White House, June 15, 2021, www.whitehouse.gov/briefing-room/statements-releases/2021/06/15/u-s-eu-summit-statement/.

96 "Joint Statement on Australia-U.S. Ministerial Consultations (AUSMIN) 2021," U.S. Department of State, September 16, 2021, www.state.gov/joint-statement-on-australia-u-s-ministerial-consultations-ausmin-2021/.

97 "Kurt Campbell: U.S. and China Can Co-Exist Peacefully," Asia Society Policy Institute, July 6, 2021, https://asiasociety.org/policy-institute/kurt-campbell-us-and-china-can-co-exist-peacefully.

98 Antony Blinken, "The Biden Administration's Priorities for U.S. Foreign Policy," C-SPAN, Testimony before the House Foreign Affairs Committee, 117th Cong., 1st sess., March 10, 2021, www.c-span.org/video/?509633-1/house-foreign-affairs-committee-hearing-biden-administration-foreign-policy-

priorities.

99 Antony Blinken, "The U.S. Withdrawal from Afghanistan," C-SPAN, Testimony before the House Foreign Affairs Committee, 117th Cong., 1st sess., September 13, 2021, www.c-span.org/video/?514505-1/secretary-blinken-afghanistan-withdrawal-inherited-deadline-not-inherit-plan.

100 Ely Ratner, "Statement by Dr. Ely Ratner Assistant Secretary of Defense for Indo- Pacific Security Affairs," Testimony before the Senate Committee on Foreign Relations, 117th Cong., 1st sess., December 8, 2021, www.foreign.senate.gov/imo/media/doc/120821_Ratner_Testimony1.pdf.

101 See, for example, Paul Heer, "Has Washington's Policy toward Taiwan Crossed the Rubicon?" *The National Interest*, December 10, 2021, https://nationalinterest.org/feature/has-washington%E2%80%99s-policy-toward-taiwan-crossed-rubicon-197877, and Michael Swaine, "US Official Signals Stunning Shift in the Way We Interpret 'One China' Policy," Responsible Statecraft, May 21, 2022, https://responsiblestatecraft.org/2021/12/10/us-official-signals-stunning-shift-in-the-way-we-interpret-one-china-policy/.

102 譯注：由於這些代表都非現任官員，所以不違背美國的一中政策和美台官員的交流規範，但他們過去的職位和資歷都顯示他們對國防安全議題相當熟悉，因此對台灣提出的保證也有一定的分量。

103 "Mutual Defense Treaty between the United States and the Republic of China," opened for signature December 2, 1954, The Avalon Project at the Yale Law School, https://avalon.law.yale.edu/20th_century/chin001.asp.

104 Mike Gallagher, "It's Time to Stand with Taiwan," *The National Review*, May 11, 2020, www.nationalreview.com/2020/05/taiwan-deserves-united-states-support/.

105 Richard Haass and David Sacks, "American Support for Taiwan Must Be Unambiguous," *Foreign Affairs*, September 2, 2020, www.foreignaffairs.com/articles/united-states/american-support-taiwan-must-be-unambiguous.

106 Mark Milley, "General Milley, Secretary Austin Full Testimony Transcript on 2022 Budget Request," Testimony before the House Armed Services Committee, 117th Cong., 1st sess., June 23, 2021, www.rev.com/blog/transcripts/general-milley-secretary-austin-full-testimony-transcript-on-2022-budget-request.

107 Demetri Sevastopulo and Kathrin Hille, "Washington Shies Away from Open Declaration to Defend Taiwan," *Financial Times*, May 4, 2021, www.ft.com/content/26b03f60-ac06-4829-b2ed-da78ac47116a.

108 譯注：不對稱作戰能力即弱小國家用以對抗強大國家的戰術和軍事能力。

109 編按：即美國眾議院以一致同意的方式通過的第三五三號法案。

110 譯注：這是為了防止政府文件、學校教材和地圖等呈現不準確的地理資訊，進而損害台灣的地緣政治地位。

111 Yasmeen Abutaleb and Tyler Pager, "Chinese Leader Asked Biden to Prevent Pelosi from Visiting Taiwan," *Washington Post*, August 20, 2022, https://www.washingtonpost.com/politics/2022/08/20/nancy-pelosi-biden-taiwan/.

第三章

1 See Richard C. Bush, "Conference on the Risks to the Asian Peace: Avoiding Paths to Great Power War," Brookings Institution, June 25, 2019, www.brookings.edu/on-the-record/conference-on-the-risks-to-the-asian-peace-avoiding-paths-to-great-power-war/.

2 Thomas Christensen, "A Strong and Moderate Taiwan," U.S. Department of State (archived, 2001-2009), September 11, 2007, https://2001-2009.state.gov/p/eap/rls/rm/2007/91979.htm.

3 David C. Gompert, Astrid Stuth Cevallos, and Cristina L. Garafola, *War with China: Thinking Through the Unthinkable*, RAND Corporation, 2016, www.rand.org/pubs/research_reports/RR1140.html.

4 Robert D. Blackwill and Philip Zelikow, *The United States, China, and Taiwan: A Strategy to Prevent War*, Council on Foreign Relations, February 2021, www.cfr.org/report/united-states-china-and-taiwan-strategy-prevent-war, p. 64.

5 Yimou Lee, Norihiko Shirouzu, and David Lague, "T-Day: The Battle for Taiwan," *Reuters*, December 27, 2021, https://www.reuters.com/investigates/special-report/taiwan-china-chips/.

6 John Culver and Ryan Hass, "Understanding Beijing's Motives Regarding Taiwan, and America's Role: A 35-Year CIA Officer's View," Brookings Institution, March 30, 2021, www.brookings.edu/on-the-record/understanding-beijings-motives-regarding-taiwan-and-americas-role/.

7 "President Xi Jinping Had a Virtual Meeting with US President Joe Biden," Ministry of Foreign Affairs of the People's Republic of China, November 16, 2021, www.fmprc.gov.cn/mfa_eng/zxxx_662805/202111/t20211116_10448843.html.

8 Richard C. Bush, *Difficult Choices: Taiwan's Quest for Security and the Good Life* (Washington, D.C.: Brookings Institution Press, 2021), 230.

9 Rush Doshi, *The Long Game: China's Grand Strategy to Displace American Order* (Oxford University Press, 2021).

10 Culver and Hass, "Understanding Beijing's Motives."

11 Blackwill and Zelikow, "The United States, China, and Taiwan."

12 Blackwill and Zelikow, "The United States, China, and Taiwan."

13 Office of the Secretary of Defense, *Military and Security Developments Involving the People's Republic of China*, U.S. Department of Defense, 2021, https://media.defense.gov/2021/Nov/03/2002885874/-1/-1/0/2021-CMPR-FINAL.PDF.

14 Gombert et al., "War with China."

15 Rebecca Kheel, "As US and China Warily Eye Each Other, Taiwan Could Be the Flashpoint," *Military*, December 13, 2021, www.military.com/daily-news/2021/12/13/us-and-china-warily-eye-each-other-taiwan-could-be-flashpoint.html.

16 Ely Ratner, "Statement by Dr. Ely Ratner Assistant Secretary of Defense for Indo-Pacific Security

Affairs," Testimony before the Senate Committee on Foreign Relations, 117th Cong., 1st sess., December 8, 2021, www.foreign.senate.gov/imo/media/doc/120821_Ratner_Testimony1.pdf.

17 David Ochmanek and Michael O'Hanlon, "Here's the Strategy to Prevent China from Taking Taiwan," *The Hill*, December 8, 2021, https://thehill.com/opinion/national-security/584370-heres-the-strategy-to-prevent-china-from-taking-taiwan.

18 Michael J. Green and Evan S. Medeiros, "Can America Rebuild Its Power in Asia?" *Foreign Affairs*, January 31, 2022, https://www.foreignaffairs.com/articles/asia/2022-01-31/can-america-rebuild-its-power-asia.

19 Blackwill and Zelikow, "The United States, China, and Taiwan."

20 Drew Thompson, Winning the Fight Taiwan Cannot Afford to Lose, National Defense University, November 4, 2021, www.ndu.edu/News/Article-View/Article/2833332/ winning-the-fight-taiwan-cannot-afford-to-lose/.

21 Michael A. Hunzeker, "Taiwan's Defense Plans Are Going off the Rails," *War on the Rocks*, November 18, 2021, https://warontherocks.com/2021/11/taiwans-defense-plans-are-going-off-the-rails/.

22 編按：二〇二三年三月宏都拉斯與台灣斷交、轉而與中國建交後，台灣的邦交國減為十三個。

23 Evan A. Feigenbaum, *Assuring Taiwan's Innovation Future*, Carnegie Endowment for International Peace, January 29, 2020, https://carnegieendowment.org/2020/01/29/assuring-taiwan-s-innovation-future-pub-80920.

24 Yang Sheng, Wang Qi, and Chi Jingyi, "Chinese Mainland Punishes Pro-Secessionist Taiwan Companies 'For Better Cross-Straits Economic Ties, to Push Reunification,'" *Global Times*, November 23, 2021, www.globaltimes.cn/page/202111/1239752.shtml.

25 Bush, *Difficult Choices*, 244.

26 Bonnie Glaser, Richard Bush, and Michael J. Green, *Toward a Stronger U.S.- Taiwan Relationship*, CSIS, October 2020, www.csis.org/analysis/toward-stronger-us-taiwan-relationship.

27 Glaser et al., *Toward a Stronger U.S.-Taiwan Relationship*, 30.

28 "Intel CEO Pat Gelsinger: The U.S. Needs More Geographically Balanced Supply Chains," CNBC, May 23, 2022, https://www.cnbc.com/video/2022/05/23/intel-ceo-pat-gelsinger-the-u-s-needs-more-balanced-geographic-supply-chains.html.

29 Blackwill and Zelikow, "The United States, China, and Taiwan."

30 Bush, *Difficult Choices*, 322.

31 Alan D. Romberg, *Rein in at the Brink of the Precipice: American Policy toward Taiwan and U.S.-PRC Relations* (Washington, D.C.: Henry L. Stimson Center, 2003), 231.

32 Richard C. Bush, *One-China Policy Primer*, Brookings Institution, March 2017, www.brookings.edu/wp-content/uploads/2017/03/one-china-policy-primer.pdf.

33 Michael R. Pompeo, "On the Mass Arrests of Democracy Advocates in Hong Kong," U.S. Department of State (archived, 2017-2021), January 6, 2021, https://2017-2021.state.gov/on-the-mass-arrests-of-democracy-advocates-in-hong-kong/index.html.